VOYAGES

DANS

LE NORD DE L'EUROPE

1re SÉRIE GRAND IN-8o.

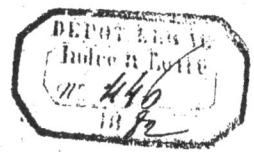

Les canaux à Hambourg.

VOYAGES

DANS

LE NORD DE L'EUROPE

UN TOUR EN NORWÈGE
UNE PROMENADE DANS LA MER GLACIALE

(1871-1873)

PAR

JULES LECLERCQ

> Les voyages dans les pays étrangers
> sont, dans la jeunesse, une partie de
> l'éducation, et une partie de l'expé-
> rience dans la vieillesse.
>
> (BACON.)

QUATRIÈME ÉDITION

TOURS

ALFRED MAME ET FILS, ÉDITEURS

M DCCC LXXXII

PREMIÈRE PARTIE

VOYAGE EN NORWÈGE

1871

I

HAMBOURG

Une journée à Hambourg. — Altona. — Le steamer *Throndjhem*. — Départ de Hambourg. — Le mal de mer. — L'île de Helgoland. — Le ciel et l'eau. — Une tempête. — Arrivée à Christiansand.

Après quinze heures de wagon nous arrivâmes, assez tard dans la nuit, à Hambourg, par une pluie battante : tout cela à notre grande satisfaction.

Une grande lueur s'élevait sur la ville : elle provenait d'un incendie. Hambourg, comme Constantinople, est la ville des incendies. Il y a quelques années, elle fut à moitié consumée par un embrasement qui dura trois jours et trois nuits.

Hambourg est la première cité commerciale de l'Allemagne. Elle est située sur la rive droite de l'Elbe, à

quelques lieues de son embouchure dans la mer du Nord..
L'Alster, affluent de l'Elbe, la divise en deux parties bien
distinctes : il y a la ville vieille et la ville neuve. La ville
vieille sent le moyen âge, avec ses rues étroites, tortueuses,
à toitures avancées, et rappelle assez fidèlement la physionomie pittoresque de certaines villes du Midi. D'autre part,
les canaux qui sillonnent en tous sens cette partie de
l'antique cité hanséatique lui donnent l'aspect original des
villes hollandaises. Une fois qu'on s'est engouffré dans ce
dédale inextricable de rues et de ruelles, l'illusion est
complète : on a reculé de six siècles.

De l'autre côté de l'Alster, le contraste est parfait : autant
la vieille ville est irrégulière, autant la nouvelle est symé-
trique, tirée au cordeau. Là se trouvent les somptueux
quartiers avoisinant le Binnen-Alster, immense bassin carré
formé par l'Alster dans l'intérieur de la ville, entouré
d'hôtels aristocratiques, de jardins, de promenades. Ce lac,
au beau milieu d'une ville, est un spectacle grandiose et
unique en Europe. Nous nous sommes promenés là le soir :
c'est alors surtout que le Binnen-Alster présente un coup
d'œil féerique, lorsque la lune fait miroiter sur l'onde unie
comme une glace sa longue traînée d'argent : on se croirait
à Genève au bord du Léman.

Hambourg, exclusivement vouée au commerce, eut
bientôt satisfait notre curiosité de touristes. Le musée de
peinture est pauvre : fort peu de bonnes toiles, beaucoup
de mauvaises; on s'attendait à trouver mieux dans la cité
la plus opulente de l'Allemagne. Quand on a vu la Bourse,
qui occupe naturellement le premier rang parmi les monuments de Hambourg, le jardin zoologique, qui est sans
contredit le plus beau du Nord, et le port où se serrent
tous les vaisseaux du monde, il ne vous reste plus qu'à

vous croiser les bras ou à monter sur l'impériale d'un des omnibus qui partent six fois par heure pour Altona.

Altona, l'ancienne capitale du Holstein, est devenue aujourd'hui comme le faubourg de Hambourg. Il n'y a pas longtemps, le drapeau danois séparait les deux villes ; mais alors déjà les relations de commerce les réunissaient forcément, et aujourd'hui elles ne diffèrent plus que de nom. Altona ne vaut guère la peine d'être décrite ; car il serait difficile d'imaginer une ville plus insignifiante. La belle promenade qui longe l'Elbe est la seule chose digne d'être notée.

Le steamer *Throndjhem*, en partance pour la Norwège, devait quitter le port de Hambourg le 25 août 1871, à minuit. Nous nous fîmes conduire à l'embarcadère à onze heures du soir. Le temps était calme, mais frais ; des milliers d'étoiles brillaient au firmament ; la lune semblait sourire à travers la forêt des mâts de vaisseaux : tout nous promettait une bonne traversée. Le *Throndjhem* est un de ces steamers qui chaque semaine partent de Hambourg, traversent la mer du Nord en côtoyant le Danemark, longent les côtes occidentales de la Norwège, doublent le cap Nord, qui est la pointe la plus septentrionale de l'Europe, et s'arrêtent enfin à Vadsö, sur les confins de la Russie du Nord, après un trajet d'environ sept cents lieues. L'équipage du *Throndjhem* est norwégien ; le capitaine s'exprime assez bien en anglais, et l'un des officiers, qui a habité Toulouse, parle le français à ravir.

A l'heure dite, on leva l'ancre. Je m'attardai sur le pont à voir défiler devant nous les lumières d'Altona, qui s'étend sur la rive droite du fleuve. Au bout d'un quart d'heure, je commençai à geler, et je pris le sage parti de faire le plongeon dans ma cabine. En dépit d'une atmosphère

étouffante et de l'incommodité d'un cadre auquel je n'étais
guère habitué, je dormis jusqu'au matin. Lorsque je me
réveillai, à sept heures, nous ne voguions plus sur les eaux
de l'Elbe : Cuxhaven était déjà loin derrière nous, et la
mer du Nord ouvrait devant nous ses perspectives infinies.

Mes compagnons se réveillèrent malades, et se virent
obligés de garder leurs couchettes, en proie à ces angoisses
poignantes et comiques tout à la fois que provoquent chez
les estomacs peu aguerris le roulis et le tangage. Je dois
dire, sans forfanterie, que je fus seul en état de me lever.
Je déjeunai de bon appétit, et montai sur le pont. La mer
était fort houleuse, le vent avait sauté à l'est pendant la
nuit, et ne nous présageait rien de bon.

En ce moment nous étions en vue de l'île de Helgoland.
Qu'on se figure un immense rocher de plus de cent mètres
de haut, de plus d'une lieue de long, qui surgit subitement, brusquement du milieu de la mer, du milieu des
sables. D'un côté, ce rocher est taillé à pic ; de l'autre, il
descend en pente douce. On dirait d'un monolithe monstrueux tombé du ciel au milieu de l'Océan. Cette île étrange,
habitée, dit-on, par de vrais descendants des anciens
Frisons, dont ils ont conservé entièrement le langage et
les coutumes, appartient depuis le traité de Kiel (1814) à
l'Angleterre, qui ne lui demande pas d'impôts, et qui ne
s'inquiète ni de sa constitution ni de son administration
intérieure. Cette possession est précieuse pour le gouvernement britannique, qui, établi ainsi non loin de
l'embouchure de l'Elbe et du Weser, observe de là l'Allemagne.

Nous restâmes en vue de Helgoland pendant plus de
trois heures. Bientôt le rocher colossal ne fut plus qu'un
point infiniment petit, qui ne tarda pas à se fondre dans

Rochers d'Helgoland.

l'immense horizon; c'était la dernière terre qui s'offrit à nos regards : entre Helgoland et la Norwège, nous allions nous rassasier pendant deux jours du spectacle très grandiose, mais très peu varié, qu'on appelle « le ciel et l'eau ».

Le vent se mit à souffler avec plus de violence. Le mouvement du tangage se faisait sentir d'une façon toute particulière, et il y eut un moment où le pont offrit un spectacle des plus lamentables : tous les passagers, pris subitement de je ne sais quel horrible malaise, dont ils étaient tantôt les premiers à rire, disparurent un à un comme par enchantement dans l'intérieur du navire. Jamais de la vie je n'avais assisté à un pareil exercice d'estomacs. Un vieux monsieur à barbe grise, qui avait une ressemblance frappante avec le roi de Prusse, était bien résolu à ne pas subir les atteintes du mal de mer; il s'était muni de pilules dont l'effet devait être souverain; en dépit de sa pharmacie il disparut un des premiers et ne reparut qu'un des derniers.

Je finis par rester tout seul sur le pont; mais, le roulis et la pluie aidant, je dus bientôt me résoudre à aller rejoindre moi-même tous ces infortunés, maudissant la science moderne, qui s'occupe avec tant de sollicitude du moyen de guérir les verrues qui poussent sur le nez des gens, et qui n'a pas encore cherché sérieusement un remède efficace contre le mal de mer.

Mes souffrances ne furent heureusement pas de longue durée. Un petit verre de kummel de Throndjhem, souvent répété, et quelques tranches de saucisson de Bergen me rendirent la santé, et, au soir, je fus en état de remonter sur le pont. Toute la nuit, le Nord brilla d'une vive clarté qui faisait contraste avec l'obscurité profonde qui régnait vers le sud. Je relate le fait sans pouvoir l'expliquer. Il est permis de supposer que cette clarté provenait d'une aurore boréale invisible à cause des nuages.

Le lendemain nous fûmes assaillis par une véritable tempête, qui dura plus de vingt-quatre heures. Connaissant trop bien les misères de la cabine lorsque la mer est grosse, je m'enveloppai le mieux possible dans mon man-teau et ma couverture, et m'installai sur le pont, au pied du grand mât. Vers dix heures du matin, le ciel devint tout noir. On ne voyait plus qu'un étroit horizon éclairé par la phosphorescence d'une mer agitée. Les nuages, fort bas, passaient auprès de nous avec une rapidité vertigineuse. La pluie fouettait, une pluie glacée. Les lames tombaient à bord à chaque instant. Le roulis était si violent qu'à chaque secousse les chaînes des haubans plongeaient de plusieurs pieds dans la mer. Vers le soir, la tourmente devint plus furieuse encore ; la mer s'enfla prodigieuse-ment : pendant toute la nuit, les flots s'élevèrent comme des montagnes et vinrent fondre sur le tillac. Je dus me réfugier dans la salle commune, où régnait une confusion impossible à décrire. Les passagers de tous âges, des deux sexes, gisaient pêle-mêle sur les divans, abattus, anéantis, plus morts que vifs, dans un oubli complet des règles les plus élémentaires des convenances. La plupart s'étaient fait lier par les matelots pour se préserver des chocs et des contusions. La vaisselle, les bouteilles, les verres, tout était remué, secoué, brisé. Parfois de sinistres craque-ments se faisaient entendre, comme si la charpente du navire se fût disjointe.

Cette nuit-là fut longue. Dès qu'il fit jour, je remontai sur le pont : j'étais fatigué de veiller, j'avais besoin de respirer et de marcher. Je marchai, en effet, m'appuyant aux mâts, me soutenant aux cordages, m'accoudant aux sabords ; mais, dans un moment où j'avais lâché prise, un grand coup de mer vint se ruer sur le navire : je fus violemment renversé et lancé au loin par le choc. Je me relevai tout meurtri et ruisselant d'eau salée, et n'eus plus la prétention de croire qu'on acquiert le pied marin en un jour. La tempête se calma vers le milieu du jour, et la troisième nuit nous permit de récupérer nos forces par un sommeil paisible et réparateur.

Le 28, à cinq heures du matin, j'étais sur le pont, attendant le lever du soleil. Le globe de feu se montra bientôt, superbe et majestueux, derrière des roches basses et grisâtres qui sortaient du sein des eaux comme des écueils. La mer était calme : plus de lames, plus de roulis. Nous voguions sur les eaux paisibles d'un *fjord* (golfe) de la Norwège. Quelle douce surprise, après cinquante-deux heures de navigation sur une mer orageuse !

Au bout d'une heure, nous étions à l'ancre dans la rade de Christiansand, cinq jours à peine après avoir quitté notre pays. Puissance merveilleuse de la vapeur ! autrefois, un voyage en Norwège était considéré comme une entreprise aussi téméraire qu'un voyage en Chine ; aujourd'hui, fi donc ! c'est une promenade.

II

CHRISTIANSAND

Le débarquement. — Une triste nouvelle. — Aspect d'une ville norvégienne. — La cathédrale. — Le Topdalsfjord. — Un hôpital de lépreux. — Un déjeuner norwégien.

J'éprouve toujours une émotion profonde lorsque je mets le pied pour la première fois sur une terre étrangère. Je n'ai jamais ressenti cette émotion aussi vivement que lorsque j'ai débarqué en Norwège. Cette terre que j'avais devant les yeux, c'était la terre scandinave, la terre d'où sont venus mes ancêtres, le berceau des peuples d'Occident. Depuis longtemps je me sentais attiré par ces pays du Nord, appelés à régénérer un jour la vieille Europe. La Norwège, c'était pour moi la satisfaction d'un désir déjà ancien, que venait de réveiller un récent voyage en Écosse. Ces deux contrées, perdues aux deux extrémités de l'Europe, ont plus d'un point de contact.

Comme nous nous disposions à descendre sur les quais, les agents de la douane vinrent accomplir les formalités d'usage. Ces aimables messieurs s'en rapportèrent à nos déclarations, et ne voulurent pas même nous permettre d'ouvrir nos malles. L'un d'eux, qui s'exprimait en anglais, nous annonça une bien triste nouvelle : deux bateaux de pêche venaient de sombrer avec leur équipage, en vue du port, pendant l'affreuse tempête de la veille ; toute la ville, assemblée au port, avait vu périr ces malheureux, sans que personne pût leur porter secours. Ce ne furent pas les seuls sinistres. Nous sûmes par la suite que dix-huit bâtiments ont sombré dans le Skager-Rack pendant la nuit fatale du 27.

Après l'accomplissement des formalités de la douane, nous avions le droit de nous répandre sur les trottoirs de Christiansand. Je brûlais d'impatience de faire la connaissance d'une ville de Norwège. Au premier pas, nous entrions de plain-pied dans la couleur locale : Christiansand est déjà une ville entièrement norwégienne, et qui ne ressemble pas plus aux cités du continent que Pékin ou Delhi ne ressemblent à Paris. La pierre et la brique sont rigoureusement bannies dans les constructions : on ne rencontre ici que des maisons en bois, et ceci n'a rien que de très naturel dans un pays où le bois se donne et ne se vend pas[1]. Les habitations n'ont jamais plus d'un étage et conservent toutes la même hauteur : leurs façades bariolées de toutes les couleurs de l'arc-en-ciel ne laissent pas que de produire un effet très pittoresque. Les rues macadamisées, construites dans le goût moderne, sont tirées au cordeau et se croisent à angle droit. La stricte propreté hollandaise y règne partout. Les habitants ont l'air beaucoup moins norwégien que leur ville : les bourgeois, coiffés du chapeau que l'on sait et vêtus de redingotes et de pan-

---

[1] En Norwège, les particuliers peuvent prendre du bois à discrétion dans les forêts de l'État.

talons à la dernière mode de Paris, nous ont un peu gâté le paysage. Hélas! le pittoresque costume norwégien qu'on voit encore dans les peintures de Tidemand est donc aussi passé de mode, comme le costume écossais et le costume andalou! La poésie s'en va! les nationalités disparaissent! Pour ma part, je gémis de voir l'uniformité la plus désespérante envahir les contrées les plus reculées sous prétexte de civilisation. Cela est plus sérieux que l'on ne serait tenté de le croire. Le jour où, au nom de cette sotte civilisation, les peuples en seront arrivés au point de ne pouvoir plus se distinguer les uns des autres, ni par les mœurs, ni par le langage, ni par les coutumes, ni par les lois et les formes de gouvernement, le principal charme du voyage sera détruit, et il suffira d'étudier son pays pour connaître l'univers.

Christiansand est une ville toute moderne, qui n'a guère que deux siècles d'existence; elle fut fondée par un Christian quelconque, frappé sans doute des avantages que pouvait présenter cette position au point de vue maritime et commercial. Sa population s'élève à dix mille âmes : notons que c'est la quatrième ville de la Norwège, qu'elle est le siège d'un évêque et d'un gouverneur de province (*amtmand*), et qu'enfin elle fait un commerce très considérable de morue. Les gourmets seront peut-être satisfaits d'apprendre encore que les homards, dont les Anglais font une si prodigieuse consommation, viennent également de Christiansand.

Christiansand n'est pas riche en monuments : après la cathédrale, on a tout vu. Et qu'on ne pense pas qu'il s'agisse d'une somptueuse église gothique : la cathédrale est tout uniment un vieil édifice très lourd, très insignifiant, et n'a d'autre mérite que celui d'être construit en

pierre (une église en pierre est une rareté en Norwège).
Rien de bizarre comme l'intérieur de ce temple luthérien ;
le long des murs sont disposées des espèces de cases qui
ressemblent assez bien à des loges de théâtre : de cette
manière, les fidèles qui s'ennuient pendant l'office ou le
sermon peuvent tirer la fenêtre de leur loge et s'endormir
comme s'ils étaient chez eux. Il faut avouer que c'est
pousser un peu loin l'amour du confortable.

Au milieu de la place qui fait face à la cathédrale, nous
avons remarqué un pin gigantesque, qui compte pour le
moins six siècles d'existence ; cet arbre est l'objet de la
vénération des habitants, et a l'insigne honneur de figurer
dans les armes de la ville.

A défaut de monuments, ce que j'aime surtout à Christiansand, c'est sa situation même : la ville est délicieu-
sement assise entre la mer et les montagnes, au fond d'une
baie appelée *Topdals fjord*. Cette baie est bordée de rochers à pic dont les formes âpres et abruptes font contraste
avec l'aspect plus riant des montagnes environnantes. Du
côté de la mer ces rochers se rapprochent tellement que
la baie est à peine assez large en cet endroit pour livrer
passage aux vaisseaux.

Le port de Christiansand est un des plus sûrs de la
Norwège, et assez vaste pour contenir toutes les marines de
l'Europe. Le gouvernement norwégien y a établi un chan-
tier de construction pour la marine. L'entrée du port est
défendue par une petite forteresse munie de vieilles tours
d'une construction plus que naïve ; cette forteresse, si
respectable qu'elle puisse paraître aux yeux des indigènes,
ne rendrait, je gage, que de piètres services en temps de
guerre.

Au sommet d'un sombre rocher à pic qui domine le

port, nous avons remarqué un vieil édifice du plus triste aspect : c'est un lazaret réservé au traitement de la lèpre, maladie horrible qui règne encore aujourd'hui en Norwège.

Quand nous eûmes passé en revue toutes les curiosités de Christiansand, l'un de nous émit la proposition d'aller dîner : personne ne se fit prier, car notre appétit s'était singulièrement aiguisé depuis que nous nous trouvions sur la terre ferme. Nous entrâmes dans une maison en bois de bonne apparence qui portait le titre d'*hôtel Scandinavia*, et nous y fîmes un délicieux repas. La table était couverte de plats de viande froide ; on nous en apporta aussi de la chaude ; froide et chaude nous parurent excellentes. Il y avait du poisson en quantité, des volailles en abondance, des homards frais surtout à profusion, et de la glace autant qu'on en pouvait désirer. Celui d'entre nous qui avait émis la proposition de dîner ne pouvait s'empêcher d'exprimer sa légitime satisfaction ; il appréciait hautement l'avantage de pouvoir manger à une table fixe, exempte de ces mouvements d'oscillation auxquels sont sujettes les tables des navires. Au dessert, il fit une intéressante dissertation sur l'art culinaire, et, avec un rare talent, soutint la thèse que la cuisine norwégienne, pour autant qu'il avait pu en juger par ce premier aperçu, ne le cède en rien à la cuisine anglaise, et possède même les qualités intrinsèques et extrinsèques qui feraient pâmer d'aise les plus friands gastronomes. Il conclut en disant que ses sympathies étaient acquises d'avance au peuple norwégien. Nous nous rangeâmes tous à l'opinion déjà exprimée, avec cette réserve toutefois que la cuisine de Christiansand pouvait fort bien n'être pas encore la véritable cuisine norwégienne. En voyage, j'attache une grande importance à la cuisine ; car je suis intimement persuadé qu'un esprit

observateur peut tirer des inductions philosophiques sur le
caractère et les mœurs d'un peuple en observant ce qu'il
mange et quelle est sa conduite à table. Sous ce rapport,
on distinguera facilement un Norwégien d'un Espagnol,
un Chinois d'un Allemand. Le Norwégien est aussi grand
mangeur que l'Espagnol est sobre. L'Allemand dévore avec
plus d'avidité que le Chinois, bien que le premier fasse
usage de fourchettes et le second de petits bâtons. Dis-moi
comment tu manges, et je te dirai qui tu es.

Il va sans dire que nous n'achevâmes point notre premier dîner norwégien sans porter un toast à la Scandinavie, à la *Gamle Norge*[1], comme disent les Norwégiens.

[1] Vieille Norwège.

III

LES FJORDS

La vie à bord du *Throndjhem*. — Les fjords et leur origine. — Le cap Lindesnaes. — Le Flekkefjord. — Stavanger. — Entrée du Hardangerfjord. — Le
Bjornefjord. — Arrivée à Bergen.

Après quelques heures passées à Christiansand, nous
nous embarquâmes sur *le Throndjhem*, qui reprit sa route
le long des côtes de la Norwège.

Je ne me rappelle pas avoir fait de plus agréable voyage
que cette traversée au milieu des îles, des *sunds* et des
fjords. Pendant les huit jours que nous passâmes à bord du
Thronhjhem à partir de Christiansand, notre navigation fut
favorisée par un temps magnifique : le soleil nous prodiguait
ses plus chauds rayons, le ciel était toujours bleu et peu
s'en fallait qu'il ne fît plus beau en Norwège qu'en Italie.
Pendant le jour, je m'installais sur le pont, et jouissais tout
à la fois d'un doux *far niente* et du spectacle toujours
attrayant du paysage ; le soir, je contemplais le coucher du
soleil et le lever de la lune ; la nuit, je gagnais à regret
ma cahute, et dormais mieux sur ma dure couchette que

sur les lits les plus moelleux. Une seule chose m'attristait, c'était la perspective de voir finir bientôt cette délicieuse vie de bord, cette vie d'extase et de paresse qu'on mène ici loin des passions du monde, loin des rumeurs de la cité. N'étaient les dangers auxquels ils sont continuellement exposés, les marins seraient, à mon avis, les hommes les plus heureux de la terre. *O felices sua si bona norint !*

Je m'étais lié à bord avec le capitaine en second, M. B. Il parlait français aussi correctement que peut le faire un Norwégien, et nous servait à la fois d'interprète et de cicérone. J'aimais beaucoup à entendre le récit de ses aventures de marin. Bien jeune encore, il avait déjà parcouru tout l'univers; natif de Christiania, il avait quitté à quinze ans son pays natal pour courir la fortune des mers, et ses lointaines pérégrinations n'avaient fait que fortifier en lui la passion des voyages. Chez les peuples du Nord, l'humeur voyageuse coule dans les veines avec le sang. Les Norwégiens surtout, qui sont nés marins, sont des voyageurs infatigables : il n'est pas un Norwégien quelque peu aisé qui n'ait visité au moins deux des cinq parties du monde.

Des fjords, des fjords, rien que des fjords, voilà ce que nous avons vu sur les côtes occidentales de la Norwège. Il faut avoir vu la Norwège pour se former une juste idée d'un fjord. Dire que *fjord* est un mot norwégien qui signifie golfe, ce serait une explication bien vague. Il y a, en effet, des golfes dans tous les pays maritimes; mais je crois que la Norwège est le seul pays au monde qui ait des fjords. Je me trompe : les côtes de l'Écosse ont des fjords, si l'on peut donner ce nom à ces longs bras de mer que les Écossais désignent sous le nom de *frith*[1], et qui sont, en

---

[1] On saisit facilement la parenté des mots *frith* et *fjord*.

effet, l'image en miniature des fjords de la Norwège. J'ai déjà dit que l'Écosse et la Norwège ont plus d'un point de contact.

Les fjords ne sont pas de véritables golfes, mais plutôt des lacs marins d'une grande étendue, resserrés entre les parois des montagnes. Ils pénètrent très avant dans les terres, et communiquent avec l'Océan au moyen de canaux naturels que l'on appelle *sunds*. D'ordinaire, ces lacs sont littéralement encaissés entre deux murailles de granit qui conservent presque partout la même hauteur au-dessus du niveau de la mer.

Le long des côtes occidentales de la Norwège, les fjords sont innombrables : du cap Naze au cap Nord, les côtes en sont criblées, si je puis ainsi parler. Je renonce à comprendre comment les pilotes parviennent à s'orienter au milieu de cet immense dédale d'îles, de récifs, de bras de mer et de passages de toutes sortes. Au reste, sans les fjords la navigation serait bien plus difficile, à cause des rochers escarpés qui bordent presque toute la côte : ils sont à la Norwège ce que les canaux des villes de Hollande sont à leurs habitants. Chaque fjord en Norwège est une route naturelle vers la mer : et ces canaux pénètrent si avant dans les terres, qu'ils vont mourir parfois à plus de trois journées de marche des côtes au travers desquelles ils se sont fait jour : le *Sognefjord* a plus de trente lieues de longueur.

De tous ceux qui ont parlé des fjords, M. Adalbert de Beaumont a peut-être le mieux expliqué leur origine. « Qu'on se figure, dit-il, cinq cents lieues de montagnes encombrées de neige pendant huit mois, puis un soleil qui, apparaissant tout à coup, ne quitte plus l'horizon ni jour ni nuit ; un soleil brûlant et continuel luttant avec les glaces d'un hiver sans lin. De ce combat, on comprend quels grands spectacles doivent naître. Alors les fleuves suspendus reprennent leur violence ; ils brisent, renversent, emportent tout, et forment ces chutes gigantesques dont aucun pays du monde ne saurait donner idée. Ces gouffres et ces ravins profonds, où maintenant le regard se perd, l'eau les comble alors ; ces rochers, que les forces si puissantes de la mécanique ne feraient pas mouvoir, l'eau les roule comme des grains de sable ; et ces vastes abîmes qu'on croirait entr'ouverts par une convulsion du globe, c'est l'eau qui les a creusés, l'eau plus puissante que la poudre et l'acier, parce que sa force c'est la constance, et la constance, c'est le temps qui vient à bout de tout !

« Ainsi déchirées jusque dans leurs entrailles par ce ravage intérieur, par ces fleuves qui, partis des cimes glacées, se dirigent tous parallèlement vers la mer, les Alpes scandinaves donnent alors accès aux vagues d'un océan furieux qui les minent en sens contraire.

« On voit donc d'un côté la mer frappant sans relâche son adversaire inerte et s'avançant victorieuse ; de l'autre, les cascades, produit des immenses accumulations de neige de l'hiver, qui s'élancent des sommets, se réunissent et se grossissent sur les plateaux, forment les torrents qui creusent les vallées, les entraînent à leur suite et vont rejoindre, chargés de dépouilles, cet océan qui les attire... C'est ainsi que ces deux ennemis, luttant pour la même cause, se rejoignent bientôt, puis envahissent tous les endroits plats, remplacent les vallées et donnent naissance à ces longs canaux, à ces corridors étroits, à ces rues tortueuses qui font de ce pays un pays sans pareil.

« Ce sont ces canaux, creusés jusqu'au cœur des plus

hautes montagnes, ayant pour origine et pour cause les
cascades et la mer, qui prennent le nom de fjord. »

Je ne connais pas de paysages plus grandioses et plus
austères tout à la fois que les fjords de la Norwège. Qu'on
s'imagine l'aspect surprenant et incomparable de ces innombrables bras de mer, qui dessinent mille labyrinthes
entre d'énormes étages de rochers presque nus et de couleur de cendre. L'œil n'aperçoit à l'horizon que de pâles
glaciers, des montagnes stériles, des sommets neigeux où
ne s'élèvent que l'aigle, le faucon et la mouette. Au milieu
de ces lacs déserts, la nature a semé des îles sans nombre
qui présentent les aspects les plus étranges que puisse
créer l'imagination. Toutes ces îles sont incultes et inhabitées ; leurs montagnes abruptes, dont les sommets se
hérissent en pointes aiguës, sont encore vierges du pas de
l'homme ; là, pas un ruisseau ne murmure, pas une feuille
d'arbre ne tremble, pas un oiseau ne chante : c'est l'éternelle stérilité du désert et le terrible silence du tombeau.
Le cœur frissonne à la vue de semblables tableaux, une
indéfinissable mélancolie passe des yeux à l'âme, et l'on
comprend cette pensée du poète anglais :

> O solitude! where are the charms
> That sages have seen in thy face?
> Better dwell in the midst of alarms
> Than live in this horrible place [1]!

Je ne décrirai point toutes les beautés de la route. Je me
borne à signaler les points les plus remarquables.

Le 28, nous doublâmes le cap Lindesnaes. On pourrait

---

[1] O solitude! où sont les charmes que les sages trouvent en toi? Mieux vaudrait
errer dans un monde de tristesses que de vivre dans ces lieux horribles.

l'appeler le cap Sud, car c'est la pointe la plus méridionale de la Norwège. De ce point au cap Nord on compte
plus de six cents lieues, bien entendu en ligne droite; car
en suivant toutes les échancrures de la côte, toutes les
sinuosités des fjords, on a calculé que la distance entre
ces deux points est celle de Paris au Japon.

Le cap Lindesnaes est un énorme rocher à pic de plus
de cinq cents pieds de hauteur, contre lequel viennent se
briser en mugissant les vagues écumantes de la mer du
Nord. Au sommet de la falaise s'élève un phare qui interdit
aux marins l'approche de ces côtes dangereuses. Le cap
Lindesnaes regarde le Skager-Rack, large canal qui sépare
la Norwège du Danemark. Les oiseaux de mer planent par
milliers au-dessus de ce roc fantastique, et jettent au plus
haut des airs leurs cris rauques et sinistres. La nuit venue,
le phare s'allume et attire de loin les pauvres oiseaux;
d'un vol rapide ils s'élancent contre les fenêtres de la
lanterne, se brisent les ailes et tombent morts au pied de
la falaise.

A l'heure où le soleil dorait les montagnes de ses derniers
feux, nous pénétrâmes dans les sombres galeries du Flekkefjord : c'est un grand lac solitaire étroitement encaissé
dans un amphithéâtre de rochers d'une sauvagerie indescriptible. Le fjord rampe et se tord entre les masses gigantesques qui le surplombent. L'eau, dans sa transparence
glauque réfléchit la fine colonne des pins qui se mirent
sur ses bords. A chaque détour, un nouveau tableau s'offre
au regard fasciné, et derrière l'énorme falaise qui semble
vouloir fermer le fjord, s'ouvre un autre lac, plus sombre,
plus solitaire. Et le soleil couchant allumait son feu de
Bengale sur ce tableau splendide dont nul peintre ne rendrait la magie. Nous restions silencieux; car, devant les

grandes choses de la nature, le silence est la plus élo-
quente des admirations.

Le 29, au matin, nous fîmes escale à Stavanger. Voilà
une ville vraiment norwégienne, et que je recommande
beaucoup aux amateurs de cités bossues et irrégulières :
il serait impossible d'imaginer un dédale plus embrouillé
de rues et de ruelles, tortueuses, étroites, attaquant de
front les accidents de terrain, grimpant sur les collines
abruptes, coupant les vallées dans un amalgame impossible. Stavanger est à la Norwège ce que Tolède est à
l'Espagne. Les deux villes ont la même antiquité et sont
bâties de la même façon, en amphithéâtre, sur sept collines, à cette seule différence près que Tolède est bâtie en
pierres et en pisé, que Stavanger est tout entière construite
en bois. Stavanger est une des villes les plus populeuses de
la Norwège : elle compte douze mille âmes. Toute cette
population s'enrichit par la pêche au hareng. Les habitations qui avoisinent le port ont deux façades : l'une, destinée au commerce, fait face à la mer ; l'autre, destinée à
la vie de famille, donne sur la rue. Stavanger possède une
belle église en pierre, datant du xiiie siècle : elle est d'un
gothique très pur, et offre un curieux spécimen de l'architecture du moyen âge en Norwège. On travaillait à sa restauration, et les échafaudages qui encombraient la porte
nous empêchèrent de pénétrer dans l'intérieur.

Il y a encore à Stavanger une moderne église en bois
construite sur une montagne qui domine toute la ville : la
tour est surmontée d'un belvédère où se tient un veilleur
de nuit qui a pour mission de crier les heures et de signaler
les incendies. Rien n'est si commun que les incendies en
Norwège : à Stavanger, ils sont endémiques. Chaque maison paye tribut au feu ; mais tout est assuré, et les com-

pagnies anglaises indemnisent les victimes en argent comptant, denrée rare en Norwège.

De Stavanger à Bergen, les côtes sont protégées contre les vagues de l'Océan par une ceinture non interrompue de grandes îles montagneuses, immense archipel désert, inhabité, où jamais pilote ne s'est aventuré. Abrités par cette jetée naturelle, nous naviguions sur une mer aussi calme qu'un lac.

Les environs immédiats de Stavanger offrent peu d'intérêt : ces myriades de roches moutonnées, d'écueils à fleur d'eau, étonnent l'imagination au premier aspect; puis on s'y fait, et l'on finit par trouver monotone cette désespérante uniformité.

Vers le milieu du jour, la scène changea de caractère. Nous venions de nous lever de table, et nous fûmes fort surpris, en remontant sur le pont, de nous voir entourés de montagnes prodigieusement hautes, dont les sommets étaient couverts de neige. De magnifiques glaciers scintillaient à l'horizon. Le coup d'œil présentait une grande variété d'aspects : la verdure et les bois de sapins des collines du premier plan contrastaient avec la sublime désolation des montagnes de l'arrière-plan. Nous étions à l'entrée du *Hardangerfjord*, qui pénètre à plus de vingt-cinq lieues dans l'intérieur de la Norwège. C'est là que vient mourir dans l'Océan la grande chaîne des Alpes scandinaves dont les sommets aigus, tailladés en scie, semblent vouloir percer le ciel.

Entre le Hardangerfjord et le *Bjornefjord*, le pays est extraordinairement beau. Les fjords coupent à angle droit les vallées et les montagnes. Les montagnes élèvent à plus de deux mille pieds leurs têtes sourcilleuses. Les gorges et les vallées sont transformées en lacs et en bras de mer.

Les forêts qui recouvrent les pentes ont une incomparable puissance de végétation, grâce à la douceur du climat de la Norwège méridionale.

Qui n'a vu le lac des Quatre-Cantons? Qu'on lui donne une étendue vingt fois plus considérable, et l'on aura le Bjornefjord. La Norwège, c'est la Suisse en grand. Ici les lignes du paysage ont je ne sais quelles formes grandioses et sublimes que je n'ai vues nulle part. La nature est plus grande, plus sévère, plus terrible. Nul pays n'a subi d'aussi épouvantables convulsions.

La scène prend un caractère moins sauvage à mesure qu'on approche de Bergen. Chaque détour du fjord nous ménage une nouvelle surprise. Tantôt de vertes collines descendent en pente douce jusqu'au bord de l'eau; tantôt des rocs tout nus, de cinq cents pieds de haut, s'élancent verticalement comme des murailles : de nombreuses cascades glissent le long de ces énormes parois.

Vers le soir, Bergen nous apparut de loin, avec ses brillants toits rouges, au fond d'un large golfe dominé par de hautes montagnes à pic d'une majesté indescriptible ; le site est superbe, peut-être unique au monde.

A huit heures du soir, nous entrions dans la rade de Bergen, encombrée de vaisseaux de toutes les nations. La soirée était charmante. Le vent restait immobile et semblait endormi. La lune, qui montait lentement dans l'espace, au milieu d'un fluide d'or, produisait un effet magique : on eût dit un globe de feu qui errait sur les cimes des montagnes.

IV

BERGEN

Aspect de la ville à vol d'oiseau. — Fléaux auxquels elle est exposée. — Son avenir commercial. — Le musée. — La galerie de tableaux. — Promenade dans la ville. — Les veilleurs de nuit. — Visite d'une frégate française. — Une excursion dans la montagne. — Dîner à l'hôtel Scandinavi. — Promenade aux environs.

Le lendemain, notre premier soin fut de nous diriger vers une des montagnes abruptes qui ont donné leur nom à la ville de Bergen [1]. Nous nous mîmes en devoir de l'escalader ; mais au bout d'une heure d'ascension, les nuages épais qui n'avaient cessé d'envelopper la montagne depuis le matin, ne nous permirent point de nous élever jusqu'au sommet. Nous dûmes nous arrêter à mi-côte. De là déjà nous découvrions une vue superbe. Toute la ville de Bergen, bizarre assemblage de constructions de bois, s'étalait à nos pieds, s'avançant en promontoire au milieu de la nappe tranquille et miroitante du fjord qui la baigne. La ville est située au fond d'une étroite vallée dominée partout

[1] *erg₂ n* signifie *montagnes*.

par de hautes montagnes à pic, dont les cimes arides et
pelées forment un heureux contraste avec les pentes inférieures, verdoyantes et boisées. Selon l'expression d'un
voyageur [1], Bergen est une cité hollandaise entourée de
montagnes suisses. En fouillant dans mes souvenirs de
touriste, j'ai cru, en effet, reconnaître une certaine ressemblance entre ce site et la vallée de Coire, dans le canton des Grisons. Rien de pittoresque comme la physionomie de Bergen vue d'en haut : la ville, irrégulière comme
Stavanger, se cramponne aux flancs des montagnes et
semble vouloir leur disputer le terrain ; les maisons s'étagent les unes au-dessus des autres comme des ruches :
elles s'écrasent, se pressent, s'enchevêtrent en réseaux
inextricables, et si par hasard un incendie éclate sur un
point, tout le pâté de maisons ne fait qu'un feu de paille.
En 1855, les flammes dévorèrent la moitié de la ville, et
depuis cette époque, il n'est plus permis de bâtir en bois
dans un certain rayon. Par précaution contre les incendies,
les habitants de Bergen ont eu l'ingénieuse idée d'orner
à perpétuité la porte de leur maison d'un grand tonneau
plein d'eau.

Du haut de notre observatoire, nous distinguions tous
les monuments de l'antique cité hanséatique. Sur la place
publique s'élève la Bourse, un des rares édifices en pierres
de l'endroit. Bergen, qui, avant la réforme, comptait trente-
deux églises, n'en possède plus aujourd'hui que cinq :
toutes sont au plus insignifiantes. On construit actuellement une église catholique. A l'entrée du port, sur une
éminence, se trouve un château fort qui sert à la défense
de la ville : il est petit, bâti en briques et paraît peu im-

[1] M. de Saint-Blaise.

portant. Ce château, qui date d'Olaf Kyrre, le fondateur de la cité, fut autrefois la résidence des rois de Norwège, qui firent de Bergen leur capitale. Un seul monument fait tache dans le paysage : c'est l'hôpital des lépreux. Rien n'est plus commun que la lèpre sur les côtes occidentales de la Norwège : de Christiansand à Trondjhem, on compte cinq hôpitaux destinés au traitement de cette horrible maladie. Ce genre de lèpre, connu sous le nom d'*elephantiasis*, est incurable et héréditaire.

Bergen, habituée aux ravages des incendies et de la lèpre, est encore sujette à un autre fléau : les hautes montagnes qui l'environnent attirent et arrêtent les nuages, ce qui occasionne des pluies presque continuelles. Si beau qu'il fasse, les habitants ne sortent jamais sans un parapluie. Un proverbe dit que Bergen est le pot de chambre de la Norwège : heureusement ce proverbe ne s'est point justifié durant notre séjour. Les montagnes de Bergen ont encore cet inconvénient de rendre son accès très difficile du côté de la terre : pendant longtemps toutes les ressources de l'art ont été impuissantes à y créer une route carrossable ; à peine pouvait-on les franchir à cheval. Bergen ne pouvait ainsi communiquer autrement que par mer avec Christiania et les autres villes de la Norwège. Dans ces dernières années, on a construit à grands frais une route accessible aux carrioles. Il est même question aujourd'hui d'établir un chemin de fer qui reliera Bergen à la capitale ; mais cette entreprise demande des capitaux considérables, qu'on n'a pu trouver jusqu'ici.

La population actuelle de Bergen est de quarante mille âmes. Trondjhem, sa rivale, n'en a que vingt mille. Son port est large, profond et commode : au besoin, il y aurait moyen de construire un second port au sud de la ville, et

3

de réunir à la mer un petit lac intérieur qui pourrait à lui seul contenir plus de vaisseaux que n'en contient le port actuel. Lorsque la ville sera reliée à Christiania par un chemin de fer, elle sera nécessairement appelée à faire un commerce cousidérable de transit entre l'Angleterre, la Suède et la Russie. Daǹs un avenir plus ou moins éloigné, sa population peut atteindre le chiffre de cent mille âmes. Par sa position unique, au sud de la Norwège, Bergen est appelée à devenir la métropole commerciale de la Scandinavie : déjà elle commence à éclipser Trondjhem, bien que cette dernière ville ait récemment obtenu la concession de deux chemins de fer importants qui la relieront avec la Suède et avec Christiania. Trondjhem, d'ailleurs, reléguée presque à l'extrême nord, à peu près sous la même latitude que l'Islande, est trop éloignée des grandes voies de communication pour ne pas être fatalement condamnée à un état stationnaire. L'antique capitale où l'on couronnait les rois de Norwège ne se réveillera probablement plus de la léthargie où nous l'avons vue.

Au retour de notre excursion à la montagne, nous fîmes une visite au musée, qui est installé dans un bel édifice moderne situé sur une côte à quelque distance de la ville. Le musée est riche en antiquités du Nord : nous y avons vu une grande quantité d'urnes funéraires, d'armes, d'instruments remontant aux époques les plus reculées de l'antiquité scandinave. La plupart de ces objets ont été trouvés en Norwège, dans les environs de Bergen, de Vossevangen et de Trondjhem. Il y a là aussi quelques inscriptions runiques parfaitement conservées, et une superbe collection de monnaies norwégiennes, dont les plus anciennes remontent au xe siècle. Le cabinet d'histoire naturelle contient de curieux spécimens d'animaux, d'oiseaux, de poissons propres à la Norwège. Nous y avons remarqué une superbe baleine qui échoua, il y a quelques années, dans la rade de Bergen : ce géant des mers polaires trône au milieu d'une population d'ours de toutes tailles, de daims rouges, de rennes, d'élans, de loups, de gloutons, de lynx, qui presque tous ont été pris dans les environs de Bergen.

Le musée lapon captiva particulièrement notre attention : il présente un excellent aperçu ethnographique de ce petit peuple si intéressant que nous devions visiter plus tard. On y voit des traîneaux, des berceaux, des barques laponnes, des modèles de huttes, des ustensiles de toute espèce, des costumes d'hommes et de femmes. Ce costume se compose d'un bonnet en forme de mitre et d'une tunique en peau de renne, poil en dehors, qui recouvre des vêtements d'étoffe. La tunique est large et ample, et s'étend depuis le cou jusque au-dessous des genoux : elle se fixe autour du corps au moyen d'une ceinture de cuir. Des jambières qui descendent jusqu'à la cheville complètent le costume; elles ont à peu près la forme de guêtres, mais avec cette différence qu'elles n'ont point de boutons sur les côtés : la jambe y passe comme dans des pantalons; elles se fixent par le haut au moyen d'une corde qui les resserre, et les chaussures en recouvrent l'extrémité inférieure. Les souliers sont des espèces de sacs en peau de renne, d'une seule pièce : ils s'attachent à la jambe au moyen d'un long bandeau qui fait plusieurs fois le tour de la cheville, et empêche le contact de la neige. Ces chaussures sont bourrées de foin. Les gants de laine qui recouvrent les mains sont doublés d'une seconde paire de gants à poils de renne, également bourrés d'herbe sèche. Les femmes portent à peu près les mêmes habillements; la coiffure seule diffère de celle des hommes : leur bonnet ressemble, pour la forme, à un casque de dragon. Nul autre vêtement ne pourrait suppléer à ce costume admirablement approprié au climat de la Laponie ; et qui permet de braver impunément les froids les plus intenses.

Il y a à Bergen une galerie de tableaux qui mérite une visite. Dans ces derniers temps, la Norwège a produit une pléiade de peintres à la tête desquels il faut citer le célèbre Tidemand, connu dans toute l'Europe par ses intérieurs norwégiens et ses scènes de mœurs champêtres. Ensuite vient Nordenberg, qui est de la même école. La Norwège offre surtout un champ fécond aux paysagistes, et ils sont nombreux. Dahl excelle à peindre les bouleaux ; Fr. Boë peint les aurores boréales et le soleil de minuit ; Gude fait d'admirables marines ; Baade peint les effets de lune ; Eckersberg excelle dans l'étude des fjords.

Après avoir passé plus de deux heures dans les musées, nous parcourûmes en flânant les principales rues de Bergen, observant les habitants et leurs costumes, passant en revue les boutiques, tout ce qui, en un mot, pouvait intéresser des touristes avides de couleur locale. La *Strandgade* est la Cannebière de l'endroit. C'est la rue la plus animée de la ville : là sont les joailliers, les libraires, les photographes, les marchands de fourrures. Presque toutes les boutiques sont remplies de vieux pots en argent, de toutes formes et de toutes tailles, qui feraient pâmer d'aise les amateurs de bric-à-brac et d'antiquailles : nous en avons vu de si étrangement baroques qu'il nous eût été absolument impossible d'en deviner l'usage. Les touristes anglais achètent à des prix fabuleux ces pots d'argent, d'une antiquité souvent contestable ; mais les Anglais sont confiants ici comme à Waterloo.

Bergen est un vaste labyrinthe de rues étroites, angu-

leuses, inégales. La plupart des maisons sont construites
en bois et peintes en blanc, et tournent vers la voie publique leur pignon façonné. Une particularité qui nous a
frappés, c'est que cette ville populeuse n'a pas un café,
pas un cabaret, pas un lieu de réunion. Il y a bien un
théâtre, — la ville natale de Holberg ne pouvait s'en dis-

Jeune fille des environs de Bergen.

penser ; — mais on y joue très rarement. Les Norwégiens
passent leurs soirées chez eux, en famille, et ne s'en portent pas plus mal. Il n'y a à Bergen d'autre lieu de réunion
que la Bourse , et une société de lecture appelée l'Athe-
næum, où l'on trouve les journaux illustrés de France et
d'Angleterre.

Les rues de Bergen sont assez bien pavées, mais fort
mal éclairées le soir. Ici, comme en Espagne, des veilleurs

de nuit font leur ronde, armés d'une espèce de massue
formidable qui a reçu le nom d'*étoile du matin*. C'est une
boule de cuivre de la grosseur d'une orange, hérissée de
pointes de fer et fixée à une hampe de trois à quatre pieds
de longueur. On raconte encore aujourd'hui que le marquis
de Waterford, qui était venu il y a quelques années passer
l'été à Bergen pour manger du homard, arrosa un jour sa
mayonnaise d'abondantes libations de *porto* et de *sherry*.
Puis il se mit en devoir de comparer le gin de l'hôtel Scandinavi et celui de l'hôtel du Nord. Ce projet ne fut pas
sitôt conçu, qu'il se mit en route pour le mettre à exécu-
tion : c'était par une belle nuit de juillet. Après de nombreux zigzags, il alla cogner enfin à la porte de l'*amtmand*
ou gouverneur, et comme il s'obstinait à cogner malgré
l'avertissement pacifique des gardiens, force dut rester à
la loi, et le marquis de Waterford fut presque tué par une
étoile qui lui tomba sur la tête aussi inopinément que ces
étoiles filantes que les savants désignent sous le nom d'aé-
rolithes.

Le 31 août, le port de Bergen reçut la visite d'une frégate française, *le Kersaint*. L'arrivée d'un navire de guerre
dans une ville d'ordinaire si pacifique avait pris les proportions d'un événement. Nous sautâmes dans une nacelle,
dans le but d'aller présenter nos hommages au *Kersaint*.
Ce navire est de construction toute récente. Il est muni
d'une magnifique pièce de gros calibre, qui peut lancer
des projectiles à deux lieues de distance : cet engin de
guerre n'a eu jusqu'ici d'autre usage que de lancer des
boulets contre les montagnes de glace de l'Islande. Le
Kersaint, en effet, venait directement de l'Islande, où il
avait séjourné pendant plus de trois mois pour la protec-
tion de la pêche de la morue. Nous visitâmes le bâtiment

dans ses moindres détails, sans oublier la machine à vapeur, sur laquelle l'ingénieur attaché à la frégate nous
donna les plus minutieuses explications; ce qui prouve
que le *Kersaint* est un excellent marcheur, c'est qu'il n'avait
employé que six jours à venir d'Islande : de Reikiavik à
Bergen, le trajet est de plus de cinq cents lieues! Un des
médecins du bord nous donna d'intéressants détails sur ce
curieux pays d'Islande, terre volcanique s'il en fut, où le
feu et le froid, la lave et la glace se livrent une lutte éternelle. Les trois cents hommes de l'équipage avaient vaillamment supporté les rigueurs du climat; pas un seul n'avait
succombé aux maladies si fréquentes en ces parages. Ils
parcouraient à tour de rôle l'intérieur de l'île et se livraient
au plaisir de la chasse.

Pendant que nous nous entretenions avec le médecin,
nous fûmes témoin d'un incident très intéressant : un général norwégien, en grande tenue, accompagné d'un aide
de camp, pareillement en grande tenue, vint faire une
visite officielle au commandant. Le général se donnait
l'air sérieux et important qui convient à un homme de son
rang : un chapeau-claque surmonté d'un plumet rouge et
vert couronnait sa grave personne. Son aide de camp se
tenait modestement derrière lui d'une manière terriblement gauche. Sur un ordre du commandant, douze matelots
saisirent leurs chassepots et rendirent à ces messieurs les
honneurs militaires. Le général, qui ne connaissait pas un
traître mot de français, non plus que son aide de camp, fit
rapidement le tour de la frégate, et, après force saluades,
se retira fort satisfait.

Nous suivîmes l'exemple du général et débarquâmes au
pied d'une montagne très élevée, dont nous entreprîmes
l'ascension, accompagnés d'un Anglais dont nous avions

fait connaissance à bord du *Trondjhem*. Un petit sentier
en zigzags nous conduisit presque à mi-côte : là l'escalade
devint plus difficile. Plus de trace de sentier : un sol humide et mouvant dans lequel nos pieds s'enfonçaient
comme dans la vase, tel fut le chemin que nous suivîmes
pendant plus de deux heures. Puis nous dûmes nous frayer
une route à travers des buis, des bruyères, des amas de
pierres qui déchiraient les semelles de nos chaussures. Le
soleil dardait sur nos têtes ses rayons les plus ardents, et
la chaleur était si bienfaisante que, n'eût été l'aspect tout
particulier de la contrée, nous nous serions crus volontiers
sous le ciel de la Méditerranée. Après trois heures d'ascension, nous arrivâmes enfin au sommet de la montagne.
Ah ! quel spectacle !

Voici, en quatre mots, le vaste tableau que nous avions
sous les yeux. A l'ouest, au bout de l'horizon, l'Océan infini dessinait une immense ligne d'azur miroitant au soleil.
Un réseau de fjords de plus de vingt lieues de largeur sépare l'Océan de la Norwège : d'un coup d'œil nous pouvions
saisir la disposition de cet immense archipel qui court le
long des côtes de la péninsule scandinave. Au sud, à quelques lieues de distance, nous apercevions les montagnes
colossales du Hardangerfjord et les glaciers du Folgefond ;
à l'avant-plan, un bras du fjord de Bergen et quelques
montagnes d'une teinte grisâtre, couvertes à leur base de
cultures et de pâturages. A l'est, les cimes vaporeuses des
Alpes scandinaves dessinaient sur le ciel bleu leurs arêtes
tranchantes et dentelées ; de ce côté, dans le fond des vallées, brillaient comme des miroirs quelques lacs épars
bordés de verts pâturages. Au nord enfin, la vue était bornée par des rochers grisâtres dont les parois plongent à
pic dans des abîmes d'une effroyable profondeur. Mais ce

qui attirait surtout nos regards, c'était cette baie sans pareille sillonnée de mille voiles blanches, au bord de laquelle est posée la riante Bergen, à laquelle je donnerais volontiers le nom de Naples du Nord. Ce ciel bleu sans nuage, cet immense horizon borné d'un côté par la mer infinie, de l'autre par un superbe rideau de montagnes couronnées de neiges éternelles, tout cela formait un tableau ravissant au regard et doux à l'âme, empreint d'un calme auguste et d'une grandeur imposante.

Notre Anglais, que ce spectacle touchait médiocrement, fut le premier à proposer la descente. D'accord avec mes compagnons, j'étais d'avis de varier la route du retour; mais John, n'écoutant que la voix de l'estomac, ne partageait point notre sentiment : le dîner qui l'attendait à l'hôtel Scandinavi lui souriait beaucoup plus que la perspective de devoir courir par monts et par vaux à travers des montagnes qui nous étaient absolument inconnues. On transigea en tirant à la courte paille, et, à la grande joie du sage et flegmatique John, le sort lui donna complètement raison. Nous retournâmes donc à Bergen par le chemin que nous venions de suivre, et en moins de deux heures nous arrivâmes sans encombre à l'hôtel Scandinavi, où nous fîmes un de ces repas qu'on apprécie tant après les fatigues d'une excursion. Chacun de nous en particulier fit honneur au poisson aux pommes, au gigot aux pommes et à l'omelette sucrée, encore aux pommes, qui composaient le menu de notre dîner. La soupe brilla par son absence. Les Norwégiens ont appris à se passer de ce préliminaire indispensable chez nous. Parfois pourtant on voit figurer à la table d'hôte je ne sais quel mélange horrible de bière et de lait fort apprécié par les indigènes. A propos de bière, je dois dire que nulle part ailleurs je n'en ai bu de meilleure qu'en Norwège : elle est légère, fortifiante, agréable et désaltère mieux que tous les breuvages que j'ai jamais goûtés.

A sept heures du soir, nous fîmes une visite au cimetière qui se trouve à l'extrémité de la ville. Rien de plus calme et de plus recueilli que ce séjour de la mort. Au sortir du cimetière, nous suivîmes une belle avenue plantée de frênes, qui est la promenade favorite des bourgeois de Bergen. Nous arrivâmes ainsi, en côtoyant un petit lac qui reflétait les dernières lueurs du soleil couchant, dans un petit vallon solitaire, d'une sauvagerie étrange, où le bruit lointain d'une cascade troublait seul le silence recueilli du soir; des montagnes à pic d'une hauteur prodigieuse semblaient vouloir y marquer les limites du monde. Ce tableau avait je ne sais quoi de splendide et de vague, qui éblouissait et faisait rêver tout ensemble. L'œil remontait de la vallée qui s'emplissait d'ombre et de mystère aux sommets qui ruisselaient de lumière dans le ciel pourpré. C'était une de ces scènes qui vont à l'âme et y laissent un souvenir ineffaçable.

.Nous rentrâmes à Bergen à dix heures du soir, au moment où la lune se levait comme une déesse entre deux montagnes noires, environnée d'un limbe de vapeurs flottantes.

V

AALESUND

L'Alverstrom. — Périls de la navigation. — L'entrée du Sognefjord. — L'hymne norwégien. — Le Froisoen. — Le Kiankloften. — Le rocher de Hornelen. — Le flegme anglais. — Aalesund. — Un trait de l'hospitalité norwégienne.

Après une escale de deux jours, le *Throndjhem* se remit en route le 31 août, à minuit. Nous quittâmes Bergen sans voir le *Sognefjord* et le *Hardangerfjord*. C'est un crime, car ces deux fjords sont les plus beaux de la Norwège, et il est enjoint à quiconque va à Bergen de faire une excursion au Sogne et au Hardanger. Mais notre temps était limité, et les correspondances des bateaux à vapeur sont si mal organisées qu'une excursion à l'un de ces fjords nous eût demandé plus de huit jours. Toutefois je me promis bien de revenir un jour à Bergen pour visiter en détail cette partie si intéressante de la Norwège. Deux ans plus tard, j'eus l'occasion de satisfaire mon désir.

Le *Throndjhem*, en quittant la rade de Bergen, à minuit, s'engagea à la faveur d'un superbe clair de lune dans un étroit canal formé de deux murailles rocheuses que la

nature a façonnées avec la régularité et la précision d'un
géomètre. Ce canal a nom l'*Alverstrom*. Il se prolonge en
ligne droite, comme une chaussée, sur une étendue de
plus de dix lieues; et en maints endroits est à peine assez
large pour donner passage à deux navires. Parfois il se rétrécit à tel point qu'on pourrait presque toucher du doigt
les deux rives. A chaque instant, sur un signe du capitaine, le machiniste ralentissait la marche du vaisseau pour
faciliter la manœuvre du pilote.

Quand je m'éveillai, à six heures du matin, nous étions
encore dans l'Alverstrom. Plus loin, nous pénétrâmes dans
un dédale inextricable d'îles, et c'était miracle que le
Throndjhem ne se brisât point contre les mille écueils à
fleur d'eau et les rochers submergés qui faisaient rebondir
la vague en écume blanche.

Rien n'est plus dangereux que la navigation dans ces
parages. Il faut de longues années d'expérience pour oser
s'aventurer dans ce redoutable archipel de récifs, qui
enveloppe les côtes de la Norwège comme d'une ceinture
de granit. Du reste, on rencontre de distance en distance,
le long de ces côtes, des villages presque entièrement peu-
plés de pilotes. Ces pilotes, dont les connaissances se
bornent à telle ou telle partie des côtes, n'emploient ni
boussole ni compas pour diriger la marche des vaisseaux :
ils naviguent à l'œil, et se basent sur des points reconnais-
sables du rivage, des îles ou des écueils. De grands cercles
blancs, visibles pendant la nuit, sont peints sur les rochers
pour prévenir les collisions. Les navires n'ont pas à lutter
avec la tempête, qui ne sévit jamais avec beaucoup de
violence dans ces fjords protégés contre les flots de l'Océan
par une série non interrompue de rochers granitiques. Mais
ce qui est surtout à redouter, c'est que le brouillard ne

cache au pilote ses points de repère : la direction du vaisseau est abandonnée alors à tous les caprices du hasard, et il n'y a d'autre ressource en ce cas que de gagner la haute mer, si elle est proche.

Bientôt nous vîmes s'ouvrir devant nous un large fleuve qui allait en se rétrécissant entre deux rangées de roches moutonnées ; dans un immense éloignement, nous apercevions de hautes montagnes dont les sommets d'argent scintillaient sous le baiser du soleil du matin. Ce fleuve n'était autre que l'entrée du Sognefjord, qui s'enfonce à plus de quarante lieues dans les terres. Cette bande de montagnes pareilles à des nuages dont elles ne différaient que par l'immobilité, c'étaient les rives du Sognefjord, ornées d'un diadème de glaces éternelles. Les voir et passer, quel raffinement nouveau du supplice de Tantale !

A partir de ce point, la navigation devint intéressante au delà de toute expression. Plus on avance vers le nord, plus le paysage gagne en majesté et en sauvagerie. Cette partie de la Norwège offre certainement les plus grands spectacles que l'on puisse demander à notre vieille terre d'Europe ; le peintre y trouverait mille motifs de sublime horreur dont l'imagination la plus féconde ne pourrait même soupçonner l'existence. C'est ici qu'il faut chanter l'hymne cher aux Norwégiens :

« Qu'elle est magnifique, ma patrie, la vieille Norwège entourée par la mer ! Voyez ces fières forteresses de rochers qui bravent à jamais la dent du temps. Sépulcres des premiers âges, elles restent seules au milieu des tempêtes du globe, comme les héros aux cuirasses bleues, les fronts couverts de casques d'argent.

« Sur les rochers de la Norwège, le dieu Thor a voulu placer son trône. Ces combattants, dont les fronts touchent aux nues, plaisent à son courage héroïque. Quand il roule son char dans les nuages, il entend redire sa louange aux rochers ; la voix de ses combattants répète au Nord le nom de son ancien héros. »

Oui, les voilà bien, ces lieux qui ont inspiré la sombre et grande poésie des légendes scandinaves ! Les mots se traînent loin de la réalité. Voilà pourquoi je signale sans décrire.

Voici d'abord le *Froisoen*. Qu'on s'imagine un immense lac marin presque circulaire, environné partout de gigantesques rochers à pic, noirs et nus, qui s'élancent d'un seul jet jusqu'aux effroyables régions du vertige. C'est une de ces vues qui frappent sans charmer, et qui font presque peur. Formes, teintes, étendue, tous les caractères du paysage s'écartent ici du type ordinaire des créations de la nature. Ce lac est grand comme une mer : son cadre est immense ; et pourtant l'œil cherche en vain une issue : partout le roc noir, partout la mer infranchissable, partout la stérilité, l'horreur et la désolation ! Tout ce grandiose est accablant d'austérité et de tristesse ; l'homme accoutumé à une nature plus douce et plus bienveillante se sent saisi d'une indéfinissable mélancolie en face de cette sauvage sublimité.

Plus loin, nous aperçûmes au-milieu de la mer une montagne énorme appelée *Kiankloften*, coupée en deux du sommet jusqu'à la base. La brèche, profonde de mille pieds, rappelle par sa forme la fameuse Brèche de Roland, dans les Pyrénées. Un étroit lambeau du ciel bleu apparaît à travers la blessure béante.

L'admiration grandit encore à la vue du superbe rocher de *Hornelen,* qui se dresse, colossal et menaçant, à l'extrémité de l'île de Bermanger. Droit comme la flèche de Strasbourg, immense comme les pyramides d'Égypte, ce roc, taillé d'une pièce, élève sa crête pointue qui surplombe jusqu'à la hauteur de quatre mille pieds au-dessus de la mer, dont le flux mine sa puissante base. Nos matelots, suivant une ancienne coutume, saluèrent d'un coup de canon le formidable monument, dont le front séculaire brave les foudres et les tempêtes; et quand sa grande paroi nous renvoya la détonation comme un roulement d'orage, tout l'équipage poussa un long hourra en l'honneur du vieux colosse scandinave. Et j'ai compris alors pourquoi le Norwégien, dans son orgueil national, met son pays bien au-dessus des sites les plus vantés des Alpes.

Le bruit de la décharge d'artillerie fit lever des légions innombrables de mouettes, d'eiders, de cormorans; cette gent ailée s'envola au plus haut des airs en poussant mille cris sauvages, et tournoya longtemps autour des pitons du Hornelen. Le pont du navire s'était peuplé subitement de tous les passagers de l'intérieur. Qui ne bougea point, ce fut un impassible Anglais qui allait au cap Nord, et dont nous avions fait la connaissance à Hambourg : sans s'émouvoir de ce remue-ménage inusité, il continua à savourer silencieusement les délices de la cabine, qu'il n'avait pas quittée depuis la veille au soir. Je m'arrachai un instant aux magnificences du paysage, et courus lui annoncer que nous étions en face du Hornelen. « Le Hornelen? — Le plus grand rocher du monde! quatre mille pieds de hauteur. — Bah! » fit l'Anglais, avec son calme imperturbable. Cette réponse renversante me mit à bout d'arguments. Je remontai sur le pont, seul s'entend, et le « bah! » de mon Anglais y fut accueilli par un éclat de rire homérique, auquel prit part un perroquet en cage. Le *Throndjhem*

poursuivit sa route, la crête du Hornelen disparut à l'horizon, et l'original enfant d'Albion resta plongé au fond du
navire. Je comprends les touristes qui se dérangent de
cinq cents lieues pour contempler une merveille; mais,
pour Dieu! je n'ai jamais compris les touristes qui passent
devant une des huit merveilles du monde sans se donner
la peine de la regarder.

Vers trois heures, le steamer quitta les fjords et prit le.
large. L'Océan était houleux. Les brouillards, qui s'étaient
levés subitement, nous dérobaient la vue des côtes. Parfois
le voile de vapeurs se déchirait, et nous apercevions les
sommets aigus des montagnes sortant des nuages comme
d'énormes écueils; parfois aussi brillaient dans les cieux
les crêtes étincelantes de neiges et de glaces de la longue
chaîne des Alpes scandinaves; puis, quand l'échappée
s'était refermée, quand le brouillard avait de nouveau
étendu son voile uniforme sur la terre, sur la mer et sur
les montagnes, il me semblait que j'avais eu comme la
vision d'un monde inconnu.

Nous voguâmes en pleine mer pendant plus de trois
heures, et, vers le soir, nous entrâmes dans le fjord
d'Aalesund, où nous fîmes escale.

Aalesund (on prononce Olesound) est une toute petite
ville posée dans un site fort pittoresque. Bien qu'elle soit
de fondation récente, cette ville fait avec l'Espagne et
l'Italie un commerce considérable de morue. Le port est
admirablement abrité par des milliers d'îlots qui lui font
une jetée naturelle. Dans la distance on aperçoit les cimes
grandioses du Langfjeld. A travers le voile de brouillards
qui rampaient dans les régions inférieures, nous ne pouvions distinguer les bases de ces montagnes; mais leurs
sommets neigeux, qui se baignaient dans une pure et lim-

pide atmosphère échancraient le ciel bleu comme d'immenses phares lumineux.

Toutes les villes des côtes occidentales de la Norwège se ressemblent plus ou moins, et il serait difficile d'en varier les descriptions. Qui en a vu une les a vues toutes. Je me borne à signaler cette particularité qu'Aalesund est bâtie sur des rochers qui ne produisent pas un brin d'herbe. Les richards de l'endroit peuvent seuls se passer la fantaisie de semer un peu de gazon sur de la terre transportée à grands frais.

Le souvenir d'Aalesund restera particulièrement cher à ma mémoire ; car ce nom me rappellera toujours celui de M. L. R. Nul n'ignore que les Norwégiens sont le peuple le plus aimable et le plus hospitalier de l'Europe : recevoir un étranger est pour eux le plus grand bonheur qui puisse leur arriver. M. L. R. est Norwégien ; il parle français et connaît la France, qu'il a visitée il y a dix ans ; le hasard avait voulu qu'il se rencontrât avec nous à bord du *Trondjhem :* c'est assez dire que nous eûmes bientôt fait connaissance. En arrivant à Aalesund, il s'était empressé de se mettre à notre disposition pour nous montrer les curiosités de l'endroit. Il nous conduisit d'abord dans un charmant petit cottage dont la façade donne sur la mer : c'était sa maison. Après nous en avoir fait les honneurs, il voulut absolument nous mener chez son excellent ami M. A. M. On nous présenta à la dame de la maison, qui nous introduisit dans une petite pièce décorée avec un goût exquis : des guirlandes de lierre naturel couraient le long des murs de bois et donnaient à l'appartement une gaieté toute pastorale. Les meubles étaient élégants et simples, et de coquettes broderies, ouvrages de la dame, attiraient nos regards. Il va sans dire que dans une maison de bois les

cheminées de marbre brillaient par leur absence : cet ornement est absolument inconnu en Norwège; on se sert,
comme en Allemagne et en Suède, de poêles gigantesques
placés dans un coin de la chambre. Une charmante jeune
fille, dont les longs cheveux blonds, soyeux et fins, coulaient
en ondes épaisses le long de ses joues rosées qui déno-
taient dix-huit ans, nous servit, avec beaucoup de grâce,
des grogs chauds. Après les grogs vinrent les cigares, puis
le punch; le tout accompagné d'une foule de toasts, de
speechs, de compliments à la norwégienne qui se succédaient avec une effrayante continuité. M. M. faisait les discours en norwégien, et M. L. nous traduisait chaque phrase
en français. On voit d'ici notre embarras, quand il s'agissait de répondre. Ces braves gens parlaient, péroraient
avec autant d'effusion que s'ils avaient vu en nous des amis
de vieille date. Jamais je n'ai vu témoigner tant de sollicitude à des inconnus. Quand nous eûmes vidé le verre de
punch, M. M. alla discrètement tirer de sa cave son meilleur vin de Bordeaux, pendant que la jeune fille, assise au
piano, nous chanta d'une voix timide les chants de Norwège. La bouteille de vin servit de prétexte à une nouvelle
série de toasts : on but à la Norwège, on but à notre pays...
Nous dûmes nous arracher cependant à ces démonstrations
si cordiales. Nous nous fîmes de touchants adieux en
échangeant nos portraits et nos cartes, et à neuf heures
du soir le steamer impitoyable nous emporta loin d'Aalesund.

VI

MOLDE

La nuit du 1ᵉʳ au 2 septembre fut la dernière que nous passâmes à bord du *Throndjhem*. Nous avions résolu de descendre à Molde. Il était une heure du matin quand le steamer toucha à cette localité. Ce fut avec une sorte de serrement de cœur que nous fîmes nos adieux au capitaine, aux officiers, à tous ces braves gens qui nous avaient séduits par leurs soins diligents et leurs politesses aimables. Il est toujours pénible de devoir se quitter au moment où l'on commence à se connaître.

Débarquer à Molde n'est pas chose bien aisée : le port n'étant pas assez profond pour recevoir les gros navires, le *Throndjhem* dut jeter l'ancre à une distance considérable du lieu de débarquement. Nous attendîmes avec patience, vertu très nécessaire en voyage, qu'une chaloupe voulût bien venir nous recueillir et nous déposer sur les quais;

nous fîmes force signaux, criant, hurlant, gesticulant, et, après trois quarts d'heure de cet exercice forcé, nous pûmes enfin nous installer dans la nacelle tant désirée. Cette promenade en nacelle sur un fjord de la Norwège, sous le 63e degré de latitude nord, à une heure de la nuit, n'avait, je vous le jure, rien de très récréatif. L'obscurité était complète, et une température sibérienne avait succédé comme par enchantement à la chaleur de Sénégambie qui régnait la veille. Nous grelottions et nous claquions des dents sous nos couvertures. Nous éclations tour à tour en lamentations. L'un regrettait son pays, sa maison, son lit; l'autre jurait ses grands dieux qu'il ne s'exposerait plus à se faire geler le nez et les oreilles en plein été.

Le monotone clapotement de la rame qui battait la mer phosphorescente interrompait seul notre concert de plaintes au milieu du silence de la nuit.

Au bout d'un quart d'heure la barque s'arrêta. Nous dûmes payer au rameur deux *marks* par tête pour l'avoir obligé à se lever la nuit. Nous toquâmes à la porte d'une auberge, où l'on nous fit faire le pied de grue pendant un quart d'heure. Nous tempêtions à qui mieux mieux; enfin une *pige* nous ouvrit discrètement la porte, et nous introduisit dans de grandes chambres d'un style tout à fait norwégien. Là nous éclatâmes tour à tour en transports de joie à la vue de bons lits bien moelleux, aux draps bien blancs. Je laisse à penser si nous leur fîmes honneur, nous qui n'avions plus eu le bonheur de dormir dans un lit depuis Hambourg !

A notre réveil il pleuvait à verse. Que faire à Molde, lorsqu'il pleut? Rester à l'auberge. Nous passâmes toute la journée du 2 septembre à considérer le mouvement des nuages : ce jour-là, nous vîmes le ciel du Nord sous son

pire aspect. Aucune montagne n'était visible. Ce séjour
forcé dans un hôtel en bois me fit revenir en mémoire les
longues heures que je passai, il y a quelques années, à Grin-
delwald, au fond d'une vallée des Alpes, dans cet autre
hôtel en bois qui a nom *hôtel du Glacier,* et où j'ai vu pleu-
voir sans discontinuer pendant trois jours entiers. Hélas !
tout n'est pas rose en voyage. Le lendemain, le ciel se rasséréna, et nous pûmes faire d'intéressantes excursions
dans les environs.

Le site de Molde est un des plus beaux que l'on puisse
rêver. Cette petite ville, peuplée d'environ douze cents
âmes, est située à deux ou trois lieues de la mer, sur la
pointe d'un promontoire baigné par un des plus riants
fjords de la Norwège; au nord s'élèvent de superbes coteaux chargés de forêts de sapins. En sorte que Molde ne
forme qu'une longue rue resserrée entre la mer et les montagnes. Dans les environs s'éparpillent de coquettes villas,
habitées par des négociants enrichis. Vers le sud, l'horizon
est borné par les Alpes neigeuses qui forment les derniers
anneaux de la grande chaîne du Dovrefjeld. Je ne connais
pas de plus grand spectacle que ces entassements pharao-
niens de pics, de pinacles, de cimes pointues qui, se des-
sinant en tours, en clochetons, en pyramides, s'élancent
vers le ciel comme autant de doigts levés indiquant l'infini.
Les cimes surgissent innombrables, colossales; les plus
hautes se perdent dans les nuages, et on les prendrait de
loin pour des cités suspendues ou des châteaux aériens.
Entre toutes apparaît la sombre corne du Romsdalshorn,
qui domine comme une reine tout ce peuple de montagnes,
de même que le Mont-Perdu dans les Pyrénées, la Jungfrau dans l'Oberland bernois. Le panorama de Molde m'a
rappelé involontairement les célèbres panoramas de Pau et

de Berne. Mais l'Aare et le gave de Pau ne rivaliseront
jamais avec le magnifique fjord de Molde, avec ses eaux
aux reflets d'émeraude, et ses îlots verdoyants, et ses rochers agrestes, et tout cet ensemble enchanteur qui fait
de ce petit coin de la Norwège un délicieux Éden. Lamartine, qui disait du panorama de Pau : « Voilà la plus belle
vue de la terre, » n'avait sans doute pas vu Molde.

Le 3 septembre était un dimanche. Mes compagnons se
reposèrent à l'hôtel, et je fis une promenade sur les coteaux, à travers les forêts de sapins, sans suivre aucun
chemin tracé. Je rencontrai de superbes cascades, et je vis
passer devant moi toute une troupe de rennes sauvages.
J'étais tout seul, et, quoique à une demi-lieue de Molde,
je me serais cru à mille lieues de toute habitation humaine.
Je me reposai au sommet de la montagne, et je serais resté
là des heures entières à contempler cette grandiose nature
alpestre. Cette puissante et mâle poésie des montagnes
retrempe et dilate le cœur.

Il y a à Molde, à quelque distance de la ville, au bord de
la jolie route qui longe le fjord et mène vers la mer, une
grande construction en bois. Nous nous informâmes de la
destination de cet édifice, et l'on nous répondit que c'était
un lazaret affecté au traitement de la lèpre. Curieux de
voir des lépreux, nous nous adressâmes au docteur Sand,
le directeur actuel de l'hôpital. Ce médecin parlait français :
il avait soigné les blessés en France pendant la guerre.
Avec cette obligeance inhérente au caractère norwégien,
il nous montra l'hôpital dans ses moindres détails. Nous
pénétrâmes d'abord dans la cour : il y avait là quelques
malades qui se traînaient péniblement sur le sol au moyen
des mains et des genoux, et qui ne parurent pas s'apercevoir de notre présence ; presque tous étaient privés de leurs

doigts, de leur nez et de leurs yeux ; leur visage était couvert d'ulcères. Nous fûmes ensuite introduits dans une vaste salle où se trouvaient réunis une cinquantaine de malades du sexe masculin. Il faut avoir vu de ses propres yeux ces malheureux, dont toutes les parties du corps sont en proie aux plus atroces souffrances, pour se faire une idée des horreurs de cette épouvantable maladie qu'on appelle la lèpre. Parmi ces pauvres suppliciés, il en est dont le corps tout entier n'est qu'une plaie affreuse : les chairs, les os tombent en putréfaction et exhalent une odeur insupportable...

Le docteur Sand, qui a fait une étude spéciale de la lèpre, nous donna d'intéressants détails sur cette cruelle maladie, malheureusement si fréquente sur les côtes occidentales de lâ Norwège. La lèpre est héréditaire, mais elle n'est nullement contagieuse : ce qui le prouve, c'est qu'il n'existe pas d'exemple qu'elle se soit communiquée aux personnes qui desservent l'hospice de Molde. Le docteur Sand a vu des ménages où l'un des époux était attaqué de ce mal, tandis que l'autre n'en éprouvait aucune atteinte, sans user de la moindre précaution. Il est vrai qu'elle attaque souvent tous les membres d'une même famille ; mais, indépendamment du caractère héréditaire de la maladie, ces funestes accidents proviennent de ce que ces individus se nourrissent tous des mêmes aliments. J'interrogeai le docteur Sand sur les causes de la lèpre : en général cette maladie est le résultat du froid et de l'humidité, à laquelle les habitants des côtes sont continuellement exposés par leur état de pêcheurs. Il paraît également prouvé que la lèpre est engendrée par l'usage trop fréquent des poissons gras que les habitants pauvres mangent le plus souvent sans pain. Cette triste maladie est réputée incurable : c'est

pourquoi on ne se donne pas la moindre peine d'adminis-
trer des remèdes à ceux qui en sont atteints; on les regarde comme des êtres que l'humanité prescrit d'entretenir
jusqu'à ce qu'une mort désirée les enlève à leurs souffrances.

L'hôpital de Molde contient actuellement cent trente-cinq
malades, qui sont logés, chauffés et nourris gratuitement
par le gouvernement. Nous y avons vu des enfants de six à
sept ans et des vieillards de soixante-dix ans : plusieurs
malades y sont soignés depuis trente, quarante et même
cinquante ans ; car la lèpre, bien qu'incurable, arrête
parfois ses ravages ; il en est d'autres qui succombent à la
maladie au bout de quelques jours. On compte en Norwège
cinq hôpitaux affectés au traitement des lépreux : outre
celui de Molde, il y en a deux à Bergen, un à Throndjhem
et un à Christiansund. La lèpre ne règne que sur les côtes :
dans l'intérieur du pays elle est inconnue.

CHRISTIANSUND

Après quatre jours passés à Molde, nous nous embarquâmes le 4 septembre, à six heures du soir, sur le *Olaf-Kyrre*, véritable coquille de noix qui fait le service entre Christiania et Throndjhem. Le *Olaf-Kyrre*, dénué de tout confort, nous faisait sincèrement regretter le *Throndjhem* et son équipage que nous avions pris en affection. Après une heure de navigation dans le charmant fjord de Molde, nous tînmes la pleine mer pendant trois heures. Il ventait horriblement, et les grosses vagues de l'Océan secouaient sans pitié notre frêle bâtiment, au grand détriment des estomacs délicats. Vers sept heures du soir, on servit à souper dans la salle commune : du saumon, des harengs, des sardines, de la langue fumée, du *smorrebord* (pain noir beurré), et je ne sais quel abominable fromage couleur café au lait ; voilà le menu invariable d'un souper norwé-

gien. Le souper, comme le déjeuner, comme le dîner, est
toujours précédé et suivi d'un verre d'*aquavit* (eau-de-vie).
Total : six verres d'eau-de-vie par jour, sans compter ceux
qu'on prend entre les repas.

A dix heures du soir, la salle à manger se transforma en
dortoir : les divans devinrent des lits, et au-dessus des lits
on suspendit des hamacs au moyen de lanières de cuir. A
six heures précises, tous les dormeurs de la salle commune
sortirent de leurs cages ; nous eûmes la plus grande peine
à retrouver nos bottes au milieu du désordre inexprimable
qui régnait dans notre dortoir : nous avions été ballottés par
les flots, au grand détriment des bagages, qui avaient
carambolé pendant toute la nuit, comme des billes de
billard, sur la terrible pente du plancher.

Quand je montai sur le pont, nous entrions dans la rade
de Christiansund. C'est une fort curieuse petite ville, qui n'a
guère qu'un siècle et demi d'existence. Elle fut fondée par
le roi de Danemark Christian VI, qui lui donna son nom.
Elle doit toute sa prospérité au commerce de *stock-fish*
qu'elle fait avec l'Espagne et l'Italie. Imaginez-vous une
sorte de Venise pittoresque et irrégulière, située en partie
sur une langue de terre et en partie sur trois petites îles
rocheuses qui forment un golfe assez étendu et presque
circulaire. Comme nous venions de la mer, je n'aperçus
d'abord aucune trace d'habitations, et ce ne fût que lorsque nous eûmes dépassé l'étroit canal qui forme l'entrée
du port, que la ville nous apparut à l'improviste comme
une décoration de théâtre au lever du rideau : c'était un
charmant coup d'œil que toutes ces maisons de bois peintes en rouge d'ocre, et s'étageant en amphithéâtre sur les
rochers qui s'élèvent tout autour du golfe. Les îles sur
lesquelles s'éparpillent les rues de Christiansund sont tel-

lement irrégulières, montueuses et escarpées, qu'il serait absolument impossible d'y trouver deux maisons bâties au même niveau.

Les Christiansundois, de même que les Vénitiens, n'ont jamais vu la roue d'une voiture ni même la queue d'un cheval : ils se transportent d'un quartier à l'autre de la ville dans de lourdes barques qui ne rappellent en aucune façon les légères gondoles de Venise.

La situation de Christiansund s'oppose à toute agriculture : là où la ville n'est pas baignée par la mer, s'élèvent des rochers hauts et arides, qui fournissent à peine la nourriture de quelques troupeaux. Le port, en revanche, est superbe : les trois îles et la terre ferme forment un havre qui pourrait contenir les plus grandes flottes. Les vaisseaux y trouvent partout un bon mouillage, et peuvent approcher de tous les quartiers de la ville.

J'ai dit que la pêche au stock-fish forme le principal objet de commerce de Christiansund. Je dois ajouter, pour être complet, que Christiansund fait aussi un commerce de bois de sapin ; mais il est peu considérable, parce que les environs de la ville sont absolument dénués de forêts : les planches qu'elle exporte proviennent de quelques scieries qui sont dans le voisinage ; elles sont inférieures à celles que l'on tire de Christiania, et vont presque toutes en Irlande.

Après une escale de trois heures, le *Olaf-Kyrre* leva l'ancre et poursuivit sa route vers le nord. Nous remarquâmes, parmi les nouveaux passagers montés sur le steamer à Christiansund, un vieillard à cheveux blancs ; nous attirâmes également son attention, et, s'apercevant que nous parlions français, il vint à nous, et nous adressa la parole dans notre langue. Il nous dit qu'il était Suédois, et nous raconta qu'il avait été au Spitzberg, il y a trente ans, sur la corvette *la Recherche*. « La *Recherche*? fis-je. Vous avec donc accompagné M. Marmier? — Oui ; le connaissez-vous? demanda naïvement le Suédois. — Je connais du moins ses œuvres, que tout le monde a lues, et en particulier son livre où il raconte son expédition au Spitzberg. — Vit-il encore? reprit le Suédois. — Grâce à Dieu il vit à Paris, où il se repose de ses longs voyages. — Ah! que je voudrais le revoir avant de mourir ! » s'écria mon interlocuteur. Et je vis une larme couler le long des joues ridées du brave vieillard, attendri par ce lointain souvenir qui lui rappelait les plus beaux temps de sa jeunesse.

La mer présentait toujours le même aspect. Nous naviguions au milieu de rochers incultes et sauvages, couverts de neige à leur sommet. A de rares intervalles, nous apercevions dans l'anse d'une île ou au pied d'un roc l'humble cabane d'une famille de pêcheurs, isolée et perdue au milieu de ces immenses solitudes : ces pauvres gens, qui passent toute leur existence sur l'Océan, n'ont jamais vu les moissons des champs, et le poisson de mer constitue leur unique nourriture.

Nous rencontrions souvent des bateaux à voiles, chargés de poissons, qui venaient du Nordland et se rendaient à Bergen. Ces bateaux sont singulièrement construits ; ils sont exhaussés, de chaque côté, de huit à dix planches, afin de contenir un chargement plus considérable. Tous ces *jœgts* étaient chargés à couler bas, et la brise apportait jusqu'à nous l'odeur du poisson séché entassé par montagnes.

Il serait difficile de donner une idée de l'immense quantité de poissons qui vivent le long de ces côtes. Ils vont par troupes immenses entre les golfes, dans les baies,

entre les écueils et les rochers. C'est la pêche qui peuple
ces roches froides et stériles ; non seulement elle sert
à la nourriture des habitants, mais elle est encore pour
eux un objet de commerce, et elle enrichit tout le pays.
Le requin, et même la baleine, se trouvent dans ces parages. Nous y avons vu beaucoup de maquereaux et de

Le Canard eider.

marsouins se livrant à leurs fantasques ébats devant la
proue de notre navire.

Les oiseaux de mer sont aussi fort nombreux dans ces
parages : ils rasent de l'aile, en gémissant, les écueils et
les rochers. C'est ici que vit l'eider, cet oiseau qui donne
ce duvet précieux connu sous le nom d'*édredon*. Les habitants eux-mêmes, dit-on, préparent son nid ; mais en
récompense, ils s'approprient le duvet qu'ils y trouvent et
que la mère s'est arraché pour échauffer ses œufs et ses

petits. On prétend qu'un seul homme, surtout si son habitation est sur un rocher éloigné de la terre, peut amasser en un an depuis cinquante jusqu'à cent livres de duvet, dont chaque livre se paye environ dix rixdales (14 à 15 francs). Le gouvernement norwégien prend un grand soin pour la conservation de ces oiseaux; une loi punit d'une forte amende quiconque en tue un.

Nous voguions avec rapidité à travers les roches qui s'élevaient de toutes parts hors de la mer. Le nombre de ces rochers est vraiment immense : jetés comme par la main du hasard dans le sein des eaux, ils sont groupés sans ordre et ne suivent aucune direction fixe. L'aspect en est monotone et la surface stérile; on n'y voit ni arbres ni buissons; à peine le temps a-t-il permis à quelques graminées de prendre racine dans les petites vallées abritées par des collines contre l'âpre vent du nord. Cependant ils ne sont pas aussi déserts qu'on est tenté de le croire au premier coup d'œil; la moindre verdure qui s'y fait remarquer y attire un habitant; rien n'égale la pauvreté de ces insulaires, pour qui la pêche est le seul moyen de subsistance : pour avoir un verre d'eau fraîche ou un peu de terre végétale, ils doivent passer la mer. Leur vie n'est qu'une lutte continuelle contre les éléments. Et cependant ces hommes ne se plaignent pas de leur sort : ils aiment, ils adorent leurs tristes rochers; c'est leur patrie : ils la trouvent belle et ne voudraient point vivre ailleurs. J'ai toujours pensé que le bonheur est une chose essentiellement relative. Ces hommes n'ont-ils pas la liberté, le bien le plus précieux de tous? La richesse est-elle donc indispensable pour faire des heureux?

VIII

THRONDJHEM

Situation de cette ville. — Son histoire. — Son aspect. — La cathédrale. — Le chemin de fer de Storen. — Le palais du roi. — Un café-concert. — Munkholm. — Histoire de Griffenfeld.

Nous arrivâmes à Throndjhem le 5 septembre. Cette antique métropole du Nord est située vers le 63° ¼ parallèle, sous la même latitude que l'Islande, et beaucoup plus près du pôle que Tobolsk, la capitale de la Sibérie. Et pourtant, à considérer ces belles collines verdoyantes qui entourent la ville comme une ceinture d'émeraude, à contempler ce beau ciel bleu, aussi limpide, aussi pur que dans nos plus beaux jours d'été, on a peine à se persuader qu'on est ici à si peu de distance du cercle polaire et de la zone glaciale.

Throndjhem ou *Drontheim,* si l'on préfère adopter la prononciation des Allemands, qui tronquent tous les noms, est une des plus anciennes villes de la Scandinavie. Elle fut fondée vers la fin du x° siècle, par le roi Olaf Trygveson, sur l'emplacement d'une autre ville qui avait nom Nidaros,

et dont les antiques sagas font très souvent mention. Parmi
tous les rois de Norwège, il n'en est peut-être point qui ait
eu des aventures plus romanesques que le roi Olaf Trygveson.
A peine eut-il vu le jour, qu'un usurpateur, le jarl Hakon,
voulut lui ôter la vie : sa mère le sauva en prenant la fuite ;
des pirates les attaquèrent, séparèrent la mère et l'enfant,
et les traitèrent en esclaves. Jeune encore, il fut découvert
et racheté par un parent ; il se distingua, devint roi de la
mer ou chef de pirates, épousa une princesse irlandaise,
embrassa le christianisme, et finalement parvint, à force
de combats, à monter en 991 sur le trône conquis par son
aïeul Harald Harfager. Il devint alors un zélé missionnaire
du christianisme. En 998, il rasa le célèbre temple élevé à
Throndjhem en l'honneur de Thor et Odin, et détruisit les
statues de ces dieux. Ce temple se trouvait à peu de distance des remparts : l'église des Hlades fut construite sur
son emplacement. Canut le Grand envahit un jour les États
d'Olaf et se fit proclamer roi. Olaf s'enfuit en Suède et
revint à la tête d'une armée. Il se battit vaillamment à la
tête de ses troupes ; mais Canut resta victorieux, et Olaf fut
tué dans une bataille célèbre qu'il livra dans les plaines de
Sticklestad, en 1030. Après sa mort il fut canonisé, et
aujourd'hui encore son nom est en grande vénération. Son
corps fut enseveli dans la cathédrale de Throndjhem, et
des pèlerins de toutes les contrées du monde, des souve-
rains même, vinrent honorer de leurs présents la magnifique châsse du glorieux saint Olaf. Cette châsse était en
argent massif, et pesait, dit-on, 7,000 onces : elle était
enrichie d'or et de pierreries précieuses. En 1557 survint
la réforme : le Danemark envoya un navire chercher la
châsse d'argent ; mais le navire, attaqué en route par des
pirates, échoua sur la côte avec son précieux trésor.

Throndjhem joua un grand rôle dans l'histoire de Norwège : elle fut longtemps la résidence des rois et le siège
du gouvernement. Ce fut lors de la réunion de la Norwège
et du Danemark que Christiania lui ravit son titre de capitale. Mais Throndjhem, bien que déchue de son ancienne
splendeur, a conservé l'antique privilège du couronnement
des rois.

Throndjhem, quoique peuplée à peine de vingt mille
âmes, est une ville immense : les rues, tirées au cordeau,
sont larges comme nos boulevards : à leur extrémité on
rencontre toujours une fontaine. Les maisons, toutes construites en bois, sont complètement dénuées d'ornements ;
mais dans leur simplicité elles ont un grand air de propreté et de confort. A cause de leur largeur, les rues paraissent désertes, et plus d'une fois nous nous sommes
demandé si la ville était plongée dans le sommeil : le silence n'est pas plus profond à minuit. J'ai été fort surpris
de ne rencontrer à Throndjhem aucun souvenir de sa grandeur passée : tout est moderne, et la fastidieuse ligne droite
inventée par notre siècle y règne partout. Est-ce là l'antique capitale du Loclin d'Ossian, qu'illustrèrent tant de
fois les anciens Vikings ? Hormis la cathédrale et la forteresse de Munkholm, il n'est pas un seul vestige qui rappelle au voyageur toute cette gloire évanouie. Le mystère
s'explique quand on songe que des incendies détruisent
régulièrement tous les dix ans une bonne partie de la ville :
tous les vieux quartiers ont fini par disparaître, et, grâce
au feu, Throndjhem s'est insensiblement modernisée.

Le seul monument en pierres qu'il y ait à Throndjhem,
c'est son admirable cathédrale du xiiᵉ siècle, qui est un
chef-d'œuvre d'architecture gothique. Cette église, considérée comme la plus belle du Nord, fut plus d'une fois

la proie des flammes, et aujourd'hui elle n'est véritablement plus qu'une ruine. On peut juger par ce qu'il en
reste de la vaste étendue qu'avait autrefois son enceinte,
et aussi du goût et de la richesse des décorations dont elle
était ornée. La grande flèche, qu'on pouvait distinguer de
la mer comme un phare, s'élevait, dit-on, à deux cent
vingt pieds. Un orage la renversa vers la fin du xvııᵉ siècle,
et sa place est marquée aujourd'hui par une grosse tour
carrée, massive, pareille à un clocher de village. La partie
de l'église la moins dégradée est le chœur : c'est un chef-
d'œuvre de délicatesse et de légèreté, qui rappelle par ses
charmants détails l'architecture dentelée des églises d'Espagne. Le chœur est octogone, surmonté d'un dôme de
construction moderne. Le maître-autel est entouré de légers piliers et d'arcades ogivales qui s'étendent jusqu'à
la voûte. Sur l'autel figure une belle copie de la statue du
Sauveur de Thorwaldsen, dont nous avons vu l'original
dans l'église Notre-Dame, à Copenhague. On travaille ac-
tivement à la restauration de cette curieuse église; mais je
doute qu'on puisse jamais lui restituer la splendeur qu'elle
eut à l'époque où la Norwège était catholique. On nous a
montré dans la sacristie, entre autres sujets curieux, un
siège très vieux, très naïf et très vermoulu, sur lequel s'asseyaient les rois de Norwège pendant la cérémonie du couronnement.

Voici quelques détails historiques sur la cathédrale de
Throndjhem, empruntés à l'excellent ouvrage de M. Ferguson. Entre les années 1016 et 1030, saint Olaf bâtit une
église à l'endroit où se trouve aujourd'hui l'église Saint-
Clément. Il fut enseveli un peu au sud de son église, là où
se trouve maintenant le maître-autel. De l'année 1036 à
l'année 1047, Magnus le Bon éleva une petite chapelle en

bois sur la tombe de saint Olaf; quelque temps après Harald Hardraade bâtit, à l'est de cette chapelle, une église en pierres dédiée à Notre-Dame. Ce groupe de trois chapelles subsista pendant la période troublée qui suivit leur construction. En 1160, l'archevêque Eystein commença le grand transept ouest de la chapelle Notre-Dame, et l'acheva probablement en 1183. Lui-même, ou son successeur, rebâtit l'église Saint-Clément telle qu'elle est aujourd'hui, probablement à la même date. Pendant les soixante à soixante-dix années qui suivirent, toute la partie orientale de la cathédrale fut reconstruite; la chapelle qui renfermait la châsse de saint Olaf fut réunie à l'église Notre-Dame. En 1248, l'archevêque Sigurd commença la nef: on ignore si elle fut jamais achevée. En 1328, l'église fut ravagée par le feu: ce fut probablement après cet accident que fut reconstruite la rangée de colonnes intérieures dans la partie circulaire [1].

En sortant de la cathédrale nous nous dirigeâmes vers la gare, dans le but de voir le chemin de fer de Throndjhem à Storen. Idée saugrenue que d'aller voir un chemin de fer! dira-t-on. N'en voit-on pas tous les jours? Un instant: on n'a pas tous les jours l'occasion de voir un chemin de fer qui est jusqu'à présent le plus septentrional qu'il y ait au monde, de voir fonctionner des locomotives au delà du 63° degré de latitude nord. Ce chemin de fer, il est vrai, n'a guère que douze lieues de longueur; mais dans quelques années il aura plus de cent vingt lieues, car le Storthing norwégien vient d'en décréter le prolongement jusqu'à Lillehammer, petite ville située à l'extrémité nord du lac Mjosen. Ce chemin de fer sera pour la Norwège d'une importance capitale: il servira de lien au Nord et ·

[1] *Ferguson's illustrated Handbook of architecture,* page 931.

au Sud, que séparaient autrefois tant d'obstacles. Par le Mjosen il réunira Throndjhem à Christiania, et ouvrira de prompts débouchés au commerce du Nord.

Throndjhem possède peu de monuments : cette ville mérite plutôt un coup d'œil sur l'ensemble qu'une étude des détails. Les habitants, qui n'ont pas vu autre chose, parlent avec admiration de ce qu'ils appellent « le palais du roi ». C'est, paraît-il, le plus grand édifice en bois que l'on connaisse. C'est le seul mérite que je lui trouve ; car son architecture ressemble, à s'y méprendre, à celle d'une caserne. Charles XV [1] n'y est venu qu'une seule fois, lorsque, de par la constitution, il fut couronné roi de Norwège dans la cathédrale de Throndhjem.

Si Throndjhem est pauvre en monuments, en revanche son site est des plus heureux. La ville est située sur un beau golfe encadré de vertes collines, au bord d'un large fleuve appelé Nidar, d'où elle tire son ancien nom de *Nidaros* (bouche du Nidar). Sous cette latitude élevée, la verdure est encore belle ; mais déjà les arbres sont rares, clairsemés : la végétation n'a plus cette vigueur des latitudes plus méridionales, et l'on sent qu'on touche ici aux limites de la zone tempérée, et qu'au delà de ces limites commence le désert aride et sombre des régions polaires.

A un quart de lieue de la ville, nous avons rencontré un café-concert appelé le *Hjorten,* où se rend la bourgeoisie pour entendre de la mauvaise musique : c'est le vaux-hall de Throndjhem. On y mange, on y boit, on s'y promène, et nous avons largement usé de ces trois privilèges. Il paraît qu'on y tire aussi des feux d'artifice : les Norwégiens sont même très passionnés pour ce genre de spectacle. Nous étions loin de nous douter que nous étions l'objet

1 En 1871, Charles XV régnait encore en Suède.

de toutes les conversations. Chacun se disait tout bas à l'oreille : « Voyez-vous ces messieurs qui mangent des biftecks ? Ils parlent français ! » Entendre parler français à Throndjhem semble bien plus extraordinaire que d'entendre parler chinois à Paris. Ces braves bourgeois voulurent nous fêter à leur façon. L'orchestre, composé de quatre soldats, entonna *la Marseillaise* avec un entrain indescriptible ; — je dois avouer pourtant qu'il nous fallut beaucoup de bonne volonté pour y reconnaître le chant de Rouget de l'Isle. — A la fin du massacre, on députa vers nous un ambassadeur, qui nous insinua en très bon français mille amabilités, et nous tint compagnie jusqu'à la fin du concert.

Throndjhem a son monument historique : c'est la forteresse de *Munkholm*. Munkholm est une petite île située au milieu du golfe de Throndjhem, à une portée de fusil du rivage. Lorsque Canut le Grand prit possession du trône de Norwège, en l'an 1028, il fonda dans cette île un couvent de bénédictins. D'où le nom qu'on lui donne encore aujourd'hui : *munk*, moine ; *holm*, île. Quand vint la réforme, les religieux durent quitter leurs cellules, et le couvent devint une forteresse en même temps qu'une prison d'État. L'infortuné Schumacker, qui devint plus tard comte de Griffenfeld et premier ministre du roi de Danemark Christian V, y passa dix-huit années de captivité (de 1680 à 1698). Ce fut un grand homme que Griffenfeld. Fils d'un marchand de vin, il sut gagner la faveur du roi, et devint son conseiller intime. Sa renommée était si grande dans toute l'Europe que Louis XIV disait un jour au ministre de Danemark Meierkrone : « Je ne saurais m'empêcher de vous témoigner l'estime infinie que j'ai pour le mérite du chancelier de la couronne de Danemark. Il est sans doute l'un des plus grands ministres du monde. » Cet enfant du peuple, devenu ministre tout-puissant, était haï des nobles. C'est ce qui causa sa perte. Un jour, par ordre du roi, il fut arrêté, accusé du crime de lèse-majesté, et condamné à la peine capitale. Le 5 juin 1676, Griffenfeld marchait au supplice; déjà il posait la tête sur le billot, lorsqu'un émissaire fendit la foule, et, élevant en l'air un pli cacheté du sceau royal, s'écria : « Grâce à Schumacker ! » Christian V commua la sentence de mort en une prison perpétuelle. Plus tard, le roi déplora la perte de cet homme d'État, qui fut le Richelieu du Danemark. « Hélas! disait-il souvent, que n'ai-je encore Griffenfeld ! il comprenait mieux à lui seul les affaires de Danemark que tout mon conseil d'État réuni. » Un jour, le roi partit tout exprès de Copenhague pour aller visiter le pauvre prisonnier à Munkholm; mais le comte, ayant été prévenu, se cacha derrière la porte, et le roi dut retourner désappointé. Enfermé dans la sombre forteresse de Munkholm, Schumacker appela à son aide la religion et la poésie; il traduisit les psaumes de David, et écrivit sur les murs de son cachot des sentences dont quelques-unes nous ont été conservées. En voici une, que M. Marmier a traduite en vers français.

Sur les ondes du golfe on voit de loin surgir
Le rocher de Munkholm que la mer bat sans cesse;
Mais la mer qui mugit ne le fait pas fléchir,
Et le flot fatigué se retire et s'affaisse.

Que l'aspect de ce roc nous apprenne à souffrir
Les rigueurs du destin, les orages du monde.
Je regarde ces murs d'où je ne puis sortir;
J'entends autour de moi la vengeance qui gronde.

Mais votre nom, grand Dieu ! sera notre rempart.
Si vous nous protégez, si, partout où nous sommes,
Vos anges sur nos pas étendent leur regard,
Que nous fait le pouvoir et la haine des hommes?

IX

LE ROMSDAL

De Molde à Veblungsnaes. — Organisation des postes en Norwège. — Tableau
du soir. — Le cheval norwégien. — Le mont Romsdalshorn et sa légende. —
Aspect du Romsdal. — Cascades. — Le *gaard*. — Les routes norwégiennes. —
Nouveaux aspects. — L'hiver en Norwège. — Dombaas.

Le lecteur nous a suivis jusqu'ici dans notre voyage de
circumnavigation le long des côtes de la péninsule scandinave, depuis Christiansand jusqu'à Throndjhem. Il va
nous suivre maintenant dans l'intérieur des terres, dans
les gorges et les vallées, sur les montagnes, sur les fleuves,
sur les lacs. Après avoir côtoyé la Norwège sur mer, nous
allons traverser la Norwège sur terre, de Molde jusqu'à
Christiania, trajet de près de deux cents lieues. Adieu les
fjords, les îles, les sunds, les écueils! adieu la douce et
facile vie de bord !

Au retour de notre excursion à Throndjhem, nous nous
retrouvions à Molde, le 7 septembre, à midi. Nous n'eûmes
que le temps de passer du steamer *Olaf-Kyrre* au steamer
Alpha, un petit bateau-mouche qui va deux fois par

semaine de Molde à Veblungsnaes. Le trajet, qui se fait en
quatre heures, est des plus agréables. Un beau et chaud
soleil éclairait la magnifique chaîne des montagnes, et les
glaciers scintillaient comme de l'acier poli. Molde eut
bientôt disparu à nos yeux, et le bateau s'enfonça dans les
mille sinuosités du fjord. Quels ravissants paysages! Quelle
grande nature! Des montagnes à pic d'une hauteur prodigieuse se succédaient les unes aux autres comme une
armée de géants; souvent le lac semblait vouloir se fermer;
mais au détour du fjord un nouveau site s'offrait à nos
yeux surpris. C'étaient de continuels changements à vue.
Les lacs les plus vantés de la Suisse ne donneraient qu'une
bien petite idée de cette grandiose nature. Un sentiment de
tristesse m'envahissait pendant que nous voguions, trop
rapidement, hélas! sur ce beau fjord de Veblungsnaes : il
y a là des tons, des formes, des ondulations, des escarpements, des lignes dont aucun art ne peut donner l'idée; il
y a là une mine inépuisable pour le peintre. Eh bien! on
ignore cette sublime Norwège, et cet incomparable fjord
de Veblungsnaes est presque aussi inconnu que les lacs
glacés de la Laponie ou de l'Islande !

Il était près de six heures du soir quand nous débarquâmes à Veblungsnaes, délicieux petit village placé
comme un nid au bout de ce fjord et à l'entrée de la vallée
du Romsdal, et dominé par des montagnes comme on n'en
voit nulle part. Notre premier soin fut d'aller à la recherche
d'un véhicule quelconque qui pût nous transporter à
Lillehammer, nous et nos bagages. Qu'on ne se figure
point qu'il existe en Norwège des voitures publiques :
celui qui veut voyager dans l'intérieur du pays est obligé
d'acheter ou de louer une *karriole* (je respecte l'orthographe norwégienne en écrivant ce mot avec un *k*). Mais

ce n'est pas tout, dira-t-on, que d'avoir une voiture : il faut
encore des chevaux. Ceci est le moindre souci du voyageur : en effet, la loi du pays impose aux paysans la charge
de fournir, moyennant indemnité, leurs propres chevaux à
·quiconque les requiert. Le long des routes sont établis des
relais ou stations ; il y a deux espèces de relais : les relais
fixes, ou *faststation*, et les relais non fixes, ou *tilsigetse-
station* (relais de commande). Les relais fixes qui sont placés
sur presque toutes les grandes routes sont toujours pourvus
d'un certain nombre de chevaux, et il est rare que le
voyageur y éprouve un retard bien considérable. La distance d'un relais à l'autre varie d'un à deux milles. — Le
mille norwégien, qui ne doit pas être confondu avec le
mille anglais, vaut environ douze kilomètres ou trois
lieues de France. — On voit que l'organisation des postes
en Norwège diffère essentiellement de celle des autres
pays.

Nous eûmes la chance de trouver à Veblungsnaes une
excellente voiture, arrivée depuis quelques jours de Lillehammer. Le conducteur, qui tenait peu à refaire à vide un
trajet de cent cinquante lieues, attendait à Veblungsnaes
que le Ciel voulût bien lui envoyer un ou plusieurs voyageurs. Nous lui demandâmes son prix : « Trente *species* [1]. —
Va pour trente species ! » Et nous décidâmes de partir le
lendemain, à sept heures du matin.

Nous soupâmes d'une queue de saumon dans l'unique
auberge de Veblungsnaes. Le soir, je montai avec mes
compagnons sur la colline voisine, dont la vue plane sur
toutes les montagnes d'alentour : à nos pieds s'étendait,
comme une immense glace polie, le fjord encaissé dans

----

[1] Environ 175 francs.

un magnifique amphithéâtre de rochers ; des montagnes vaporeuses, à demi voilées par la brume, formaient le fond du tableau : on eût dit une décoration de théâtre. Les lueurs du soleil couchant éclairaient cette scène, et les sommets neigeux resplendissaient comme de gigantesques flambeaux ; le dernier rayon de lumière s'arrêta sur la cime glacée du Romsdalshorn, puis, comme un oiseau de flamme, s'envola dans les profondeurs du ciel. Un calme absolu régnait sur cette immense enceinte ; parfois, à travers le silence sublime qui pesait sur la contrée, la brise nous apportait le mugissement indistinct d'une cataracte. Pas une voile ne sillonnait la nappe tranquille du fjord ; mais un aigle planait sur le lac. Ah ! quel spectacle ! l'âme seule peut en comprendre toute la poésie, en savourer le charme, en conserver le souvenir. Oui, il y a des retraites sauvages dont le silence, le calme, la beauté grande et sévère recueillent l'esprit dans une religieuse émotion, et lui parlent doucement de Celui qui créa les mondes. Nous rêvions. Mais il y avait quelqu'un derrière nous, dont nous ne soupçonnions nullement la présence, et qui ne rêvait pas. « Very pretty, » murmura-t-il. A ce mot, nous reconnûmes notre Anglais de Bergen. L'original nous avait devancés à Veblungsnaes, où il se livrait depuis plusieurs jours aux plaisirs variés de la pêche à la ligne. Il appartenait à cette catégorie de touristes dont l'idéal ne va pas au delà d'un hameçon. *De gustibus non disputandum.*

Le 8 septembre, à six heures du matin, nous étions sur pied. Nous fîmes un consciencieux déjeuner pour affronter l'air vif de la montagne ; nous mîmes dans notre voiture quelques bouteilles de vin, des conserves et du pain, et à sept heures nos chevaux partaient au grand trot sur la route poudreuse qui devait nous conduire à Christiania.

Ces chevaux norwégiens ont d'excellentes qualités. On les dresse d'une façon toute particulière : ils n'obéissent qu'à la parole ; jamais leur maître ne les rudoie, jamais il ne fait usage du fouet. Le cheval norwégien, petit et court, a quelque ressemblance avec le cheval écossais ; généralement il est de couleur café au lait, et porte sur le dos une raie noire comme l'isabelle. La coutume du pays est de lui raser la crinière, qu'il porte courte et hérissée comme celle du zèbre. Son regard est doux et intelligent. Souvent il fait halte le long du chemin pour boire au ruisseau. Il s'arrête court au son du *tprrrou*, qui exciterait ses frères du continent. Veut-on le lancer au grand trot, on se sert du son « oh! » qui modère si bien la fougue de nos coursiers. N'ayant pas encore l'habitude de cette langue de cheval qui repose sur des principes si opposés aux nôtres, nous confondions parfois les expressions en usage : de là des incidents plus ou moins plaisants. Un coup de vent emporta le chapeau de mon compagnon ; celui-ci, de crier bien fort : « Oh! oh! » et les chevaux de courir de plus belle. Un « tprrrou » court et sec, parti des lèvres du postillon, mit fin aux infortunes de mon compagnon.

Nous avions à peine quitté Veblungsnaes que nous vîmes se dresser à notre gauche la masse colossale du Romsdalshorn (corne de Romsdal). Cette montagne, qui passe pour une des plus hautes de la Norwège, simule, à s'y méprendre, la forme d'une corne recourbée, et c'est là ce qui lui a valu son nom. Longtemps elle passa pour inaccessible ; il y a quelques années, un obscur forgeron eut l'insigne honneur de fouler pour la première fois sa cime indomptée : ce hardi chevalier de l'enclume et du marteau édifia au sommet de la montagne une pyramide de pierres que le temps a respectée : elle est parfaitement visible d'en bas.

Johansen, notre conducteur, nous fit remarquer, au pied
de la corne colossale, une profonde crevasse appelée
Olafs-Kaarde, « l'épée de saint Olaf. » S'il faut en croire
la tradition, ce saint roi, vénéré aujourd'hui comme le
patron de la Norwège, aurait d'un coup d'épée fait jaillir
l'eau du rocher, comme le fit Moïse lorsque le peuple
d'Israël mourait de soif.

J'aime cette légende : comme toutes les légendes, elle
ajoute encore à la poésie des lieux.

Le Romsdalshorn est placé à l'entrée de la vallée du
Romsdal. Le Romsdal est la plus belle vallée que je connaisse : c'est le Simplon de la Norwège. J'admire ces montagnes aux majestueux contours, aux flancs hardis et fiers ;
j'admire ces grandes parois taillées à pic, mouillées par les
cataractes, et ces larges gradins couverts d'un éblouissant
manteau de neige, et ces cimes altières dont les pointes
taillées en aiguille regardent le soleil et crèvent les nuages
qui passent. Il y a là pour le peintre un vaste champ à
explorer.

En maints endroits, le fond de la vallée ne présente
qu'un amas de blocs de granit, qui, par suite de quelque
commotion terrestre, ont roulé comme des flots de pierres
du sommet des montagnes. Ces gigantesques débris gisent
immobiles le long de la route et nous regardent passer
comme d'imperceptibles pygmées : un moment je me suis
cru transporté au milieu du célèbre *Chaos de Gavarnie*. Les
parois de la gorge présentent tous les caractères de la
ruine : ces pyramides, ces tours, ces obélisques, ces contreforts n'attendent qu'un nouveau tremblement pour
s'abîmer entièrement. La vie s'est éloignée pour toujours
de ces lieux de désolation : l'œil n'aperçoit qu'un océan de
pierres. Pas un brin d'herbe, pas un pouce de terre végé-

tale ! Rien qu'un lichen pierreux ; rien que le bruit du vent et le lourd mugissement des torrents !

Mais quand on sort de ces ruines, la végétation reparaît superbe et luxuriante : les flancs des montagnes se couvrent de riches forêts de sapins, de mélèzes, de bouleaux : dans ces forêts vivent l'ours brun, l'élan, le daim rouge et le renne sauvage. Vers le soir, on les voit souvent descendre au fond de la vallée et venir boire au torrent de la Rauma, qui roule dans un large lit ses eaux d'émeraude. La Rauma, qui donne son nom à la vallée, reçoit des milliers de cataractes flottant comme de longs panaches blancs des cimes glacées jusqu'au fond de la vallée. L'une des plus belles cascades du Romsdal se trouve entre Ormen et Stueflaatten, à trente pas de la route ; nous sommes descendus de voiture pour aller la contempler de près : cette masse d'écume se précipite entre deux rochers, avec toute la majesté d'une force invincible, dans un gouffre de plus de cinquante mètres de profondeur. L'abîme est traversé par quelques troncs de sapins, d'où nous avons admiré en tremblant cette scène effrayante et grandiose. Le *Slettefoss* (c'est le nom de cette cascade) surpasse en beauté la plupart des cascades trop vantées de la Suisse.

Plus loin, nous rencontrâmes la cascade de *Vermedalsfoss*, qui tombe comme un tonnerre du sommet d'un rocher à pic de plus de deux mille pieds de haut. Tout cela est très sauvage et très beau ; mais j'ai la conviction qu'un album pourrait seul raconter cette pittoresque et agreste Norwège : voilà pourquoi je renonce à faire de longues descriptions.

Le pays que nous traversions est, pour ainsi dire, inhabité : la culture est presque nulle, et c'est à peine si de loin en loin nous rencontrions quelque habitation isolée.

De village, il n'en est point ici : les relais ne sont pas des groupes de maisons, mais de simples fermes habitées par une seule famille. Dans le langage du pays, ces fermes s'appellent des *gaards* (on prononce gôr). Tous ces gaards sont construits d'après un modèle uniforme, et qui en a vu un les a vus tous. Le gaard norwégien se compose invariablement d'une grande habitation en bois et de quatre ou cinq corps de logis : la maison principale est réservée aux voyageurs et à la famille du *landmark*, chef de la petite colonie ; les domestiques ont une habitation séparée ; les autres constructions servent d'écuries, de granges, de celliers, etc. Tous ces bâtiments dont l'ensemble présente un coup d'œil vraiment pittoresque, sont construits avec des troncs de sapins à peine équarris, posés l'un sur l'autre et calfeutrés avec de la mousse. Le toit est recouvert de gazons qui reposent sur de l'écorce de bouleau : là où les pâturages font défaut, les chèvres paissent sur ces prairies suspendues. L'intérieur du gaard est d'une extrême simplicité : les pièces sont vastes, propres et spacieuses. Une grande table au milieu de la salle, une vieille armoire à naïfs ornements, un énorme poêle, une antique pendule à contrepoids, quelques grossières gravures parmi lesquelles les portraits de la famille royale occupent toujours la place d'honneur : tel est l'ameublement ordinaire de ces maisons patriarcales. On ne se donne pas la peine de tapisser les murailles, qui présentent à l'intérieur le même aspect qu'au dehors.

Le premier jour de voyage, nous nous arrêtâmes à Holseth. *Good accommodation.* Les jours suivants, nous parcourûmes des distances plus considérables. Nos étapes quotidiennes étaient, en moyenne, de trente lieues. Nous voyagions du matin au soir, pendant treize à quatorze

heures, en relayant six ou sept fois par jour. A chaque
relais on nous donnait des chevaux frais : nous faisions
ainsi rarement plus de trois lieues avec les mêmes chevaux.
Parfois nous éprouvions des pertes de temps assez considérables, lorsqu'il fallait aller chercher les chevaux dans les
pâturages. Lorsque les retards sont de plus d'une heure,
le voyageur a le droit d'écrire une plainte sur le *dagbog*,
registre officiel qu'on trouve à chaque station.

Ces petits chevaux norwégiens, vifs et vigoureux, sont
d'excellents trotteurs : ils sont infatigables, gravissent au
grand trot les côtes les plus raides, et descendent les
pentes les plus effroyables avec la rapidité de la flèche :
aussi c'est bien étonnant que l'on ne verse pas vingt fois
par jour. J'ai lu, je ne sais où, que parmi les divinités de
la mythologie scandinave, il en est une qui préside à la
colique. Cette divinité a le métier dur dans un pays où les
routes ont pour système invariable d'attaquer de front
tous les mouvements de terrain, et de ne se détourner
jamais, si raides que soient les pentes, en vertu du principe
fort en honneur chez les ingénieurs norwégiens, que la
ligne droite est le plus court chemin : parfois les descentes
sont si rapides qu'on vole, plutôt qu'on ne roule, sur un
sol dont les mille aspérités font sauter le pauvre véhicule
comme une balle élastique : on est cahoté, secoué, ballotté
dans tous les sens; c'est alors qu'intervient la méchante
déesse : on devine le rôle qu'elle fait jouer aux infortunés
voyageurs. Ce n'est qu'à la longue qu'on s'accoutume à
ces horribles cahots, de même que sur mer on finit par
triompher du roulis.

Le Romsdal change de caractère au delà de Stueflaatten ; naguère c'était une gorge étroite et sombre, resserrée
entre deux murs de rochers perpendiculaires : la montagne

était véritablement sciée en deux, et le soleil pénétrait à
peine à son zénith dans cette noire fissure de granit; mais,
quand on a dépassé Stueflaatten, on entre dans une belle
et large vallée, pleine d'air et de lumière, bornée des deux
côtés par des montagnes en pente douce, couvertes, pour
ainsi dire, jusqu'à leur sommet de superbes forêts de sapins. Le fond de la vallée est marécageux : c'est toujours
la même stérilité, la même sauvagerie; nulle culture, nulle
habitation humaine, nulle trace de civilisation : c'est ainsi
que je me représente les steppes de la Russie. Nous voya-
geâmes une journée entière sans rencontrer un être vivant.
Nous étions au centre de la Norwège, et, qu'on ne l'oublie
point, au cœur de l'été. Et si cette contrée du Nord est si
triste, si déserte en cette saison, quel doit donc en être
l'aspect en hiver, quand la neige a tombé pendant des
semaines entières, quand une immense nappe blanche
s'étend sur les plaines, les montagnes, les forêts; quand
toute la Norwège n'est plus qu'un vaste linceul déroulant
d'horizon en horizon ses perspectives infinies !

En Norwège, l'hiver est long : il dure neuf mois. C'est
alors la saison des voyages en traîneau : le Norwégien, à
cause de la rapidité de ce moyen de transport, voyage de
préférence en hiver; la route alors est perdue sous la neige;
mais de grands tas de pierres, surmontés d'une perche, et
disposés le long de la route, servent au voyageur de points
de repère. Nous avons remarqué aussi, posées sur le bord
de la route de distance en distance, des charrues de neige
que notre postillon appelait *sneeplog* : ce sont des espèces
de triangles formés de trois poutres de bois, qui servent à
tracer dans la neige la route des traîneaux.

Après deux fortes journées de voyage, nous arrivâmes,
vers le soir, à *Dombaas*, dernière station du Romsdal, située

à l'embranchement des routes de Throndjhem, de Molde et de Christiania, station géographique. Dombaas est un gaard considérable et riche, qui sert de point de ralliement aux rares voyageurs qui vont à Jerkind pour entreprendre l'ascension du *Sneehattan*[1]. Cette montagne, qui a été considérée pendant longtemps comme une des plus hautes de la Norwège, est un ancien volcan.

[1] Sneehattan signifie chapeau de neige.

X

LE GUDBRANDSDAL

Le Romsdal se ferme à Dombaas. Au delà de Dombaas s'ouvre le *Gudbrandsdal*. Cette nouvelle vallée, qui devait nous conduire jusqu'aux rives du lac Mjosen, a plus de cinquante lieues de longueur. Comme l'a observé M. Ampère, c'est l'étendue des lieux qui distingue surtout la Norwège des autres pays de montagnes; par exemple, la Suisse. En Suisse on passe sans cesse d'une vallée à une autre vallée, d'un canton à un autre canton. En Norwège, au contraire, les vallées sont des provinces, les torrents sont des fleuves, les lacs de petites mers.

Le Gudbrandsdal est moins sauvage, moins désert et moins grandiose que le Romsdal : c'est la zone pastorale

succédant à la zone sauvage. Les rochers arides et désolés
ont fait place aux pentes herbeuses, aux forêts de sapins et
de bouleaux qui abondent en ces parages. Le sapin et le
bouleau atteignent ici des proportions beaucoup plus
grandes que dans nos climats. Çà et là sur les pentes se
montrent quelques maigres cultures qui annoncent déjà la
Norwège méridionale. Insensiblement la vallée se peuple
de petits groupes de maisons, auxquels je n'oserais donner
le nom de villages, et qui apparaissent de distance en distance sur le penchant des montagnes. Le fond de la vallée,
malsain et marécageux, par suite des débordements pério-
diques de la Rauma, est complètement inhabité, comme
la vallée du Rhône en Suisse.

Nous arrivâmes le 9, à huit heures du soir, à *Brændhau-*
gen, où nous avions résolu de passer la nuit. L'air vif nous
avait aiguisé l'appétit, et nous appréciâmes selon son mérite le souper essentiellement norwégien qui nous fut servi
par la paysanne du *gaard.* Le renne sauvage est décidément
la nourriture du pays. On ne fait point usage d'autre viande
dans tout le Romsdal et une grande partie du Gudbrandsdal :
le bœuf et le mouton y sont introuvables. La viande de
renne, dont on médit d'abord, finit par plaire au palais : le
renne a une chair tendre et noire d'un goût sauvageon très
prononcé ; bien préparée, c'est une venaison qui n'est pas
à dédaigner. Cette viande est ici d'un bon marché inouï :
on nous a dit à Holseth qu'elle se paye six skillings la livre
(trente centimes). On nous servait invariablement, en guise
de dessert, deux espèces de fruits absolument inconnus
chez nous : l'un, appelé *moltebeer,* est jaune et offre l'aspect
de la framboise, quoique le goût en diffère complètement ;
on mange ordinairement ces baies comme des légumes, en
les apprêtant avec du sucre ; ou bien encore on en mêle

le jus avec du lait, et on en fait différents mets qui ne peuvent qu'être sains dans un pays où les végétaux sont extrêmement rares. L'autre fruit, appelé *tytebeer* (l'*y* se prononce comme un *u*), est une espèce de groseille rouge
d'un goût aigrelet fort agréable au palais : ce fruit n'a pas
de pépins, et on le mange surtout sous forme de compote.
On se sert aussi du jus de ces baies indigènes pour faire du
punch. Le pain que l'on mange dans toute cette contrée
est une espèce de galette faite de farine de seigle, mêlée
parfois d'écorce d'arbre. Ce pain, qu'on appelle *flatbrod,*
est plat, mince comme une feuille de papier ; cuit dur, sec
et croquant. On en cuit de grandes quantités à la fois, et
on peut le conserver pendant plusieurs années, en ayant
soin de le mettre à l'abri de la poussière. Dans certaines
auberges, on trouve parfois du pain noir analogue à notre
pain de seigle ; le pain blanc est introuvable.

Nous soupâmes à Brændhaugen, en compagnie de deux
Norwégiens qui voyageaient en carriole et se rendaient à
Throndjhem. Ces messieurs, ignorant notre nationalité,
nous adressèrent la parole successivement en norwégien,
en suédois, en allemand, en anglais et en français ; ils
parlaient un français très pur, comme de vrais gentlemen.
Ce n'était pas le premier exemple qui nous confirmait dans
l'opinion qne les hommes du Nord possèdent au plus haut
degré le don des langues : nous avons pu remarquer tous
les jours qu'il n'est pas un Norwégien de bonne famille qui
ne parle les principales langues de l'Europe. Pour eux,
d'ailleurs, il y a nécessité ; car les langues scandinaves
sont de toutes les langues européennes les moins répan-
dues dans l'univers.

Nous fûmes fort bien traités à Brændhaugen. On nous
fit payer la sómme fabuleusement modique de 1 species

3 marks 12 skillings [1], — soit 9 fr. 70 cent., — pour trois
logements, trois déjeuners et trois soupers ! En général,
du reste, on vit à très bon compte dans l'intérieur de la
Norwège. Les chemins de fer n'ont pas encore apporté ici
la funeste contagion qui a gâté les autres pays. Puisse le

Paysanne norwégienne en toilette de fête.

paysan norwégien ignorer encore longtemps cette passion
du lucre qui a envahi nos villes et nos campagnes ! Puisse-
t-il goûter encore longtemps les charmes de cette vie pa-
triarcale !

Les habitants de l'intérieur sont bons et prévenants pour

[1] Le species ou specie-dollar norwégien vaut 5 marks, et le mark vaut 24 skillings. Le species équivaut à 5 fr. 70 cent. de notre monnaie; le mark équivaut à
1 fr. 14 cent.; le skilling, qui est de beaucoup moindre importance que le schel-
ling anglais, vaut environ un sou français.

les voyageurs : les aubergistes sont exempts de cette rapacité si commune dans les montagnes de la Suisse. L'étranger n'est pas considéré ici comme un oiseau qu'il faut
plumer ; le Norwégien se fait une idée plus haute de l'hospitalité : il la regarde comme un devoir, et non comme un
moyen de lucre. Chaque fois que nous acquittions le *regning* (la note), l'hôte ou l'hôtesse nous serrait la main à
chacun de nous, en disant : *Tack, tack, herre, tack, tack!*
« Merci, Monsieur, merci ! » J'aime l'énergie de cette formule de remerciement qu'il faut avoir entendu prononcer
par ces hommes du Nord ; quoique moins doux à l'oreille
que le *merci* français ou le *gracias* espagnol, le *tack* des
Norwégiens n'est certes pas moins sincère.

Une propreté modèle règne dans toutes les auberges du
Gudbrandsdal. Comme bien l'on pense, il ne faut pas s'attendre à trouver du luxe dans ces primitives maisons de
sapins ; mais l'absence d'opulence n'est point la pauvreté :
le souci et la misère n'habitent guère ces vallées. Quoique
la terre soit peu fertile en Norwège, il y en a tant pour si
peu d'hommes ! Et la vie coûte si peu ! La terre, le bois de
construction, le chauffage se donnent presque gratis. C'est
aux étrangers qu'on réserve la plus belle chambre de la
maison : on y monte par un escalier aussi raide qu'une
échelle. Cette chambre contient deux ou trois lits, très
larges et très longs : il faut cela pour l'homme du Nord,
de large et haute stature. Le lit norwégien se compose
uniquement de deux édredons : l'un sert de couche, l'autre
de couverture ; les draps de lit sont souvent absents. Les
grandes inventions modernes n'ont pas encore pénétré
dans ces contrées primitives ; le pétrole, par exemple, est
encore ignoré ; on se sert de modestes chandelles. Les
filles des auberges portent encore l'antique costume natio-

nal ; elles sont toutes très polies, et presque toujours très jolies : on trouve dans leurs traits je ne sais quel cachet de distinction particulier à la beauté du Nord. Il en est à qui la langue anglaise est quelque peu familière : lorsque nous leur adressions la parole dans cette langue, nous étions presque toujours compris. Rien là de bien extraordinaire en Norwège, où l'instruction est obligatoire comme en Suède et en Danemark. Il va sans dire que ce n'est pas là un fait général ; en maintes circonstances force nous fut de nous débrouiller à l'aide du dictionnaire franco-norwégien, qui ne nous protégeait qu'à demi contre certains quiproquos plus ou moins burlesques. On nous apportait parfois un tire-botte quand nous demandions de l'eau, ou des allumettes quand nous voulions de l'encre ; mais, à part ces petites méprises fort excusables, nous nous faisions comprendre à merveille, grâce à l'intelligence remarquable des Norwégiens.

Nous quittâmes la station de Brændhaugen un dimanche, à neuf heures du matin. A notre départ, le ciel était couvert de nuages inquiétants ; mais heureusement nos appréhensions ne furent pas de longue durée : vers le milieu de la journée, le soleil resplendit de tout son éclat comme les jours précédents.

La partie du Gudbrandsdal comprise entre Brændhaugen et Bakkejordet offre des sites d'une grande variété d'aspects. On pénètre d'abord dans une délicieuse petite gorge, pleine d'ombre et de fraîcheur, au fond de laquelle mugit, en se brisant contre les rochers qui encombrent son lit, un impétueux torrent dont les eaux verdâtres scintillent comme une émeraude liquide. Le génie ancien aurait placé dans ce site sans pareil le séjour des naïades. Au bout d'une heure, le paysage se métamorphose complètement : on

entre dans une large et belle vallée, toute parsemée de
rustiques habitations, coupée de cultures et d'arbres verts;
il y a là toute une existence idyllaire qui m'a rappelé involontairement la célèbre vallée d'Argelès dans les Pyrénées. C'est au milieu de ce site enchanteur que se trouve
placée l'importante station de Moen, qui possède une église :
c'était la quatrième église que nous rencontrions sur un
parcours de plus de soixante lieues.

Les églises du Gudbrandsdal, comme toutes celles de la
Norwège, sont construites de troncs de sapins recouverts
parfois de grandes dalles en ardoises; elles sont surmon-
tées d'un clocher peint en rouge ou en vert. Celle de Moen
se compose d'une nef avec deux ailes en forme de croix.
C'était l'heure de l'office : nous pénétrâmes dans le temple
au moment du sermon. L'enceinte regorgeait de monde ;
les hommes étaient séparés des femmes. Un vieux pasteur,
vêtu d'un costume bizarre, prêchait sur un ton langoureux
et larmoyant, baissant la tête après chaque période pour
jeter les yeux sur son discours écrit posé devant lui.
L'autel, où brillaient toutes les couleurs de l'arc-en-ciel,
était orné de figures naïvement sculptées, représentant les
scènes de la Passion. L'édifice remonte probablement à
l'époque du catholicisme, à en juger par le caractère des
ornements. Tous les regards étaient braqués sur nous :
nous attirions beaucoup plus l'attention de ces braves gens
que le sermon du vieux pasteur. La plupart des paysans
portaient une veste en vadmel gris, des culottes courtes en
peau brodée, et de longs bas en laine. Selon la mode norwégienne, presque tous portaient à la ceinture un couteau
à manche sculpté. Les femmes étaient parées de bijoux en
filigrane et de ceintures d'argent. Après le sermon, il y eut
un repos de dix minutes, et les assistants se répandirent

dans le cimetière pour prier sur les tombes de leurs parents et de leurs amis. Puis les chants recommencèrent, et nous nous esquivâmes pour visiter une belle cascade située à une portée de fusil de l'église : elle tombe comme une masse, par deux bonds formidables, entre deux murs de granit, et disparaît dans un affreux gouffre d'où s'échappe un éternel grondement de tonnerre à travers un humide nuage d'écume. Nous avons contemplé ce spectacle sous tous les aspects, d'en haut et d'en bas, et sommes rentrés en voiture mouillés de la tête aux pieds par la fumée de la cataracte.

Nous nous arrêtâmes à deux heures, au gaard de Storklevstad, pour y déjeuner d'une mauvaise omelette au lard accompagnée de confitures aux framboises étendues sur le flatbrod : tout cela nous coûta un species.

Entre Storklevstad et la station suivante, nous rencontrâmes à Kringelen le monument d'une victoire remportée par les Norwégiens sur un corps écossais commandé par le colonel Sinclair. C'était en 1612. Gustave-Adolphe de Suède était en guerre avec le Danemark, qui, à cette époque, étendait sa domination sur toute la Norwège. Gustave-Adolphe envoya recruter des troupes en Écosse. Les Écossais débarquèrent à Throndjhem ; un autre corps, fort de neuf cents hommes, pénétra en Norwège par le Romsdal, sous la conduite de Sinclair. Ils gagnèrent le Gudbrandsdal, et mirent la contrée à feu et à sang. Trois cents paysans leur dressèrent une embuscade à Kringelen ; ils réunirent, sur la montagne qui domine la vallée, des quartiers de roc, des troncs d'arbres, qu'ils disposèrent de manière à pouvoir les précipiter au bas de la montagne. Quand les Écossais, en colonne serrée, pénétrèrent dans la vallée, qui est fort étroite en cet endroit, une formidable

avalanche s'abattit sur leurs têtes et les écrasa comme des
mouches. Ce fut un horrible carnage. Les malheureux
Écossais furent broyés ou noyés dans la rivière qui coule
au bas de la montagne. Ceux qui faisaient encore mine de
survivre furent impitoyablement expédiés par les paysans.
Cette fois, ce fut le Loclin qui vainquit Inisfaïl. Cette
lugubre histoire me rappelle le massacre des miquelets
espagnols qui moururent de la même façon, dans une
gorge des Pyrénées. Une croix de pierre indique la place
où eut lieu l'événement : on y a gravé une inscription
malheureusement un peu trop prétentieuse.

Au sortir de cette funèbre solitude, la vallée s'élargit,
les montagnes s'abaissent, les pentes s'adoucissent et ver-
doient au soleil. Nous ne sommes plus dans ces immenses
régions stériles et dépeuplées qui rappellent les déserts des
contrées boréales. Les villages et les cultures s'étagent
gracieusement sur les flancs des montagnes. Nous sommes
déjà dans la Norwège méridionale, et l'opulence qui règne
dans la vallée annonce le voisinage de Christiania. Je m'en
réjouis ; car on se lasse bientôt de cette nature austère et
farouche. La Rauma, si étroite hier encore, est devenue
un large fleuve, qui promène majestueusement ses eaux
d'un vert d'émeraude au milieu d'une plaine superbe. La
végétation des pins devient plus vigoureuse ; les mélèzes
étendent leurs belles branches le long de la route, et forment contraste avec le feuillage vert pâle des bouleaux. La
route est large et bien entretenue, et nous n'éprouvons plus
les terribles cahots qui nous ont tant remué les entrailles
les jours précédents.

Après avoir passé la nuit à Bakkejordet, nous nous re-
mîmes en route le 11 septembre, à huit heures du matin,
toujours favorisés par un temps magnifique. Ce jour-là,

nous eûmes 28 degrés Réaumur : conçoit-on après cela
que le nom seul de la Norwège donne froid dans le dos
à ceux qui n'y ont jamais été.

La partie du Gudbrandsdal comprise entre Bakkejordet
et Lillehammer est vraiment ravissante : une nature douce,
souriante, a succédé à la nature fière et morose du Nord ;
l'œil aime à se reposer sur ces montagnes onduleuses
comme les vagues de l'Océan, et couvertes jusqu'au faîte
de sapins et de mélèzes ; sur leurs flancs s'éparpillent
gracieusement une infinité de blanches maisons de bois,
que l'on prendrait de loin pour de coquettes villas ; de
belles cultures disséminées sur les pentes complètent cet
harmonieux paysage. Le brûlant soleil du Nord prodigue
des flots de lumière, qui donnent à ce tableau tout élyséen
un éclat incomparable. La Logen, prenant tour à tour l'aspect d'un fleuve, d'un torrent ou d'un lac, roule à nos
pieds ses eaux neigeuses. A chaque instant le paysage
change d'aspect : il semble que la nature ait voulu ici se
complaire à se présenter sous mille formes diverses, mais
toujours également enchanteresses.

Ce que je ne pouvais me lasser d'admirer, c'étaient les
magnifiques forêts de pins et de mélèzes. Ces forêts constituent la principale richesse du pays. Chaque habitant
en possède en propre une portion d'une certaine étendue,
et en jouit à son gré. Le commerce qui se fait ici en bois
est très important : il doit sa grande activité à la rivière,
sur laquelle le bois est flotté et envoyé dans les différentes
localités qui sont situées sur ses bords. Ce commerce n'a
pour objet que les arbres qui sont propres à faire des planches ; le bois de charpente et de chauffage n'est pas de
débit ; et c'est pour cela que les habitants n'en font aucun
cas, et qu'ils en laissent périr beaucoup, dont on pourrait

faire usage. Les pins et les sapins destinés au sciage sont d'abord écorcés ; après quoi on attend, avant de les couper, qu'ils soient entièrement secs.

La vallée du Gudbrandsdal, resserrée entre des montagnes fort élevées, n'est guère propre à la culture des grains. Aussi les récoltes ne suffisent-elles pas à la consommation, et les habitants sont obligés de tirer leurs blés de Suède et des provinces méridionales. Le climat n'est pas non plus favorable à la culture des grains : si l'hiver est précoce, le blé ne parvient pas à sa maturité ; si, au contraire, l'été est trop chaud et trop sec, comme cela arrive souvent, les grains sont brûlés du soleil, dont les rayons, concentrés entre les rochers, rendent bientôt la chaleur excessive et trop forte pour un terrain peu profond. La rivière, grossie par la fonte des neiges, déborde souvent au printemps, inonde une grande partie de la vallée, et détruit ou retarde les semailles ; ou bien des pluies continuelles, qui sont très fréquentes vers l'automne, empêchent la récolte et privent, en peu de jours, le cultivateur du prix de ses longs et pénibles travaux.

Chose surprenante, nous n'avons pas rencontré un seul troupeau dans tout le Gudbrandsdal. J'ai interrogé à ce sujet les deux Norwégiens que nous avons rencontrés à Brændhaugen, et voici ce que j'ai pu apprendre. Pendant l'été, les troupeaux ne sont pas nourris aux environs des gaards ; on les envoie paître dans des lieux de pâturage appelés *sæters*, situés parfois à dix ou quinze lieues de la ferme. Comme ces sæters sont épars et très souvent éloignés des habitations, les paysans y construisent des étables où logent indistinctement les hommes et les animaux. Dès que les neiges commencent à fondre, on y envoie les vaches et les chèvres sous la conduite d'une

pastoure, destinée à les garder, à les traire et à préparer le
beurre et le fromage. Ces pauvres filles, qui ont chacune
environ seize à vingt vaches à conduire, ne voient, durant
leur séjour dans ces lieux déserts, d'autres humains que la
femme du paysan qui vient tous les huit jours leur apporter
du pain, et emporter le beurre et le fromage qu'elles ont
préparés.

Après un voyage en voiture de plus de cent cinquante
lieues, nous atteignîmes enfin la dernière station, Lillehammer, le 11 septembre, à midi, et descendîmes à l'hôtel
de Mme *Ormsrud*.

Après nous être un peu restaurés, nous nous répandîmes
sur les pavés de la ville. Lillehammer est une ville, qu'on
ne s'y trompe pas, une ville qui compte déjà plus de
quinze cents âmes, et qui deviendra un jour une des premières cités du monde, s'il faut en croire les heureux indigènes. Ne rions pas : Lillehammer peut encore reconquérir
son ancienne splendeur. C'était autrefois une ville considérable et florissante. A l'époque où la Norwège était catholique, Lillehammer était le siège d'un évêché ; elle avait
une cathédrale et un monastère, fondés par Nicolas
Breakspear, originaire de l'Angleterre, qui fut d'abord légat
du pape en Norwège, puis cardinal, et enfin pape lui-même,
sous le nom d'Adrien IV. Lillehammer fut brûlée par les
Suédois au xviie siècle ; mais peu à peu elle se releva de ses
cendres. Aujourd'hui, c'est une jolie petite ville très
agréablement située à l'extrémité septentrionale du lac
Mjosen, à l'endroit où la rivière Logen entre dans ce lac.
Cette situation ouvre au commerce de Lillehammer des
débouchés faciles : par le Mjosen, elle communique avec
Christiania ; par le Gudbrandsdal, elle communique avec
Throndjhem et le Nord. Entre autres particularités, nous

àvons vu à Lillehammer des trottoirs fort singuliers : ils sont formés de bouteilles bordelaises mises en terre de manière à présenter leur fond au piéton. Il faut avouer que les Norwégiens ont un génie particulièrement inventif. A Lillehammer, chaque maison est décorée d'une enseigne en caractères gothiques. Sur dix enseignes, huit portent le nom de *Petersen :* il faut croire que les indigènes sont tous plus ou moins parents. *Niels* et *Johansen* sont aussi des noms très répandus en Norwège.

Au bout de la rue unique dont se compose Lillehammer, on traverse un pont en bois, on passe devant des scieries mécaniques, et on prend à droite un sentier grimpant qui conduit à des cascades, situées à trois quarts de lieue de la ville. Le soleil dardait en plein sur la montagne, ce qui ne nous facilitait l'ascension en aucune façon. Je ne me serais jamais figuré qu'on pût griller en Norwège en plein mois de septembre : ni en Espagne ni en Italie je n'ai souffert d'une chaleur aussi intense. Dans l'intérieur de la Norwège, où l'influence de la mer ne se fait point sentir, la chaleur de l'été est aussi excessive que le froid de l'hiver : dans certaines localités, il n'est pas rare de voir le thermomètre monter en été jusqu'à $+ 42°$, et descendre en hiver jusqu'à $- 35°$ centigrades. En revanche, les côtes, et surtout les côtes occidentales et septentrionales, jouissent d'un climat beaucoup plus doux qu'aucun autre pays situé à pareille distance de l'équateur. Nul n'ignore qu'il faut attribuer ce fait au voisinage du *gulf-stream*, ce courant maritime qui amène les eaux tièdes du golfe du Mexique, et suit la ligne des côtes de la Norwège avant d'aller se perdre dans l'océan Arctique. C'est grâce au gulf-stream que la moyenne de la température en hiver est la même au cap Nord qu'à Christiania ; c'est grâce au

gulf-stream que dans la mer scandinave la glace ne se
forme que sous le 80° latitude, tandis qu'au cap Nord, sous
une latitude de 70° 11', la mer ne gèle jamais, même à
l'extrémité des fjords qui s'enfoncent le plus profondément
dans les terres.

Après une heure et demie d'ascension, nous fûmes en
présence des chutes. Je dis *des* chutes, car il y en a au
moins dix. Ici la plume est impuissante, et le pinceau seul
a le droit de parler : c'est, en effet, le plus beau tableau
qui puisse jamais inspirer un peintre paysagiste. Ceux
qui ont vu le Giessbach, en Suisse, avoueront qu'il est
impossible de décrire cette merveilleuse succession de
chutes, qui bondissent tantôt en larges nappes, tantôt en
masse compacte au milieu des forêts de sapins. Eh bien,
le Giessbach n'est encore qu'une miniature des chutes de
Lillehammer : qui oserait comparer la vue du petit lac
de Brienz au panorama mille fois plus beau, mille fois plus
étendu du superbe lac Mjosen et de la majestueuse vallée
du Gudbrandsdal? Nous sommes restés deux heures
entières à contempler sous tous les aspects cette vue peut-
être unique au monde. Quel regret nous éprouvions de
ne pouvoir emporter d'un pareil tableau qu'un souvenir
mental !

Au retour de notre excursion, nous nous sommes rendus
à l'extrémité de la ville : là nous avons contemplé du haut
d'une éminence le lac Mjosen au coucher du soleil. Voilà
de ces souvenirs qu'on aime à conserver religieusement !
Quand je songe à la Norwège, je me la représente souvent
sous l'aspect où je la vis ce soir-là.

Le 12 septembre, nous quittâmes de bonne heure notre
primitif hôtel de Lillehammer ; une voiture antédiluvienne,
qu'on pouvait prendre, avec un peu de bonne volonté,

pour un omnibus, nous conduisit à l'embarcadère. Nous prîmes possession du pont du *Kong-Oscar*, qui traverse tous les jours le Mjosen dans toute sa longueur. A huit heures, le steamer lança son sifflet d'adieu, et la vapeur nous emporta sur les eaux profondes et sombres du Mjosen. J'allai me camper à l'avant du bateau pour mieux embrasser du regard les splendeurs qui nous attendaient.

Le lac Mjosen est un des plus grands et des plus beaux lacs de la Norwège : il a plus de vingt-cinq lieues de long, mais nulle part il n'a une largeur telle qu'on ne puisse en découvrir les deux rives : on dirait d'un grand fleuve débordé. Ce lac est sujet à de violentes tempêtes et à des crues soudaines ; lors du grand tremblement de terre de Lisbonne, il y eut une crue de plus de vingt pieds, qui ne dura que quelques instants : les eaux enflées furent si agitées qu'une chaloupe fut lancée sur le rivage. Plus récemment, en 1860, pendant la désastreuse inondation qui sévit en Norwège, les eaux montèrent à une hauteur beaucoup plus considérable.

Les eaux du Mjosen ne gèlent que fort rarement, même au cœur de l'hiver, par les froids les plus rigoureux. Le lac Léman, au contraire, situé à cinq cents lieues sud du Mjosen, gèle, on le sait, presque tous les hivers. On attribue ce fait bizarre à la profondeur du Mjosen. Récemment, on s'est livré à des expériences de sondage sur le Mjosen : en certains endroits on a trouvé deux cent quarante-huit brasses ; mais le centre du lac, qui n'a jamais été sondé, doit avoir une profondeur beaucoup plus considérable. Le Mjosen a une altitude de quatre cents pieds au-dessus du niveau de la mer. On peut donc présumer, avec raison, que le fond du Mjosen descend jusqu'à huit cents pieds environ *au-dessous du fond* de la mer du Nord.

A quelle cause faut-il attribuer cette profonde fissure creusée dans les entrailles de la terre, sur une étendue de plus de vingt-cinq lieues? Est-ce l'action du feu? Est-ce l'action des glaciers? Laissons aux géologues le soin de résoudre cette question.

Le Mjosen est alimenté par plusieurs rivières. Ce lac est de la plus grande importance pour le commerce : il facilite la communication de l'intérieur avec les côtes. On y fait flotter les arbres destinés au sciage jusqu'à Minna, où des marchands de Christiania, propriétaires des scieries, viennent les acheter.

Le *Kong-Oscar* a franchi l'embouchure de la *Logen*, et navigue en pleines eaux du lac. Si je voulais faire une comparaison, je dirais que le lac de Mjosen ressemble au lac de Côme : même douceur, même pureté dans les lignes du paysage. L'aspect général est plus charmant que grandiose; les montagnes sont peu élevées et ont des pentes douces qui ondulent : ces pentes sont couvertes de superbes forêts de pins, de frênes, de bouleaux. Le long des rives, des maisons de bois peintes des plus vives couleurs se mirent dans les eaux vertes du lac. Quelques cultures sont disséminées sur le penchant des monts. Devant nous, la nappe limpide et calme du lac fuit entre les deux rives. Ce paysage charme par sa douceur exquise : rien de brusque, rien de heurté dans les montagnes qui servent de cadre à ce miroir resplendissant; je le répète, c'est la nature calme, tranquille et souriante de l'Italie septentrionale.

Le ciel seul nuisait quelque peu à l'aspect du paysage. Le soleil, qui à six heures du matin était venu discrètement nous avertir qu'il était temps de quitter notre molle couchette, changea bientôt de tactique : vers neuf heures,

7

nous vîmes s'amonceler de gros nuages, qui pendant toute
la journée rampèrent à mi-côte des montagnes : ainsi nous
ne pouvions distinguer que les régions inférieures. Nous
grelottions sur le pont : chacun s'enveloppait jusqu'au nez
dans des paletots et des couvertures. La veille nous fon-
dions. Voilà la Norwège !

A deux heures et demie, le *Kong-Oscar* nous déposait à
Eidsvold, petit village situé à l'extrémité sud du Mjosen.
Nous eûmes le temps de jeter un coup d'œil sur la localité,
qui se compose d'une vingtaine de maisons éparses per-
chées sur une montagne. Un beau chemin en pente douce,
ombragé par des arbres séculaires, nous conduisit à l'église,
dont la tour se distingue de fort loin quand on navigue sur
le lac Mjosen. Cette église est bâtie en pierres et entourée
d'un cimetière où l'on a planté des arbres de toute espèce.
Les tombes sont en pierre grisâtre, ornées d'élégantes
arabesques et couvertes d'inscriptions qui se terminent par
des maximes tirées de la Bible.

Eidsvold est célèbre dans l'histoire de la Norwège : c'est
là que fut élaborée la constitution (*grundlov*) en 1814 ;
c'est dans une modeste maison de paysan que fut proclamée l'indépendance du pays. Cette maison, dit-on, est
encore religieusement conservée ; mais, malgré toute notre
bonne volonté, nous l'avons vainement cherchée.

Vers trois heures nous nous installâmes dans le train qui
devait nous conduire à Christiania. Le chemin de fer qui
relie le Mjosen à la capitale est le plus ancien de la Norwège : il est exploité depuis 1854. La longueur de la ligne
est de six milles norwégiens, ou soixante-dix kilomètres :
on compte onze stations de Eidsvold à Christiania. Grâce
aux longs arrêts du train dans chacune de ces stations, on
met plus de trois heures à faire le parcours. Les voitures

sont commodes : comme celles que nous avions vues sur la ligne de Throndjhem à Storen, elles rappellent les voitures anglaises. Détail inusité chez nous : chaque compartiment est muni d'un robinet qui fournit de l'eau glacée aux voyageurs, — idée très recommandable dans les pays chauds !

Le paysage est plein d'attrait. Beaucoup de forêts, fort peu de cultures. Nulle part nous n'avons vu d'aussi beaux sapins : leurs troncs, qui sont d'une finesse remarquable, s'élancent à trente et quarante mètres au-dessus du sol. A travers ces millions de sveltes colonnes, l'œil aperçoit de superbes bouleaux donc les troncs blancs et le feuillage pâle contrastent heureusement avec les sombres couleurs des sapins. Rien n'est beau comme ces forêts du Nord. C'est en Norwège qu'il faut voir les sapins, comme c'est en Espagne qu'il faut voir les palmiers.

Vers sept heures du soir, un coup de sifflet prolongé nous annonça l'approche de Christiania. Je passai la tête à la portière ; le tableau était vraiment féerique : j'apercevais des tours, des clochetons, des palais, des dômes, des mâts de vaisseaux : tout cela encadré de collines, de forêts. De loin, à travers les brumes du soir qui planaient sur la cité, on eût dit Naples ou Constantinople. Mais l'illusion ne dura qu'un instant : au bout d'une minute, nous pénétrions sous les arcades monumentales de la gare.

XI

CHRISTIANIA

L'hôtel ¡Victoria. — Le Klinkenberg. — Le théâtre. — Aspect de la ville. — Son histoire. — L'église du Sauveur. — Le palais du Storthing. — Coup d'œil sur l'organisation politique de la Norwège. — Le palais du roi. — L'université. — La cathédrale. — Un bal à Christiania.

J'aime à entrer le soir dans une ville inconnue ; la curiosité est excitée au plus haut point : on cherche à distinguer dans l'obscurité la forme des objets, les édifices, les rues, les passants, et plus on écarquille les yeux, plus la curiosité redouble. Et le lendemain, quelle surprise ! la ville se dévoile subitement aux regards comme un décor de théâtre au lever du rideau.

Notre premier soin, en arrivant dans la capitale du royaume de Norwège, fut de chercher un hôtel. Or il y avait en ce moment beaucoup d'étrangers à Christiania : l'hôtel *Britannia*, le *Princess-Hotel* n'avaient plus une chambre disponible. Un officieux nous conduisit au *Victoria-Hotel* : là des garçons qui semblaient venus de Paris en droite ligne nous firent l'accueil le plus empressé, nous donnèrent des journaux français d'assez fraîche date, et nous servirent un souper *à la française*. Décidément la Norwège n'est pas le pays sauvage que je m'étais imaginé. Ce qui est vraiment charmant à l'hôtel *Victoria*, c'est le jardin d'hiver du premier étage, disposé en forme de rotonde, et servant de cabinet de lecture et de fumoir : cette rotonde est éclairée le soir par des verres de couleur, et des jets d'eau, des cascades y entretiennent une éternelle fraîcheur. Si j'insiste sur ces petits détails, c'est pour donner une idée de la civilisation de Christiania, qui passe généralement pour une ville à demi barbare et perdue dans les brumes du Nord.

Le soir de notre arrivée, nous voulûmes nous initier aux mœurs de Christiania. L'interprète attaché à l'hôtel *Victoria* nous conduisit au Klinkenberg, le Cremorn de l'endroit. Cet établissement, vrai modèle du genre, a pour le moins deux hectares de superficie : concerts en plein air, cafés-chantants, feux d'artifice, bals pour les matelots, salle de théâtre, etc., rien n'y manque. Il y avait là trois à quatre cents marins : beaucoup d'Anglais, peu de Norwégiens et quelques Français ; les neuf dixièmes de ces gens étaient ivres ; — c'étaient des Anglais. — Le Norwégien a plus de dignité, et ne s'enivre guère.

Notre curiosité satisfaite à l'endroit des mœurs, nous allâmes au théâtre : nous arrivâmes à temps pour entendre les deux derniers actes de la *Princesse de Trébizonde !* Décidément ce farceur d'Offenbach est en train de faire le tour du monde ! Je l'avais entendu naguère à Madrid et en Italie, et voilà que je le retrouvais à Christiania, sur la noble terre des Vikings ! Qu'on aille d'un bout de l'Europe à l'autre, partout et toujours c'est Offenbach qui représente le peuple le plus spirituel de l'univers. Hélas! je ne puis

m'empêcher de trouver cela triste. Au reste, je dois dire
que les acteurs norwégiens ne mettent guère de finesse
à interpréter ces sottes pochades : ils laissent percer la
lourde gravité des hommes du Nord. Par un heureux hasard, nous retrouvâmes au théâtre de Christiania les officiers français de la frégate *le Kersaint*, que nous avions
rencontrés à Bergen.

Rentrés fort tard à l'hôtel, nous prîmes possession de
nos chambres, où l'œil s'épanouissait à la vue de lits
splendides, garnis de draps d'une blancheur appétissante
et couverts de duvet moelleux. Voilà ce qui valait mieux que
les lits du Gudbrandsdal !

Le lendemain, nous fûmes debout de bonne heure. Nous
déjeunâmes rapidement, et nous nous éparpillâmes sur les
pavés de Christiania, en prenant pour point de départ le
Raadhuusgadan (rue de l'Hôtel-de-Ville), où est situé l'hôtel
Victoria.

Ce qui frappe au premier abord, c'est la parfaite régularité de toutes les constructions, alignées d'après un plan
uniforme. Toutes les rues sont parallèles ou perpendiculaires les unes aux autres : elles ne manquent ni d'air
ni de lumière, et dix équipages pourraient facilement y
marcher de front. C'est ainsi que je m'imagine les nouvelles cités des États-Unis. En général, les maisons sont
bâties en pierres ou en briques : leur architecture est d'une
extrême simplicité ; elles ont un grand air de confort et
de propreté ; nous remarquâmes beaucoup de doubles
fenêtres; les balcons sont inconnus, — d'ailleurs l'été est
si court ! — A la façon anglaise, plusieurs marchands ont
leurs bureaux en ville, mais n'y ont point leur résidence. Les négociants enrichis habitent les élégants édifices du quartier aristocratique groupé aux alentours du

palais du roi. D'autres ont des villas dans la campagne environnante.

Christiania est la ville la plus populeuse de la Norwège : elle compte aujourd'hui plus de soixante-cinq mille âmes, quoiqu'elle n'ait encore que deux siècles et demi d'existence. On y chercherait en vain ces vieilles constructions qui font la joie des antiquaires. Les plus anciennes maisons ont été successivement détruites par les flammes qui

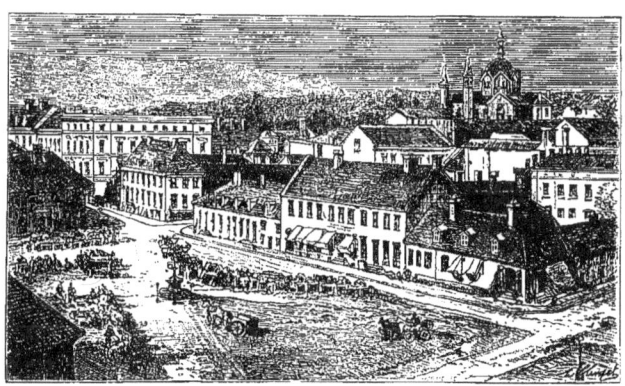

La cathédrale ou église de la Trinité.

ont ravagé la ville à plusieurs reprises. En 1858, notamment, un incendie terrible détruisit toute une partie de Christiania. Ce fut alors qu'une loi du Storthing défendit de construire à l'avenir des maisons de bois. Aujourd'hui, dans le centre de la ville, les maisons sont toutes construites en briques ou en pierres.

La ville actuelle de Christiania date du xvii° siècle : elle fut fondée par le roi de Danemark Christian IV, dans le voisinage du lieu où fut autrefois l'antique cité d'Oslo, bâtie par le roi Harald-Haardraade, en 1058. Oslo était déjà une ville importante : elle ne le cédait qu'à Bergen et Throndjhem (alors Nidaros). Lorsque la Norwège fut réunie au Danemark, elle devint la capitale du royaume. Deux rois y furent couronnés, Christopher III et Christian II. La cathédrale de Saint-Halvard était somptueuse. C'est là que fut célébré, en 1589, le mariage de Jacques Ier, roi d'Angleterre, avec Anne de Danemark, sœur de Christian IV. En 1624, un incendie détruisit entièrement la ville d'Oslo : les flammes n'épargnèrent que le palais épiscopal et un petit nombre de maisons. Ce fut à cette époque que fut fondée la ville moderne à laquelle Christian donna son nom.

Ne prenant pour guide que le hasard, nous arrivâmes à la grande place qui occupe le centre de la ville. Au milieu de cette place s'élève l'église du Sauveur, d'un style lourd et massif : elle est surmontée d'une tour carrée prodigieusement haute. L'idée me vint d'en faire l'ascension, pour avoir une vue d'ensemble de la ville : en dépit des protestations d'un de mes camarades, que cette idée effrayait quelque peu, nous nous mîmes à gravir les deux cents marches de la tour de l'église du Sauveur. Nous voici au sommet, dans le belvédère habité par le veilleur de nuit. Quel magnifique panorama ! La ville entière s'étend à nos pieds, pareille à un immense village ; car rien ne ressemble moins à une ville que la capitale du royaume de Norwège : partout l'œil rencontre d'immenses espaces de terrain vide, comme si la ville était encore à créer. Rien de gracieux, rien de pittoresque comme ces maisons blanches s'étalant en groupes, s'éparpillant, selon les caprices du terrain, sur des croupes herbeuses, et se perdant au loin au milieu des villages et des maisons de campagne qui s'étendent en demi-cercle sur les hauteurs voisines. Ce que je ne saurais dire, c'est la grâce enchanteresse du paysage environnant.

Au nord, la vallée est fermée par un admirable amphithéâtre de montagnes en pente douce, chargées de forêts de sapins. Au sud, le fjord se déploie entre une double rangée de collines, dont les lignes fines et nettes se découpent sur le ciel bleu avec un charme infini. La présence des mâts de vaisseaux indique seule que ce beau lac vert comme l'émeraude, dont la nappe limpide se ride au souffle de la brise, n'est autre que la grande mer du Nord. Il y a

La place du marché et l'église du Sauveur.

des vaisseaux dans le port, il y en a derrière les petites îles sans nombre qui font face à la baie, et d'autres voiles encore se succèdent jusqu'aux dernières limites de l'horizon. Dans notre voyage de circumnavigation le long des côtes occidentales de la Norwège, nous avons vu des fjords sans nombre : nous admirions leur sombre beauté et les formes grandioses des monts qui leur servent de cadre. Le fjord de Christiania, sans être grandiose, charme par un autre genre de beauté : une exquise douceur, une grâce charmante règne dans les lignes du paysage ; rien de heurté, de brusque, de tourmenté, rien d'imprévu ou de saisissant : c'est le paysage dans sa beauté classique. On l'a dit avec justesse, Christiania n'est pas la grande Norwège, la Norwège terrible et qui *fronce le sourcil;* c'est une Norwège douce et souriante aux flots qui viennent baiser le pied de ses collines.

La nature, comme l'homme, a ses réminiscences. Dans mes souvenirs de voyages, j'ai retrouvé un site qui offre quelques traits de ressemblance avec cette contrée : c'est Edimbourg, la riante cité de Marie Stuart, sise comme Christiania aux confins de la solitude du Nord, posée presque au bord d'un golfe, entre la mer et les montagnes. J'ai songé aussi à Genève, baignée par les eaux bleues du Léman et encadrée par les grandes collines du Jura. Mais le lac de Genève n'a ni ces îles verdoyantes, qui transforment le fjord en un archipel d'oasis, ni ces innombrables vaisseaux où flottent les pavillons de toutes les nations, ni cette plage aux formes arrondies, aux collines sinueuses, mollement inclinées vers la mer, ni ces promontoires doucement abaissés, chargés de verdure, de forêts, et qui font de Christiania un des plus beaux sites de l'univers. Quel dommage que Christiania, dont le nom sonne si bien à l'italienne, n'ait pas un ciel en harmonie avec sa ravissante situation ! Ce serait une seconde Naples.

Entrons, s'il vous plaît, au *Storthingsbyggningerne.* Pardon ! ce n'est pas moi qui ai commis ce mot, qui signifie tout simplement le palais de la diète, ou la chambre des députés. Il est situé à l'angle de la place d'Eidsvold, — c'est à Eidsvold que fut proclamée la constitution, et de la Carl-Johansgaden (rue Charles-Jean), dont le nom rappelle le fameux Bernadotte de Suède, né à Pau, qui unifia en 1814 les deux royaumes scandinaves. Le palais du Storthing est un bel édifice de construction récente : son archi-

tecture est un mélange de style romain et byzantin. L'extérieur est d'un aspect sévère et imposant, et rappelle le
palais fédéral de Berne. On pourrait faire d'autres rappro-
chements entre la Norwège et la république helvétique;
car la Norwège est en définitive une sorte de monarchie
républicaine. — Deux fiers lions de bronze décorent l'entrée principale du Storthing, qui fait face au palais du roi.
Le palais du Storthing est riche et grandiose; le palais du

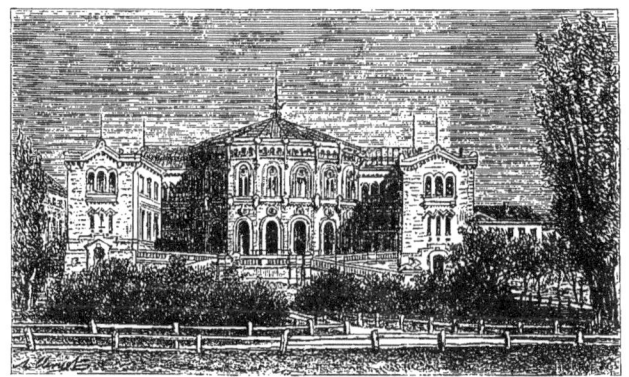

Le palais du Storthing.

roi est simple et modeste. La construction du Storthing
a coûté, dit-on, deux millions de dollars; le palais du roi
n'a pas coûté la moitié. La raison en est fort simple : le
Storthing est le véritable souverain de la Norwège.

Le secrétaire du Storthing, avocat du barreau de Christiania, daigna nous faire les honneurs du palais de la
diète. La conversation se fit en anglais. Il nous introduisit
à la bibliothèque, où nous trouvâmes bon nombre de livres
français et anglais : je remarquai entre autres les ouvrages
des plus célèbres économistes de France et d'Angleterre.
Nous pénétrâmes ensuite dans la salle de l'*Odelsthing* ou

chambre basse. Disposée en hémicycle, elle est ornée des armes des dix-sept provinces de la Norwège. Selon la coutume adoptée dans les pays constitutionnels, les bancs des députés sont rangés en demi-cercle en face de la tribune du président. Chacun parle de sa place. Les députés ne sont point partagés en des camps très tranchés.

L'*Odelsthing* est composé de cent onze membres. L'élection est à deux degrés : les paysans et les bourgeois s'assemblent dans les églises, et sont présidés dans les campagnes par le pasteur, dans les villes par le magistrat; ils nomment les électeurs, qui élisent à leur tour les représentants de la nation. D'après la constitution, cent habitants élisent un électeur; dans les villes, au contraire, la proportion est d'un électeur par cinquante habitants [1]. Il y a également une différence de représentation entre les campagnes et les villes : les députés sont élus, un tiers par les bourgeois des villes, et les deux autres tiers par les propriétaires ruraux. Pour être éligible, il suffit d'être âgé de trente ans et d'avoir résidé au moins dix ans dans le royaume. Autrefois il fallait aussi appartenir à la religion luthérienne; on sait que la religion d'Etat a été supprimée récemment en Suède et en Norwège : aujourd'hui le siège de député est accessible aux catholiques comme aux protestants.

Les députés de l'Odelsthing sont élus pour trois ans. Cette assemblée présente un mélange fort curieux de toutes les classes de l'échelle sociale. Les paysans ou *bonders* y

---

[1] La population actuelle de la Norwège est de 1,700,000 âmes. La superficie du pays est de 5,000 milles géographiques. La Norwège est le pays le moins peuplé de l'Europe : sa population est environ douze fois moindre que celle de la France.

On peut consulter sur la constitution de la Norwège les *Lois fondamentales de Suède et de Norwège, suivies de l'acte d'union entre les deux royaumes.* Stockholm, P.-A. Norstedt et fils.

sont en majorité, et il n'est pas rare de les voir siéger
dans leur costume national : s'ils ne brillent pas toujours
par un langage élégant et choisi, ils apportent dans les
affaires du pays un bon sens et un esprit pratique qui font
souvent défaut chez les beaux parleurs. On y voit aussi des
marchands, des ecclésiastiques, des hommes de marine,
des jurisconsultes, voire même des médecins. Les questions
soumises à l'Odelsthing ne sont pas discutées exclusivement par des orateurs choisis dans le sein de l'assemblée :
on prend l'avis des hommes compétents, et lorsque ces
hommes ne se trouvent pas dans le nombre des députés,
on cherche la lumière en dehors du parlement. Dans les
questions de jurisprudence, par exemple, on a vu plus
d'une fois la diète norwégienne consulter l'*Hoiesteret* ou
cour suprême. On raconte qu'un jour, pendant le cours
d'une discussion épineuse, un journal de Christiania, le
Constitutionnel, publia la première partie d'un article remarquable sur la matière, et annonça la suite pour un
prochain numéro. Le Storthing déclara publiquement qu'il
ne prendrait aucune détermination qu'après avoir lu le
Constitutionnel du lendemain. Et c'est grâce à cette défé-
rence peu habituelle aux corps politiques, que le parlement
norwégien jouit d'un si grand prestige, et que chacune de
ses décisions est regardée comme un oracle.

Chaque député reçoit une indemnité de trois specie-
dollars par jour (17 francs), plus trois marcks pour les
frais de logement (3 fr. 40), plus deux marks et demi
pour un domestique. Les frais de voyage leur sont également payés : ils ont droit à trois chevaux de poste. Le
paysan norwégien possède, entre autres vertus, celle de
l'économie; et lorsqu'il siège au Storthing, il économise
comme chez lui : il a soin de ne pas se loger aux environs

immédiats du palais des députés, car il est aussi modeste qu'économe; comme il ne connaît d'autre domestique que lui-même, il est juste qu'il empoche les gages que lui fournit l'Etat; enfin pourquoi dérogerait-il à Christiania aux habitudes de frugalité contractées chez lui? Quand arrive la fin de la session, les paysans députés s'en retournent chez eux deux à deux dans une carriole à un cheval : à quoi bon les trois chevaux de poste que leur paye le gouvernement! De retour dans leurs foyers, ils constatent avec satisfaction que leur petite fortune s'est augmentée d'une somme assez rondelette, fruit mérité de leurs sages économies.

De la salle de l'*Odelsthing* nous passâmes à celle du *Lagthing* ou chambre haute : c'est le sénat de la Norwège. Cette salle est plus richement ornée que la première. C'est là que le roi prête le serment constitutionnel; c'est là qu'il prononce le discours d'usage lorsqu'il ouvre la session en personne. Tous les projets de loi discutés et votés par la chambre basse doivent être soumis à l'approbation de la chambre haute. La chambre haute est formée d'un quart des membres de l'assemblée du Storthing : ils sont élus par les suffrages de leurs collègues. Si un projet de loi a été deux fois rejeté par le *Lagthing*, la question débattue doit se décider en assemblée générale, à la majorité des deux tiers des votants. Tout membre du Storthing a le droit de proposer une loi. Le projet de loi approuvé par les deux chambres n'acquiert force de loi qu'après la sanction royale. Toutefois le roi n'a qu'un *veto* suspensif : si le Storthing a adopté une résolution dans trois sessions successives, cette résolution devient loi, même sans l'assentiment du roi. Le Storthing fit un jour usage de cette prérogative : il s'agissait de l'abolition des titres de noblesse;

le roi avait refusé deux fois de sanctionner cette mesure. La loi fut encore proposée au Storthing après les délais fixés par la constitution. Le roi, qui voulait sauver la noblesse, coûte que coûte, vint en personne à Christiania et mit tout en œuvre pour faire échouer le projet. On raconte même que c'était alors le temps des exercices militaires, et que six mille soldats furent réunis autour de la ville ; mais ces moyens d'intimidation n'eurent d'autre effet que de faire persister le Storthing dans sa résolution, et la loi passa.

En somme, la puissance du roi est extrêmement limitée : il a à peine les pouvoirs d'un président de république. Le vrai souverain est le Storthing, qui a tout pris pour lui et n'a rien laissé au chef nominal de la nation. La constitution veut même que le roi ait un ministre et deux conseillers d'Etat norwégiens, dont le rôle consiste à protester contre toute mesure prise par le roi qui leur semblerait inconstitutionnelle. Le roi voulut un jour dissoudre le Storthing ; les conseillers d'État, au nom de la constitution, s'opposèrent à cette mesure, tandis que le ministre y donna son adhésion. Il en résulta que le complaisant ministre fut mis en jugement par le Storthing, et se vit condamné à payer une forte amende. Ce qu'il y a de plus piquant dans l'affaire, c'est que le ministre ne fut pas remplacé, et conserva la confiance du peuple en même temps que son poste. Il nous a été assuré qu'en Norwège, lorsqu'un vote du Storthing implique un blâme à l'égard du cabinet, les ministres n'en gardent pas moins leurs portefeuilles : aussi les ministères vivent toujours dix ans, au minimum.

Le palais du roi s'élève en face du Storthing, au sommet d'une colline qui domine toute la ville. C'est un vaste édifice en pierres, très carré, très solide, percé de beaucoup de fenêtres, peint en blanc, et dont l'aspect général donne l'idée d'une immense caserne. Le roi est astreint par la constitution à faire chaque année le long voyage de Stockholm à Christiania, pour passer deux mois dans cette espèce de prison : on ne lui défend pas d'y prolonger son séjour. L'intérieur du palais est spacieux, et la plupart des salons sont décorés avec goût. La salle du trône, où le roi tient son conseil, est ornée des portraits du roi Oscar Iᵉʳ et de la reine Joséphine. La pièce la plus vaste est

Le palais du roi et la rue Charles-Jean.

la salle de bal, qui rappelle celle de Wiesbaden. Dans la salle de billard, nous nous sommes arrêtés devant deux magnifiques tableaux de Tidemand : l'un représente une *Scène de catéchisme*; l'autre, le *Dimanche soir*. Tidemand, qui habite Düsseldorf, est le plus célèbre peintre moderne de la Norwège : il peint des scènes de mœurs et des intérieurs norwégiens.

Je préfère au palais lui-même la vue ravissante qui se déroule aux regards lorsqu'on monte à la terrasse. C'est de là qu'on peut vraiment juger de la pittoresque beauté

du fjord. Nous l'avions déjà contemplé du haut de la tour
de l'église du Sauveur; mais de là on domine le paysage
de trop haut, ce qui nuit à la perspective : vu d'ici, le fjord
apparaît dans tout l'éclat de sa beauté; et le soleil l'éclaire
si bien en ce moment qu'on serait tenté de prendre cette
nappe azurée, parsemée d'îles vertes, pour un golfe de la
Méditerranée. Et pourtant on est ici sous la même latitude
que Saint-Pétersbourg !

Du palais nous sommes allés à l'université, située dans
la rue Carl-Johansgaden : c'est un bel édifice orné d'un
péristyle à colonnade grecque; sa fondation remonte à
l'année 1841 : c'est la seule université de la Norwège. On
dit que les études y sont poussées à un très haut degré. La
plupart des professeurs ont voyagé en France, en Allemagne, en Angleterre, pour acquérir des connaissances
nouvelles et les transmettre à leur pays. Les élèves n'y
entrent qu'après avoir subi un rigoureux examen. Une foule
d'étudiants se pressaient dans les couloirs : c'était précisément le moment des examens. Nous pénétrâmes dans la
salle où avait lieu l'interrogatoire : deux professeurs, qui
constituaient à eux seuls le jury, étaient gravement assis
devant une petite table qui pouvait à peine supporter
leurs livres; le récipiendaire, placé vis-à-vis, traduisait à
vue un passage de Tite-Live. Les examinateurs, s'apercevant que nous étions étrangers, nous firent une profonde
révérence : partout en Norwège on rencontre cette défé-
rence pour les étrangers. Les examens sont sévères, et
cependant on nous a dit que peu de candidats échouent.
Les élèves sont assidus au travail, et se distinguent par la
régularité de leur conduite.

En sortant de l'université, nous nous mîmes à courir la
ville au hasard. Il faut le dire, Christiania n'a pour elle

que son site merveilleux; la ville elle-même est bien pauvre
en magnificences architecturales : le Storthing, le palais
et l'université, et c'est tout. Il y a bien quelques églises;
mais elles ne sont pas même dignes d'une visite. L'église
de la Trinité (Trefoldighedskirken), que les habitants, qui
n'ont pas vu autre chose, honorent du titre de cathédrale,
est un monument massif et lourd, en briques rouges,
surmonté d'un dôme octogone, et flanqué de deux tourelles. A quelques pas de là se trouve l'église catholique.
On compte un millier de catholiques à Christiania. En vertu
de l'article 2 de la constitution, les jésuites sont proscrits
à tout jamais; les juifs ont le même sort. Et cela après
l'article 1ᵉʳ, qui déclare que la Norwège est un État *libre et
indépendant!*

Le seul monument historique de Christiania, c'est le
château d'Agerhuus : il est situé sur une petite éminence
à l'extrémité méridionale de la ville, et commande l'entrée
du port. On présume qu'il fut construit en l'an 1302. Il
était solidement fortifié, et résista à plusieurs sièges; le
siège le plus mémorable est celui qu'il eut à soutenir contre
Charles XII de Suède, en 1716 : sur la rive du fjord qui
fait face à la forteresse on montre encore la plaine où
campa l'armée suédoise. Sur la terrasse occidentale du
château sont dressés deux superbes canons d'airain, ornés
de remarquables bas-reliefs : ces canons portent la date
de 1620; ils semblent être de fabrication saxonne ou bava-
roise, et l'on prétend qu'ils furent pris par les Suédois
pendant la guerre de Trente ans; les Norwégiens à leur
tour les enlevèrent aux Suédois. Aujourd'hui l'on ne s'en
sert plus que pour donner l'alarme lorsque éclate un incendie. La forteresse d'Agerhuus, de même que celle de Mun-
kolm à Throndjhem, a eu son prisonnier : c'est là que fut

enfermé le célèbre Ouli-Eiland, le Fra Diavolo de la Norwège ; mais, plus heureux que l'infortuné Griffenfeld, Ouli-
Eiland parvint à s'évader.

   Nous rentrâmes à l'heure du dîner à l'hôtel Victoria,
connaissant déjà Christiania par cœur. Le soir nous assistâmes à un bal offert par les notabilités aux officiers des
frégates française et anglaise *le Kersaint* et *l'Immortalité*,
qui se trouvaient en ce moment en rade de Christiania. Là
se trouvait réunie l'élite de la société norwégienne, qui ne
paraît devoir le céder en rien à celle des autres pays. Les
toilettes élégantes des Norwégiennes se mêlaient aux costumes riches et variés de toutes les autorités qui se pressaient dans la salle. L'orchestre exécutait les danses les
plus en vogue, et il n'eût pas fallu un grand effort d'imagination pour se croire à un bal de l'aristocratie de Londres. Au dehors, les rues avoisinantes étaient illuminées
en l'honneur de la France et de l'Angleterre.

XII

EXCURSION EN THÉLÉMARK — KONGSBERG

Au bout de deux jours, nous commencions à nous ennuyer dans les rues désertes et uniformes de Christiania : nous connaissions déjà la ville à peu près comme si nous l'avions toujours habitée. Nous résolûmes donc de partir, le 14 septembre, pour le Thélémark. Nous nous fîmes donner à l'hôtel Victoria tous les renseignements utiles, et nous employâmes la soirée du 13 à faire les préparatifs que nécessitait une excursion dans cette contrée sauvage.

Tous les pays montagneux ont des contrées privilégiées qui sont le rendez-vous général des touristes. En Suisse, c'est l'Oberland bernois que l'on visite de préférence ; dans les Pyrénées, le cirque de Gavarnie est le but obligé de tous les excursionnistes ; en Écosse, il faut voir les

Trossachs et les lacs des Highlands ; en Norwège, c'est le Thélémark qui est devenu l'excursion classique. De toutes les parties de la Norwège, celle-ci est la plus fertile en sites grandioses et agrestes. On y trouve des lacs considérables, des montagnes élevées, des vallées charmantes, des rivières pittoresques, des cascades qui passent pour les plus belles de l'Europe. Les habitants de cette curieuse contrée sont riches : c'est là que s'est le mieux conservé l'antique costume national.

Un voyage en Thélémark est encore une entreprise périlleuse et romanesque, pour laquelle il est bon d'être doué d'une certaine dose de courage et d'énergie ; il faut être armé aussi de beaucoup de patience et d'une certaine force, savoir payer de sa personne au besoin, et, avant tout, dire adieu au confort. Les auberges sont misérables, incommodes, et se distinguent particulièrement par l'absence des choses les plus indispensables à la vie. Ce serait être favorisé de la fortune que de pouvoir y coucher dans des draps de lit blancs ; tout ce qu'a inventé la civilisation moderne depuis un demi-siècle y est encore complètement ignoré ; le pain blanc, la bière, le vin y sont inconnus, et il serait bien ingrat, l'heureux voyageur qui ne bénirait pas trois fois le ciel à la vue d'un morceau de viande. Du poisson, on n'est pas toujours sûr d'en trouver à défaut de viande ; alors, du moins, peut-on compter sur des œufs ? Sur trois auberges, deux n'en ont pas. Quand il n'y a ni poisson, ni viande, ni œufs, — cela arrive une fois sur deux, — il faut se contenter de pain noir ou de *flatbrod*, et d'une sorte de fromage vieux appelé *gammel ost*; mais ce fromage est si fort et si mauvais qu'il n'y a qu'un estomac norwégien qui soit capable de le digérer.

Voilà le tableau qu'on m'avait fait du Thélémark à l'hôtel

Victoria. C'était le cas ou jamais de se munir de provisions à Christiania pour ne pas s'exposer à mourir de faim en route. Je ne fus pourtant pas de cet avis. Grand amateur de couleur locale, admirateur passionné du pittoresque, ne dédaignant ni les émotions ni les aventures, je ne me suis jamais départi en voyage de ce principe fort contesté par certains touristes, qu'en pays étranger il faut se soumettre en toutes choses aux us et coutumes locales. Je crus donc prudent de cacher à mes compagnons les sombres couleurs du tableau, et je pris pour eux et pour moi l'héroïque résolution de ne vivre que de ce que nous trouverions en route.

Le 14 septembre, nous nous embarquâmes sur un petit bateau à vapeur qui fait trois fois par semaine le trajet de Christiania à Drammen. Le *Drammen,* — c'était le nom du steamer, quitta le port à huit heures du matin en se faufilant au milieu des navires. Au bout d'un quart d'heure, nous naviguions en pleines eaux du fjord. Rangés sur la poupe, nous envoyâmes un dernier adieu à la riante et coquette Christiania, dont les collines aux blanches villas s'enfuyaient rapidement :

> ... Recedentia longe
> Littora...

Rien n'est plus agréable, quand le temps est beau, que les six heures de navigation de Christiania à Drammen. Cette promenade maritime offre une foule d'aspects ravissants, qui, sous le ciel bleu, rappellent les beaux lacs de la Lombardie : même douceur dans les lignes du paysage, même vigueur de végétation. Le soleil resplendit d'un si vif éclat, le ciel est si pur, l'atmosphère si douce, qu'on se croirait au fond de la baie de la Spezzia, tandis qu'on est en réalité sous le 60° degré de latitude nord.

Ce n'est pas dans les environs de Christiania qu'il faut s'attendre à rencontrer des montagnes aux flancs abrupts, portant jusqu'aux nues leurs cimes inaccessibles ; les côtes occidentales de la Norwège offrent seules ces grandes scènes d'une nature convulsionnée. Ici, point de hautes montagnes, point de rochers nus et stériles, point de falaises d'une effrayante déclivité : partout l'œil se repose sur des collines dont les pentes s'abaissent doucement vers la mer, des golfes arrondis en demi-cercle, des îles exquises dans leurs formes, au milieu desquelles fuient de charmants détroits qu'on prendrait pour des fleuves enfermés entre deux rives de verdure. Tout cela est attrayant, gracieux, ravissant comme les paysages du lac Majeur ou du lac de Côme. Les îles sont innombrables ; presque toutes sont chargées de magnifiques forêts de pins qui s'élèvent par gradations insensibles du rivage au sommet ; çà et là, au milieu des clairières, apparaît un groupe de trois ou quatre maisons de bois : ce sont des fermes ou des habitations de pêcheurs.

A quelques lieues de Christiania, les deux rives du fjord se rapprochent et semblent vouloir fermer toute issue aux vaisseaux : le steamer pénètre dans un détroit qui n'a guère que cent mètres de largeur. Là se dresse sur la rive droite la forteresse de Drobak ; une petite île s'élève en face : on y construit actuellement une nouvelle forteresse, et il paraît que le gouvernement norwégien a l'intention d'élever un troisième fort sur la rive gauche. Lorsque tous ces forts seront armés de canons, il deviendra impossible aux vaisseaux de guerre de se frayer passage à travers le détroit.

A peine avons-nous dépassé Drobak que nous croisons une frégate anglaise : elle est obligée de stationner au delà des forts, parce que l'enceinte fortifiée ne peut recevoir plus de trois vaisseaux de guerre : or il y avait alors à Christiania deux frégates anglaises et un aviso français.

A quelque distance de Drobak, le fjord s'élargit et se transforme en un lac grand comme une mer. C'est en cet endroit que le fjord se divise en deux bras à peu près parallèles : l'un se dirige vers Christiania, d'où nous venons ; l'autre, vers Drammen, où nous allons. La ville de Drammen occupe l'extrémité de cet embranchement, qui présente les mêmes aspects que le fjord de Christiania.

Drammen se distingue de fort loin, avec ses toits qui scintillent au soleil comme des diamants, au fond d'un magnifique amphithéâtre de montagnes boisées. Nous débarquons à deux heures dans cette cité commerçante ; nous longeons les quais couverts d'innombrables monceaux de sapins sciés, et, sous un soleil de plomb, nous nous dirigeons à pied vers l'hôtel *Kong - Karl* (prince Charles).

Drammen est une des villes les plus considérables de la Norwège : elle a une population de plus de treize mille âmes. La plus grande partie de la ville est bâtie en pierres et en briques, comme Christiania : en Norwège, une ville en briques est aussi extraordinaire que le serait une ville en marbre dans notre pays. C'est à l'incendie que Drammen doit sa splendeur : il y a quelques années, il n'y avait ici que des maisons de bois, comme à Throndjhem, comme à Bergen, comme partout en Norwège ; mais en 1866 et en 1870 le feu détruisit presque toute la ville : depuis lors

on s'est mis à bâtir avec des matériaux plus incombus-
tibles, et la ville de bois s'est transformée comme par
enchantement en une cité opulente et confortable. La
ville, née hier, a un cachet moderne qui frappe au
premier abord : elle a l'air d'être fraîchement sortie
d'une de ces boîtes d'Allemagne qui font le bonheur des
enfants.

C'est ici que se fait la grande exportation de bois, spécialement avec l'Angleterre. Au point de vue commercial,
la ville est admirablement située sur les rives de la Dramme
(*Dramselv*), une des plus grandes et des plus belles rivières
de la Norwège : cette rivière lui offre des communications
faciles avec l'intérieur du pays, d'où elle tire son bois et
ses planches. Un des plus grands avantages de la rivière,
c'est le flottage du bois, moyen de transport qui ne coûte
rien : chaque arbre, avant d'être lancé à l'eau, est numé-
roté, afin qu'on puisse en reconnaître le propriétaire. Le
bois flotté s'arrête souvent en route; il met quelquefois
plusieurs mois à faire le trajet; mais l'important, c'est qu'il
arrive à destination.

Drammen a au moins deux kilomètres de longueur,
parce que les maisons sont toutes construites le long de
la rivière. Au bout de la ville, nous traversons un beau
pont de pierre qui nous conduit à l'hôtel *Kong-Karl*, où
nous arrivons à l'heure de la table d'hôte. Nous avions
pour commensale une cantatrice suédoise, qui fit autrefois
sensation à Paris : elle devait donner le soir un concert,
auquel nous regrettâmes de ne pouvoir assister. Nous
eûmes aussi l'occasion de parler français avec un marchand de bois de la localité, qui eut la gracieuseté de nous
donner une lettre de recommandation pour M. G., le juge
de paix de Kongsberg, où nous devions arriver le soir.

Dans quelle contrée d'Europe a-t-on de pareils égards pour les étrangers?

En Norwège, on consacre peu de temps aux repas : on mange cinq fois par jour ; mais on donne à peine une demi-heure au repas principal. A peine a-t-on mangé le dernier morceau, que tous les convives se lèvent et se quittent en se serrant la main, et en disant : *Tack for mat,* — les poignées de main se donnent à tout propos, en Norwège. — Comme il nous restait encore deux heures à perdre avant le départ du train de Hougsund, nous fîmes une promenade à la montagne qui domine la ville. Cette montagne s'appelle *Paradisbake* (mont du Paradis) : son nom est bien porté, car du sommet on jouit d'une vue qui, sans exagération, peut se comparer à celle de la vallée d'Argelès, que les habitants des Pyrénées décorent également du nom de *Paradis* d'Argelès. Nous découvrions dans toute son étendue la verdoyante vallée de Dramselv, où la rivière serpentait et se perdait à l'horizon dans un léger voile de vapeurs flottantes ; à l'opposite miroitait la nappe tranquille du fjord qui reçoit ses eaux ; à nos pieds s'étendait la ville de Drammen, d'où remontait jusqu'à nous cette vague rumeur qui plane au-dessus des villes commerçantes et industrieuses. Tout cela formait un ensemble harmonieux et calme, qui disposait l'âme à la méditation et à la rêverie.

Nous partîmes pour Kongsberg à cinq heures. La première partie du trajet, jusqu'à Hougsund, se fait en chemin de fer, et la dernière partie en carriole [1]. On construisait alors un embranchement de Hougsund à Kongsberg, qui devait être complètement terminé deux mois après. Bientôt

---

[1] Aujourd'hui une voie ferrée, passant par Drammen, réunit Christiania à Kongsberg.

la Norwège aura aussi son réseau de chemins de fer, de même que l'Espagne et la Suisse, et la carriole norwégienne passera à l'état légendaire comme la diligence espagnole. Les touristes amateurs de pittoresque doivent se hâter : dans quelque dix ans, on fera un voyage en Norwège comme on fait un voyage à Marseille ou à Londres : adieu alors les fatigues, adieu les aventures, adieu la couleur locale ! Tout sera si bien réglé, si bien engrené, que le hasard ne sera plus possible : on sera toujours sûr d'arriver, de trouver bon dîner et bon gîte. Ce sera plus commode ; mais je le dis franchement, je préférerai alors rester chez moi, parce que le plus grand charme du voyage sera détruit, l'imprévu !

De Drammen à Hougsund, le chemin de fer longe les rives de Dramselv, qui parcourt une vallée fertile et bien peuplée. La vapeur nous emporte impitoyablement, et ne nous laisse pas le temps de regarder le paysage, qui semble ravissant. Nous passons les stations de *Gulskogen* et de *Mjondalen*, et au bout de trois quarts d'heure nous sommes à Hougsund, où nous laissons le train continuer sa route jusqu'au village de Randsfjord, situé au bord d'un lac important. La ligne de Drammen à Randsfjord, exploitée depuis 1868, met ce lac en communication avec la mer. La longueur de cette ligne est de huit milles norwégiens (environ quatre-vingt-dix kilomètres), et le trajet se fait en trois heures, suivant les indications du *Norske-Kommunikationer*.

A Hougsund, nous trouvons des carrioles qui stationnent devant le train. Nous prenons chacun possession d'un de ces véhicules, et à six heures du soir nous partons pour Kongsberg.

C'était la première fois que nous faisions l'essai des car-

rioles ; — nous nous étions servis d'une voiture ordinaire
à quatre roues pour faire le voyage de Veblungsnaes à
Lillehammer. — La carriole norwégienne est le plus primitif de tous les véhicules : qu'on s'imagine une petite voiture à deux roues, sans ressorts, sans coussins, sans
soufflet, sans marchepied : — à quoi bon tout ce luxe inutile ! Au milieu, sur le timon, est posée une sorte de coquille arrondie qui sert de siège, et qui peut recevoir une
seule personne, pourvu que cette personne n'ait pas trop
d'embonpoint. Derrière la voiture est adaptée une petite
planche où l'on met les bagages ; sur les bagages s'assied,
en tournant le dos au voyageur, le *skyddsgut* (on prononce
scudsgoutt) : c'est un jeune garçon qui n'a d'autre mission
que d'ouvrir les nombreuses barrières qu'on rencontre
en route, et de ramener les chevaux au retour. La carriole est la voiture nationale, dont se servent le paysan et
le riche marchand : par sa légèreté et sa simplicité, elle est
admirablement appropriée aux routes du pays, qui sont
toujours étroites et montueuses.

La route de Kongsberg ne manque pas de charmes,
surtout le soir. La vallée que nous parcourions est agréable
et fertile : à notre gauche étaient la rivière et le nouveau
chemin de fer ouvert déjà au transport des marchandises ;
à notre droite, nous voyions des montagnes couronnées
de sapins. Quoiqu'il fît déjà nuit, les montagnes se dessinaient assez nettement, un beau ciel étoilé s'étendait
sur nos têtes. Je n'ai rien vu de plus calme et de plus
lumineux que ces belles nuits du Nord. Le froid était vif :
nous étions obligés de nous envelopper jusqu'au nez dans
nos couvertures.

Bientôt nous eûmes à gravir une côte très raide qui se
prolongea pendant une heure. Arrivés au sommet, nous

découvrîmes la vallée de la *Louven*, au fond de laquelle
brillaient les feux de Kongsberg. La descente se fit rapidement par une route en limaçon, et à neuf heures du soir
nous fûmes à destination. Le *gjestgivergaard* (auberge) où
nous descendîmes portait le nom français d'*Hôtel des
Mines*.

Nous n'eûmes rien de plus pressé que d'écrire immédiatement au *sorenskriver* (juge de paix), M. G., le seul homme
de la localité qui sache parler français. Nous joignîmes
à notre missive la lettre de recommandation que nous
avions obtenue à Drammen; et, malgré l'heure avancée,
M. G. vint immédiatement nous voir à l'hôtel des Mines,
pendant que nous procédions à réparer nos forces par un
souper passable. Il entama la conversation en français
avec tant de facilité que nous ne pûmes nous empêcher
de lui en témoigner notre surprise : il nous dit qu'il avait
séjourné en France pendant plusieurs années, et que sa
femme était Française.

Ayant pour la première fois l'occasion de parler à un
magistrat, nous amenâmes la conversation sur l'organisation de la justice en Norwège. M. G. nous donna à ce sujet
des renseignements pleins d'intérêt.

Il y a en Norwège trois degrés de juridiction. Il existe
dans chaque paroisse un tribunal de conciliation, composé
d'arbitres choisis tous les trois ans par les chefs de famille.
Cette utile institution prévient quantité de procès. Au point
de vue de l'administration de la justice, la Norwège est
divisée en soixante-quatre *sorenskriveries*. Dans chaque
sorenskriveries siège un tribunal présidé par le *sorenskriver*
(sorte de juge de paix), lequel est assisté de quatre *lau-
grestmœnd* (sorte de fonctionnaire inférieur); mais ceux-ci,
en fait, sont plutôt considérés comme des témoins judi-

ciaires. Les sorenskriveries sont les tribunaux de première
instance. Il y a deux cours d'appel : l'une siège à Christiania, l'autre à Throndjhem : elles se composent d'un président, de deux juges et d'assesseurs. Il y a enfin une cour
suprême (*Hoiesteret*), qui siège à Christiania : elle se compose d'un président et de huit assesseurs. La cour de
cassation, telle qu'on l'entend chez nous, n'existe pas
en Norwège : en effet, l'Hoiesteret ne juge pas seulement en droit, mais aussi en fait; c'est en quelque
sorte une cour de deuxième appel. L'institution du mi-
nistère public n'existe pas non plus en Norwège, sauf au
criminel.

C'est une curieuse organisation que celle des *sorenskri-*
vers. Le sorenskriver a des pouvoirs beaucoup plus étendus
que nos juges de paix : il juge en premier ressort toutes
les affaires civiles, de quelque importance qu'elles soient;
il juge *seul* : les quatre laugrestmænds, dont il est assisté,
ne font que donner leur avis, sans que le sorenskriver
doive en tenir compte. Ce système, tant critiqué par certains juristes, tant loué par d'autres, a pour corollaire
indispensable la *responsabilité* du juge; ainsi entendu, le
système n'offre point les inconvénients pratiques que si-
gnalent ses adversaires. Le sorenskriver est passible de
dommages-intérêts pour ses décisions mal fondées : il peut
même être destitué, s'il a été condamné à trois restitutions
pour cause d'erreur. Voici, à cet égard, le texte de la loi,
qui date de Christian V : « Si un juge prononce à tort, soit
parce qu'il n'a pas instruit lui-même l'affaire, ou qu'il ait
toléré qu'elle fût mal instruite, ou bien s'il agit par inin-
telligence, il devra indemniser la partie lésée de toute
perte, de tous frais et de tous dommages; s'il est prouvé
que le juge a cédé à l'influence de la faveur, de l'amitié

ou des présents, il sera destitué et déclaré incapable de jamais siéger comme juge, et il souffrira ce qu'il a fait souffrir, dût-il ainsi perdre la fortune, la vie et l'honneur [1]. »

Le sorenskriver a non seulement des attributions fort étendues en matière civile, mais il est encore compétent en matière criminelle ; il juge seul les affaires de simple police et les affaires correctionnelles ; lorsqu'il s'agit d'un crime, il se fait assister de deux particuliers, ordinairement de simples paysans, chargés de constater que la liberté de la défense a été entière. Chaque fois qu'un criminel est appelé à être jugé, on lui désigne un avocat d'office. En Norwège, de même qu'en Russie, les avocats sont des fonctionnaires rétribués par le gouvernement. Le crime d'assassinat est le seul qui soit puni de mort. Le criminel subit la décapitation par la hache, — vestige barbare du moyen âge qui n'a pas encore disparu en Norwège. — Une autre coutume non moins barbare veut que le bourreau prenne la place du condamné si la tête du patient n'est pas séparée du tronc au deuxième coup de hache. Métier peu enviable! Heureusement la peine capitale est rarement appliquée en Norwège. Il n'est peut-être pas de pays en Europe où il y ait moins de meurtres et moins de vols.

Notre aimable sorenskriver nous donna bien d'autres détails sur son pays; il nous quitta à dix heures du soir, nous promettant, avec cette gracieuseté inhérente au caractère norwégien, de venir nous prendre le lendemain matin pour nous montrer les curiosités de la ville.

M. G. fut exact au rendez-vous, et nous fîmes ensemble

---

[1] *Kong Christian den fermtes Norske lov.*, 1687, log. I, cap. v, art. 3.

la visite de la ville et des usines. Kongsberg, on le sait, est célèbre par ses mines d'argent, qui sont les plus riches de l'Europe. Cette localité est agréablement située sur les deux rives de la Louven, dans une petite plaine peu étendue, étroite, et environnée de rochers pointus et élevés. La ville est grande, mais mal bâtie. Elle a une population de cinq mille âmes, dont la majeure partie travaille dans les mines. Autrefois la population était beaucoup plus considérable ; mais un incendie, qui mit la ville en cendres au commencement de ce siècle, contribua beaucoup à sa décadence.

Les mines de Kongsberg appartiennent à l'État depuis 1816. Il y a plus de deux siècles qu'elles furent découvertes par un paysan. Elles donnent actuellement en moyenne trente mille livres d'argent fin : nous n'en avons pas en Europe qui donnent des morceaux d'argent natif si gros ni en si grande quantité. On nous a assuré que le produit des mines de Kongsberg forme un dixième des revenus de l'État. C'est à Kongsberg que le gouvernement a établi l'hôtel des monnaies : à peine sorti de terre, l'argent se transforme ainsi en dollars bien brillants et bien sonnants. Tout ce qui n'est pas converti en monnaie se vend au poids.

Les mines sont situées à un mille de la ville ; nous n'avons pu les visiter, parce que notre temps était compté : il nous fallait à tout prix arriver le soir à Tinoset, pour profiter le lendemain matin du bateau à vapeur du lac Tinn ; manquer ce bateau, c'était perdre huit jours. Le Thélémark n'est pas la Suisse : les bateaux ne vont pas tous les jours. Nous renonçâmes donc aux mines, et nous le regrettâmes peu : pour qui n'est pas minéralogiste ni géologue, rien ne ressemble à une mine comme une autre mine ; peu importe qu'on en extraie de l'argent ou du charbon.

En revanche, nous visitâmes en compagnie de M. G. la fonderie d'argent qui se trouve dans le voisinage de la ville. Les bâtiments sont vastes et spacieux. Nous assistâmes aux différents travaux du pilage, du lavage et de la fonte du minerai. Le minerai, après avoir été lavé, est fondu dans des fourneaux chauffés au moyen de soufflets que l'eau fait mouvoir. L'argent natif et l'argent vitreux, le minerai riche et le minerai pauvre sont jetés dans les fourneaux avec de la pierre calcaire et du plomb : il est fort intéressant de voir séparément, à l'état de fusion, d'un côté l'argent épuré, de l'autre côté la matière pierreuse qui naguère était mêlée au minerai.

Après l'inspection des fourneaux, nous fûmes introduits dans les bureaux et présentés au directeur de la fonderie, qui nous montra une collection fort curieuse d'échantillons de minerai d'argent : nous en vîmes de toutes les dimensions et de toutes les formes ; il y avait là des blocs d'une valeur de 2 à 3 francs, et d'autres de 25,000 francs. Le minerai est tantôt massif, tantôt capillaire, tantôt en feuillets, tantôt en branches. Presque toujours on aperçoit la trace d'une fusion. Sur des tables étaient disposés en monceaux des pots remplis d'argent épuré, destinés à la vente : chaque pot avait une valeur de cent marks (114 francs). Le directeur nous montra dans un coin une grande caisse pleine d'argent, qui pouvait avoir une contenance d'environ deux mètres cubes : il nous assura que, d'après les calculs auxquels il s'était livré, il faudrait dix-huit cents caisses de cette dimension pour payer les frais de guerre de la France. On nous montra ensuite une pièce d'or de la valeur d'un napoléon : cette pièce représentait la quantité d'or

trouvée dans les mines de Kongsberg dans l'espace d'une
année.

Après la fonderie, M. G. nous mena voir la fabrique
d'armes de l'Etat, où travaillent une centaine d'ouvriers.
On y confectionne chaque année cinq mille fusils Reming-
ton. Le système de la division du travail y est admirablement appliqué : chaque ouvrier a pour mission de confec-
tionner telle partie déterminée du fusil.

En revenant de la fabrique d'armes, M. G. nous donna
quelques détails sur l'organisation de l'armée en Norwège.
L'armée de terre est de vingt-cinq mille hommes; l'armée
de mer, de quarante-six mille hommes. Toute la population
virile en fait partie. La troupe de ligne se compose de dix
mille hommes : ils sont tenus de servir pendant cinq ans.
Neuf mille hommes composent la *landvœrn*; la landvœrn
est formée par les hommes de la ligne : après l'expiration
de leur temps de service dans la troupe de ligne, ils sont
attachés à la landvœrn pour dix ans (en tout, quinze années
de service). L'artillerie se compose de cinq bataillons, et
la cavalerie de onze escadrons. Le système des casernes
n'existe que pour le régiment des chasseurs, corps d'élite
composé de deux mille hommes. L'exercice a lieu en été,
et dure six semaines; pour la landvœrn, l'exercice ne dure
que huit jours. Les villes de garnison sont Christiania,
Christiansand, Bergen, Throndjhem et Frederikstad. L'organisation militaire de la Norwège, sans être parfaite,
montre qu'on peut avoir une bonne armée sans recourir à
la conscription et au tirage au sort.

M. G. nous offrit d'aller voir la cataracte de *Larbrofoss*,
formée par la Louven, à quelque distance de la ville; mais
nous tenions trop à arriver le même jour à Tinöset pour
accepter cette invitation. Notre aimable cicerone nous

ramena donc à l'hôtel des Mines, et poussa la complai-
sance jusqu'à régler lui-même le prix d'une voiture. On
nous demanda neuf species (environ 52 francs). De Kongsberg à Tinöset, il y a six milles (soixante-dix·kilomètres),
que l'on parcourt en huit à neuf heures.

XIII

LE RJUKANDFOSS

Nous partîmes de Kongsberg à dix heures du matin, en
remerciant cordialement le sorenskriver de son accueil si
courtois. Kongsberg est la dernière étape de la civilisation : au delà commence l'âpre et sauvage contrée du
Thélémark, que les Norwégiens eux-mêmes appellent le
pays du lait caillé. Pendant quelque temps encore nous
parcourons de riantes vallées; mais bientôt le paysage
change subitement d'aspect. Nous pénétrons dans une de
ces forêts vierges où depuis des siècles les sapins renais-
sent de leurs propres débris. La Norwège et l'Amérique
offrent seules ces scènes grandioses inconnues dans nos
régions habitées. Il y a là des sapins séculaires réunis en

faisceaux, et dont les troncs ne semblent plus former qu'une seule masse, comme les piliers d'une cathédrale gothique : ces gigantesques colonnades naturelles s'élancent à trente ou quarante mètres de hauteur. Beaucoup de ces géants ont été abattus par le vent ou par la foudre : leurs troncs énormes gisent au milieu des débris qu'ils ont entraînés dans leur chute épouvantable : on les admire encore dans leur ruine, comme on admire un guerrier mort environné des vaincus immolés par son dernier effort. Les sapins sont si hauts et si serrés que la lumière du jour pénètre à peine à travers leurs aiguilles innombrables ; parfois une petite clairière vient rompre pour un moment cette mystérieuse obscurité. Tel devait être l'aspect des sombres résidences des divinités scandinaves. Ces immenses solitudes sont telles aujourd'hui qu'elles étaient il y a trois mille ans. L'âme se sent accablée par des impressions étranges, indéfinissables : il y a quelque chose d'effrayant dans ce calme absolu, dans ces demi-ténèbres. Parfois nos chevaux s'arrêtent pour reprendre haleine; on écoute, et l'oreille n'entend rien : pas le murmure d'un ruisseau, pas un chant d'oiseau, pas même la chute d'une feuille, car il n'y a pas un seul arbre à feuillage caduc parmi ces millions de sapins : nul bruit ne trouble le silence de ces forêts vierges qui voient passer les siècles comme nous voyons passer les années. On nous a assuré que les ours sont très nombreux en ces parages : cependant nous n'en avons pas vu. Nous voyageons pendant une demi-journée sans rencontrer une seule habitation, un seul être humain. La route est fort étroite : en maints endroits, elle est à peine assez large pour donner passage à notre petite voiture à quatre roues. Il serait d'ailleurs parfaitement inutile d'élargir le chemin, car il n'arrive jamais que deux voitures s'y croisent : il se passe parfois des semaines entières sans que personne vienne par ce chemin, fréquenté seulement par les rares touristes qui vont en Thélémark.

A deux heures, nous arrivons à *Bolkesjö* (on prononce Bolquécheu). Cette localité se compose de deux maisons habitées par une seule famille. C'est l'unique point qui soit marqué sur les cartes détaillées de la Norwège sur une étendue de dix-huit lieues de France. Bolkesjö est un vieux *gaard* fondé depuis une bonne centaine d'années, et qui a entièrement conservé son cachet antique : l'hôte lui-même semble être ressuscité du siècle passé ; il nous accueille avec une bonhomie touchante, et nous sert tout ce qu'il possède : du lait, du poisson de rivière, des œufs et du pain noir, sans oublier l'éternel *flatbrod*. Mais comme tout cela est assaisonné de l'excellente volonté de notre *landmark* et d'un appétit merveilleux, ce modeste dîner nous paraît un festin. Le repas achevé, notre hôte nous montre sa maison, un vrai modèle du genre ! Voici le salon de réception : une grande salle carrée dont les murs sont formés de troncs de sapins équarris, le long de ces murs d'antiques bahuts, où s'étalent de vieux pots danois en argent et de la vaisselle en cuivre ; des chaises en chêne, ornées de figures naïves ; au milieu du salon, une grande table carrée en racine de bouleau, et le tout à l'avenant. Un escalier raide comme une échelle conduit au premier étage. Voici le traîneau qui attend les premières neiges pour sortir de la maison. Au-dessus des portes, d'immenses bois de renne figurent comme ornement. Nous entrons dans la chambre des hôtes : le parquet est jonché de branches de sapin qui exhalent dans l'appartement une odeur résineuse ; aux murs (ou plus exactement aux troncs

d'arbre) sont appendus une vingtaine de portraits photo-
graphiés : ce sont des personnages plus ou moins illustres
qui ont laissé ici un souvenir de leur passage. Notre hôte
nous montre, avec un orgueil bien légitime, les deux immenses alcôves où couchèrent, si nous l'avons bien compris,
l'empereur Maximilien (?), le général Steinmetz et d'autres
célébrités.

Du haut du plateau de Bolkesjö, la vue est superbe de
sauvagerie et de sévérité. Tout au fond, au bas de la montagne, on découvre le lac *Fol*, sombre et solitaire, muette
image du calme profond qui règne dans ces déserts. Au
delà, le regard plane sur la magnifique chaîne des monts
lointains du Thélémark. Sous les nuages orageux qui as-
sombrissent le paysage, nous distinguons la cime pointue
de *Gausta-Fjeld*[1], dont nous ferons bientôt l'ascension :
ce géant du Thélémark domine tous les autres sommets.
Vers l'ouest, l'hôte nous montre du doigt le groupe de
Lille-Fjeld, et accompagne son geste de quelques phrases
inintelligibles, où reviennent souvent les mots : « fransk
ballon. » Tout s'explique : c'est là qu'est tombé, lors du
siège de Paris, en 1870, le ballon monté par Paul Royer.
Le brave homme nous fait comprendre par ses gestes toute
la surprise que lui causa l'apparition de cet aérostat venu
il ne savait trop de quel coin du ciel ou de l'enfer.

Nous quittons Bolkesjö après une halte d'une heure.
Depuis Kongsberg, nous n'avions cessé de monter ; maintenant le chemin descend. Nous longeons pendant un
certain temps le lac Fol à plus de mille pieds de hauteur.
Nos chevaux courent au grand trot, et à chaque coude
de chemin nous sommes menacés d'une effroyable dégrin-

[1] « Fjeld » signifie montagne.

golade. Nous rentrons bientôt dans la forêt, plus sombre que jamais. Seulement, de distance en distance, on aperçoit à travers les sapins la nappe calme d'un petit lac solitaire : nulle cabane sur ses rives, nulle barque sur ses eaux !

Le chemin est un vrai casse-cou. Mais notre jeune postillon est habile, et nos chevaux ont un instinct merveilleux. Parfois au bord du chemin se dessine vaguement, dans la nuit mystérieuse de la forêt, une masse noire qui simule, à s'y méprendre, les formes d'un ours en attente. — Dieu sait s'ils sont nombreux ici ! — Je devine à la physionomie sérieuse, presque inquiète de mes compagnons qu'ils partagent le sentiment de vague terreur dont je me sens saisi à cette pensée. Nous approchons, et notre ours imaginaire n'est qu'une racine de sapin ou un débris de rocher. Et les éclats de rire de se donner libre cours.

Nous mîmes environ huit heures à traverser cette immense forêt. Vers six heures du soir, nous débouchâmes dans une belle vallée, au fond de laquelle gronde un fleuve impétueux dont les eaux rejaillissent en écume blanche sur les rochers qui encombrent son lit. Ce fleuve n'est autre que le *Maan-Elv*, qui sort du petit lac Mjos, se précipite dans la vallée de Vestfjorddal par une chute de neuf cents pieds, traverse le lac Tinn, et va se jeter près de Skien dans la mer du Nord.

A sept heures du soir, nous étions à *Tinnöset*, où nous avions résolu de passer la nuit. Tinnöset est une bourgade de cinq ou six maisons, pittoresquement située à l'extrémité du lac Tinn (*Tinnsjö*), à l'endroit même où le **Maan-Elv** sort de ce lac. L'auberge où nous soupons et où nous logeons est mauvaise et chère ; les chambres sont sales, et

les gens plus sales encore. Nous remarquons ici les premiers costumes thélémarkiens; l'accoutrement des femmes
ferait croire qu'on est dans les montagnes de la Chine :
corsage orné de boutons de filigrane, jupes courtes qui se
terminent au-dessus des genoux, pantalons rouges qui
entrent dans des sandales de la même couleur, recourbées
en volute comme les chaussures chinoises. Le costume
des hommes est plus étrange encore : un pantalon noir
d'une largeur phénoménale, montant jusque sous les ais-
selles, et une veste blanche brodée d'arabesques, qui s'arrête là où finit le pantalon, à six centimètres au-dessous
du menton. Ce costume baroque est enjolivé d'une quantité de bijoux naïfs, que ces gens fabriquent eux-mêmes
avec le filigrane naturel des mines de Kongsberg. L'hôte
nous offre un de ces bijoux, remarquables par l'originalité
du travail; mais il nous en demande un prix si élevé que
nous préférons laisser l'objet au premier Anglais qui visitera ces lieux.

Le 16 septembre, survint un changement inattendu
dans la température : le vent sauta au nord, et un froid
assez piquant succéda aux chaleurs accablantes des jours
précédents.

Nous nous embarquâmes à huit heures du matin sur le
Rjukan (on prononce *rioucann*), petit batelet qui fait vaillamment le service du lac Tinn. Qu'on s'imagine une embarcation non pontée, large de deux mètres à peine,
longue de sept à huit mètres, inclinant à gauche comme
un vieil invalide qui a fait son temps de service. Au milieu
est placée une machine grande comme un poêle, qui siffle,
souffle et fume tout comme une autre. Le capitaine et propriétaire de ce steamboat est député, ce qui ne l'empêche
pas de se moucher à chaque minute avec ses doigts; je n'ai

pu savoir si ce procédé lui est habituel lorsqu'il prononce un discours au Storthing.

Le lac Tinn rappelle le lac de Wallenstadt, en Suisse : il est encaissé entre d'énormes rochers à pic, du haut desquels s'élancent des cataractes blanches comme la neige. Ces rochers émergent perpendiculairement au-dessus de l'eau, en sorte que le lac Tinn est un entonnoir sans rives : les rares cabanes des pêcheurs, qu'on aperçoit dans les creux des rochers, ne sont accessibles qu'au moyen d'une chaloupe. On montre encore l'endroit où un ours, qui avait perdu sa piste, tomba dans le lac et se noya, parce qu'il ne put trouver de rivage pour atterrir. Ailleurs on nous fit remarquer une excavation tapissée de mousse, où un prêtre se réfugia pendant trois jours pour échapper à une de ces tempêtes si fréquentes sur le lac Tinn.

Le lac Tinn a dix lieues de longueur et une demi-lieue de largeur. Le Maan-Elv le traverse d'un bout à l'autre : cette rivière, qui forme la fameuse chute de *Rjukandfoss*, vient du lac *Mjos*, situé à six lieues du lac Tinn. La différence de niveau entre ces deux lacs est évaluée à douze cent soixante-quinze pieds ! En Norwège, il n'est pas rare que les rivières fassent de pareils sauts dans un espace si court.

Tinöset est situé au fond d'une petite baie protégée par un rocher qui s'avance en promontoire. Nous eûmes à peine contourné ce cap que nous essuyâmes une terrible tempête. Qui eût dit que ce petit lac, si calme la veille, pût monter jusqu'à un tel degré de colère ?

Dès ce moment, le *Rjukan* présente un désordre impossible à décrire. La plupart des passagers gagnent le mal de mer. Et, en effet, le roulis et le tangage nous feraient croire que nous naviguons sur les flots orageux d'une mer ou d'un océan, si nous n'apercevions les énormes falaises grises qui se dressent à droite et à gauche. De grandes vagues menacent de faire chavirer notre embarcation, qui lutte de toutes ses forces contre la violence des vents. Pendant quatre longues heures nous sommes inondés, submergés par les lames qui nous fouettent le visage comme des lanières. Il nous est impossible de chercher un abri, car notre embarcation n'a point d'intérieur. Force nous est de nous résigner sous nos couvertures de voyage, qui ne nous garantissent qu'à demi contre l'inondation : nouveaux Panurges, l'eau nous entre par le col de la chemise et nous sort par les bottes.

Je ne connais rien de plus mortifiant que d'être dominé par le vent sur l'eau douce. Quand on parcourt l'Océan immense, on se résigne assez volontiers devant le caprice des éléments; mais se voir le jouet d'une tempête sur un lac large comme un fleuve, c'est un genre de vexation qui, je l'avoue, met en défaut toute ma philosophie.

Vers midi enfin nous débarquons à *Mael*, au bout du lac, dans le piteux état d'une troupe de chats qu'on aurait jetés à la rivière.

Mael est une misérable station où l'on ne trouve que du lait caillé et du *gammel ost*. Nous n'avons que le temps de nous sécher à demi pour pouvoir visiter Rjukandfoss le même jour. Par une savante pantomime accompagnée de mots franco-anglo-hollando-norwégiens, nous parvenons à faire comprendre aux gens de Mael qu'il nous faut des chevaux et des carrioles. On nous les refuse, sous prétexte que longer des précipices par un vent pareil, c'est courir à une mort certaine. Cette objection ne nous arrête pas; nous faisons un tel tapage que nous obtenons enfin une mauvaise carriole à deux places; or nous sommes trois :

chacun de nous devra à tour de rôle faire à pied une partie du chemin.

Nous quittons Mael à une heure. L'un de nous, plus prudent, a pris les devants. Le chemin n'est qu'un sentier étroit, raide et bosselé, et notre patache n'a point de ressorts : il en résulte que jamais entrailles d'honnête homme ne furent tant secouées. Au reste, la vallée de *Vestjordall*, que nous parcourons, est une des plus pittoresques de la Norwège : elle est traversée par le Maan-Elv, dont les eaux fraîches y entretiennent une belle végétation, et embellie par deux rideaux de montagnes rocheuses parsemées de bouquets de sapins. A gauche, nous passons la belle cascade de *Gvitafoss*[1], qui roule ses flots de neige le long d'une paroi gigantesque. La vallée tout entière est dominée à gauche par une énorme montagne, en forme de cône, qui varie l'expression du paysage à chaque pas qu'on fait : cette montagne n'est autre que le Gausta-Fjeld, dont nous devions faire le lendemain l'ascension.

Les habitants de cette vallée primitive ont une coutume qui ne manque pas d'originalité : dès qu'un chef de famille est parvenu à économiser mille species, il place au-dessus de la porte de son appartement principal une grande chaudière en cuivre ; autant de mille species, autant de chaudières. On ne se sert jamais de ces ustensiles : ils ne sont là que pour attester la fortune du propriétaire. Cette coutume témoigne de l'honnêteté de ces populations : on ne craint pas d'exciter l'envie en étalant publiquement sa fortune. D'ailleurs il ne se commet jamais de vol.

A deux heures, nous arrivons à Dal, une des plus pauvres stations du Thélémark : point de viande, point d'œufs.

[1] *Foss* veut dire chute, cascade, cataracte.

Nous dînons d'une tranche de pain noir et d'une queue de poisson du Maan-Elv; mais l'hôtesse nous ménage une surprise : en guise de dessert apparaît sur la table un plat couvert d'un monceau de *pannekaken* (crêpes), et je laisse à penser si nous faisons honneur à ce mets inattendu.

Avant de nous remettre en route, nous parcourons le livre des voyageurs, qui n'a plus été renouvelé depuis quarante ans. Nous y voyons beaucoup d'Anglais, fort peu de Français. Jules Verne, l'auteur des *Voyages extraordinaires*, a passé à Dal il y a quatorze ans : une page du registre porte une note écrite de sa main; il déplore une faute d'orthographe commise par un de ses compatriotes dont le nom figure au-dessus du sien, et il écrit : « C'est fâcheux pour l'honneur de la France ! » Après Jules Verne vient un Anglais plus heureux que nous, qui ne peut s'empêcher de louer le rosbif; ces Anglais sont toujours les mêmes : il ne leur suffit pas de manger, il faut encore qu'ils écrivent ce qu'ils ont mangé. Nous trouvons aussi dans ce curieux registre le nom de Paul Riant, l'auteur de l'intéressant voyage en Norwège, publié dans la première année du *Tour du monde.*

A quatre heures, nous partons pour le Rjukandfoss, la plus belle chute de l'Europe. Elle est formée par le Maan-Elv, qui se précipite du lac Mjos dans la vallée de Vestfjorddal. Après celle de Gavarnie, dans les Pyrénées, c'est la plus haute chute du monde [1].

Au delà de Dal, le chemin devient un vrai casse-cou : nous longeons des précipices dont la profondeur varie de cent à deux cents mètres, différence qui nous importe fort peu d'ailleurs, quelques pieds de plus ou de moins ne

---

[1] Le Rjukandfoss a 300 mètres de hauteur; la chute de Gavarnie a 422 mètres.

changeant rien à l'affaire. Le chemin est tellement étroit, les pentes sont si terriblement raides, que c'est miracle que nous ne versions pas dans l'abîme à chaque coude du sentier. Nous faisons à pied la dernière partie du trajet, pour ménager notre bête et aussi pour notre propre sûreté, car en cet endroit un faux pas du cheval causerait inévitablement la mort. Nous nous retournons souvent pour contempler la magnifique vallée de Vestfjorddal, qui se développe derrière nous dans toute son étendue : à nos pieds, le Maan-Elv se divise en mille filets d'argent encadrant de jolies petites îles boisées de pins sombres. A deux lieues de nous, le Gausta-Fjeld se lève tout d'un jet, semblable à une immense pyramide.

Nous atteignons bientôt la ferme de Kroken, située au milieu d'un *sœter*, où paissent quelques vaches. Là, plus de trace de chemin : il faut commencer l'escalade des montagnes et grimper à travers des rochers que la nature a façonnés en forme d'escalier. On gravit ainsi plus de trois cents marches, et ces marches ont parfois deux pieds de hauteur. A chaque minute, on passe un torrent, rapide comme la flèche, qui va grossir le Maan-Elv à cinq ou six cents pieds plus bas : deux troncs de sapin sont jetés en travers en guise de pont. Nous rencontrons des cascades superbes, des points de vue comme il n'y en a nulle part; mais le *Rjukan,* dont nous apercevons depuis longtemps la fumée, est là qui nous fascine, et nous regardons à peine ces belles choses qui ont le tort de n'être pas ailleurs.

Au bout de trois quarts d'heure de pénible ascension, nous arrivons sur un plateau étroit, où le Rjukandfoss nous apparaît tout à coup dans son incomparable magnificence. J'avais devancé mes compagnons, et j'arrivai le premier. Oh ! que cela était beau ! J'éprouvai un sentiment que jusque-là je n'avais jamais ressenti en face des merveilles de la nature. J'eus les larmes aux yeux. J'étais seul devant ce qu'il y a de plus beau au monde.

Et le Rjukandfoss est presque inconnu en Europe !

Une large colonne d'eau que je vois encore, pesante, épaisse, non interrompue, s'élance, frémissante et rapide, d'un sombre couloir de rochers, glisse le long d'une paroi verticale, se précipite par un bond de neuf cents pieds dans un gouffre béant et noir, disparaît vers la moitié de sa course dans les profondeurs mystérieuses de l'abîme, gronde sourdement et mugit dans les entrailles de la terre, et rejaillit vers le ciel en légers flocons de fumée, en nuages d'écume, en poussière d'argent. Qui peindra un pareil tableau !

Nul regard humain n'a jamais pu descendre jusqu'au fond de l'abîme. Un voile de vapeurs impénétrables flotte sans cesse autour de la cataracte, bien nommée la chute fumante, Rjukandfoss.

Le fleuve roulait dans le précipice, sans relâche, sans repos. Parfois, à travers les grandes ombres des rochers crevassés, un rayon de soleil couchant traversait l'abîme, éclairait toute la scène pendant un instant et y projetait les magiques nuances de l'arc-en-ciel : je voyais une rivière d'or et de feu qui étincelait devant moi. Et l'immense cataracte rugissait, grondait comme une montagne qui s'écroule. Les rochers semblaient vaciller sur leur base, l'air ébranlé vibrait autour de moi, et par moments je me sentais fasciné par l'irrésistible attraction du gouffre. Quelques aigles décrivaient leurs orbes immenses au-dessus de l'abîme ; parfois on les voyait tournoyer et descendre comme si le vertigineux tourbillon avait voulu les engloutir ; puis ils reprenaient majestueusement leur essor, et se jouaient du vertige.

Le Rjukan a sa légende. Au bord du précipice où gronde la cataracte serpente un étroit sentier appelé *Mari-Stien*, ou le Pas-de-Marie. Aujourd'hui encore, nul ne s'y aventure sans horreur. C'était par ce chemin qu'une jeune fille de la vallée, du nom de Marie de Vestfjorddal, allait chaque jour à la rencontre d'Ejstein, son fiancé. Un jour qu'Ejstein s'était aventuré par le périlleux sentier, au moment de rejoindre sa fiancée, il tomba et disparut à jamais dans les profondeurs du gouffre fumant... Marie devint folle; jusqu'à la fin de sa vie, elle revint chaque jour au chemin fatal, regardant fixement l'abîme et s'entretenant avec un être imaginaire qu'elle appelait du nom d'Ejstein. Aujourd'hui encore, son ombre pâle et triste erre souvent pendant la nuit sur le sentier qu'on appelle toujours le Mari-Stien.

Mes compagnons m'eurent bientôt rejoint. Je leur proposai de descendre au fond du gouffre par le Mari-Stien, le sentier de la légende [1]. L'un d'eux eut seul l'audace de me suivre. Le Mari-Stien côtoie un précipice de trois cents mètres de profondeur. Les parois de ce précipice sont d'affreux rochers à pic, que jamais le soleil ne réchauffe de sa chaleur vivifiante. Il semble que le vertige ait élu domicile en ces lieux maudits. Malheur à celui qui n'a pas le pied ferme et la tête sûre! le gouffre noir, effroyable, est là qui l'attend pour l'ensevelir comme le malheureux Ejstein. Au bout d'un quart d'heure, l'affreux sentier aboutit à une échelle sans rampe, récemment construite : cette

---

[1] Des voyageurs qui ont visité le Rjukandfoss l'année dernière nous ont rapporté que l'accès du Mari-Stien est interdit par l'autorité depuis un accident récent.

échelle compte plus de deux cents degrés. Nous voici au dernier échelon : nous ne sommes pas encore au fond de l'abîme. Ce gouffre perfide nous attire, nous fascine. Nous descendons encore, aussi profondément qu'il est possible de descendre; mais voici que la verticalité du roc nous empêche de franchir les dernières profondeurs de l'abîme. Il faut s'arrêter ici. Nul être vivant n'a été plus loin. Alors seulement nous regardons.

O l'horrible site! Des rochers de cinq cents mètres de hauteur nous étreignent comme les parois d'un immense tombeau. Comprenez-vous ce que c'est que d'être au fond de ce gouffre infernal, où tout respire le deuil et l'effroi? Partout le roc noir et nu, la stérilité glacée, la désolation pétrifiée! Et en face de nous, à quelques mètres de distance, cette épouvantable masse d'eau qui tombe, qui s'écroule dans un indescriptible fracas et semble vouloir nous engloutir. Nous ne pouvons détacher nos yeux de cette colonne écumeuse qui s'ondule ou se déchire, se brise en mille éclats ou semble se tordre de douleur comme un corps en convulsions. Et si nous regardons vers le ciel, l'orifice du gouffre est voilé par des nuages de poussière blanche enlevés au plus haut des airs par le souffle du vent. Jamais je n'éprouvai autant d'accablement. Nos yeux étaient aveuglés, nos oreilles assourdies ; tout était autour de nous éblouissement, convulsion, chaos. Nous restâmes là je ne sais combien de temps, près de ce tourbillon, sans voix, sans conscience.

L'obscurité nous surprit dans notre contemplation. Nous sortîmes au plus vite de cette ténébreuse solitude. Quand nous eûmes gravi le périlleux sentier de Mari-Stien, nous doublâmes le pas, de crainte de faire perdre patience à notre skydsgut, qui nous attendait depuis deux heures au

10

bas de la montagne. Il faisait tout à fait nuit quand nous arrivâmes à la ferme de Kroken, où nous retrouvâmes, à notre grande joie, le skydsgut et la carriole. Nous partîmes à grandes guides pour Dal, au risque d'être précipités à chaque tournant dans des gouffres béants, qui, à la pâle clarté de la lune, paraissaient comme autant de bouches de l'enfer. A neuf heures du soir nous étions de retour, sains et saufs, à l'hôtellerie de Dal, où nous attendaient un bon feu et un modeste souper aux crêpes, qui nous firent un sensible plaisir après cette journée d'émotions.

XIV

ASCENSION DU GAUSTA-FJELD

L'énorme montagne connue sous le nom de Gausta-Fjeld
se dresse en face du petit village de Dal comme une
pyramide grisâtre : sa cime pointue se découvre à quarante
lieues à la ronde. Par un temps clair, on peut l'apercevoir
du haut des collines qui environnent Christiania. Le sommet du Gausta s'élève à plus de deux mille mètres au-dessus
du niveau de la mer. Le Gausta est au Thélémark ce que
la Jungfrau est à l'Oberland bernois : c'est la plus haute
montagne de la Norwège méridionale.

Le 17 septembre, — c'était un dimanche, — nous étions
de bonne heure sur pied pour tenter l'ascension du colosse.
Nous quittâmes à huit heures du matin l'auberge de Dal,
accompagnés d'un guide qui portait les provisions. Nous
étions trois, y compris le guide. Un de mes compagnons,

qui frémissait à l'idée de cette périlleuse expédition, s'était décidé à passer la journée à l'auberge. C'est bien long une journée ; mais le livre des voyageurs pouvait servir à tuer le temps. Et puis il y avait une longue-vue, à l'aide de laquelle notre prudent compagnon pourrait, sans trop se fatiguer, suivre toutes les péripéties de notre ascension.

Un mot sur notre guide : son nom est *Niels Olsen*. C'est un jeune homme de vingt ans, de taille moyenne, robuste comme la plupart des hommes du Nord. Vrai type de montagnard. Il grimpe les rochers avec autant de grâce et d'agilité qu'un chamois des Alpes. Il a le regard intelligent, la physionomie avenante. Ses cheveux sont d'un blond pâle que je n'ai vu qu'en Norwège : de ce blond au blanc la distance est presque insensible. Niels ne parle que le norwégien ; mais il comprend à merveille le langage des gestes.

Nous partons pleins d'ardeur : l'espérance et l'illusion marchent avec nous. Un ciel serein brille au-dessus de nos têtes et nous promet un beau jour ; mais l'air est vif, et l'âpre vent du nord souffle comme la veille.

En face de Dal, nous traversons en nacelle la rapide rivière du Maan-Elv, dont les eaux bouillonnantes semblent encore tout émues de l'énorme saut qu'elles viennent de faire au Rjukandfoss. Il faut toute l'habileté de Niels, qui manie la rame comme les sauvages du Canada, pour ne pas être entraîné par le courant. Débarqué sur la rive opposée, Niels nous coupe une branche de sapin : ce sera notre bâton ferré, notre *alpenstock*. Puis nous commençons à gravir des pentes gazonnées, encore tout humides de la rosée du matin. Nous abordons ensuite une grande forêt de sapins, où nous remarquons çà et là des arbres renversés par le vent. De temps en temps s'ouvre une

échappée sur la vallée, où serpente le Maan-Elv autour
de bouquets d'arbres qui semblent flotter à sa surface.

Au bout d'une heure d'ascension, nous faisons notre
première halte au milieu d'une clairière. Le magnifique
bassin de Vestfjorddal se développe à nos pieds dans
toute sa grâce champêtre. A notre gauche se dessine la
masse grandiose du Gausta, qui domine, comme un géant,
toutes les montagnes environnantes. Après une accolade à
la bouteille d'aquavit, nous nous remettons en route.

Aux sapins ont succédé les rochers couverts de plaques
de gazon. Nous passons à gué des ruisseaux d'une eau
glaciale. A mesure que nous nous élevons, les arbres se
rabougrissent et la végétation maigrit à vue d'œil. Les
plantes les plus communes sont les anémones, les fougères
et quelques bouleaux nains : leurs feuilles d'un jaune doré
annoncent l'approche de l'automne. Plus haut, la vie ne
se révèle plus que par quelques plantes des régions polaires, telles que la renoncule glaciale.

Vers dix heures, nous nous arrêtons au milieu d'un
sæter qui semble une oasis dans le désert. Rien de calme
et de poétique comme un sæter : c'est là que les pâtres
mènent leurs troupeaux pour y passer l'été. A cause de
la saison avancée, nous trouvons vides les deux petites
cabanes formées de troncs d'arbres où s'abritent le berger
et les troupeaux. De ce point nous distinguons parfaitement la cime abrupte et stérile du Gausta, immense roc
grisâtre taché de filons de neige.

Nous quittons le sæter, et nous contournons pendant
une heure la base du Gausta, à travers un ravin comblé
par un torrent de pierres. Nous marchons péniblement
au milieu de ce chaos d'une affreuse stérilité. Tous ces
quartiers de roc ont roulé du sommet du Gausta, qui a

bien les caractères d'une montagne en décomposition. Un
vent sec et pénétrant souffle par rafales. Le froid devient
très vif : il gèle à la hauteur où nous nous trouvons. Les
ruisseaux sont couverts d'une couche de glace de deux
doigts d'épaisseur ; la gelée engourdit nos mains ; on se
croirait en plein mois de janvier.

A onze heures nous nous mettons à l'abri des rafales
derrière une grossière cabane abandonnée placée au pied
du cône du Gausta-Fjeld. Niels tire les provisions de son
bissac, et nous faisons notre premier repas dans la montagne. Du pain noir, du biscuit et du fromage, voilà tout
notre déjeuner ; mais l'appétit préside si bien à notre
frugal festin que nous y trouvons des délectations inconnues aux habitués du Palais-Royal ; et le pain noir épuisé,
nous revenons au pain noir, fort surpris sans doute de
l'honneur qu'on lui fait.

Niels abandonne ici les provisions, que nous retrouve-
rons au retour si maître Bruin daigne les laisser intactes.
Il nous reste à escalader la cime conique du Gausta. Dès
les premiers pas, je me suis souvenu du proverbe *in
cauda venenum*, qui ne trouva jamais de plus juste appli-
cation qu'en cette circonstance. Les tours d'acrobate ne
sont qu'un jeu en comparaison de cette escalade : il s'agit
de grimper à travers des myriades de pierres branlantes
qui se dérobent sous nos pas comme par plaisir ; ces
pierres sont recouvertes d'un maigre lichen glissant, d'une
teinte vert-jaune ; leurs cassures sont tranchantes comme
des lames de couteau : c'est un chaos de pointes, d'arêtes
vives, d'angles aigus et obtus ; tout cela tremble, vacille,
culbute sous nos pieds, et nous trébuchons presque à
chaque pas. Il fallait nous voir, tantôt marchant à quatre
pattes et grimpant comme les chats sauvages, tantôt fai-

sant des exercices d'équilibre sans l'aide du balancier traditionnel. Niels nous annonce que nous aurons à marcher pendant plus de deux heures sur ce joli pavé. A cette nouvelle, mon compagnon est sur le point de perdre courage et veut rebrousser chemin ; je parviens à ranimer son ardeur en lui montrant l'intrépide Niels qui court, saute et gambade sur ces roches éboulées comme sur une grande route. D'ailleurs, comme dit le proverbe, « le vin est tiré, il faut le boire. »

Évidemment la montagne a dû éprouver autrefois une terrible commotion. Jadis le Gausta n'était sans doute qu'un immense rocher, tout d'un bloc ; mais un jour, à une époque peut-être récente, ce rocher fut ébranlé par une violente secousse résultant de l'action puissante des feux souterrains ; la montagne trembla sur ses bases et s'écroula comme une cathédrale qui s'effondre, et aujourd'hui le Gausta n'est plus qu'un monceau de ruines. Nous avons pu constater que la cime elle-même, naguère probablement beaucoup plus haute, est couverte d'éboulis : ces pierres ne sont pas tombées du ciel apparemment.

Ces torrents de pierres qui, même dans leur immobilité, semblent encore glisser sur les flancs de la montagne, offrent l'image de la désolation la plus affreuse, de l'aridité la plus absolue : pas un pouce de verdure, pas un arbrisseau, pas un brin d'herbe ! C'est le chaos, la ruine, l'éternelle stérilité. Cette scène est sublime dans sa hideur.

A midi et demi nous faisons notre dernière halte. Le sommet nous domine encore d'une centaine de mètres : on dirait d'une gigantesque pyramide formée de myriades de pierres amoncelées. Déjà nous dominons tout un monde de montagnes, de vallées, de précipices. Le silence sublime qui règne à cette hauteur nous annonce les régions éthérées. L'air n'est sillonné d'aucune aile, traversé d'aucun bruit, agité d'aucune vibration ; et pour sentir l'existence, pour y croire encore, il faut mettre la main sur son cœur et en compter les battements.

Nous nous remettons en route au cri de : *Foran!* en avant ! La dernière étape est extrêmement périlleuse. Il faut franchir une arête d'un pied de largeur, bordée à droite et à gauche de précipices dont la profondeur est égale à la hauteur du cône du Gausta, — cinq à six cents mètres environ. — En cet endroit les quartiers de roc sont si mal fixés qu'il faut s'aider des pieds et des mains pour ne pas être précipité dans l'abîme. Nous mîmes environ dix minutes à traverser ce *mauvais pas*, en comparaison duquel le passage ainsi nommé en Suisse est un vrai *chemin des amoureux*.

Ce dernier obstacle franchi, on est près du sommet : encore quelques efforts, qui ne sont pas les moins rudes, et nous voilà au bout de nos fatigues. A une heure vingt minutes, nous humilions le front du Gausta sous la semelle de nos bottes.

Le sommet est un plateau étroit, de sept à huit mètres de circonférence, recouvert de pierres brisées, qui sont venues on ne sait d'où, si l'on ne remonte à une ancienne commotion terrestre. Le Gausta est tout isolé au milieu des montagnes du Thélémark ; sa cime, taillée à pic, n'est accessible que par le versant sud.

Nous nous enveloppâmes dans nos capes ; car à cette élévation le froid était insupportable. Puis nous nous assîmes sur des quartiers de roc, et nous nous mîmes à regarder tout autour de nous. La scène n'est point aussi riante que celle du Righi ; mais elle est infiniment plus grandiose. Voici en quelques traits le panorama tel que je l'ai esquissé au sommet. Au bas du versant nord apparaît, dans un incommensurable abaissement, la longue vallée de Vestfjorddal, que nous avons parcourue hier depuis le lac Tinn jusqu'au Rjukandfoss. Cette vallée, qui renferme tant de beautés, n'est plus qu'un cordon grisâtre où serpente un maigre filet d'argent, le Maan-Elv. Le petit hameau de Dal, où nous avons laissé notre compagnon, n'est qu'un groupe de maisons gros comme le poing. Au bout de la vallée, nous distinguons un coin du lac Tinn en partie caché par une montagne.

Au delà, toujours vers le nord, des myriades de sommets neigeux, la plupart encore vierges du pas de l'homme, surgissent entassés, innombrables comme les flots de l'Océan. Dans un éloignement infini, nous reconnaissons à sa forme caractéristique la cime du Melderskin, dans le Hardangerfjord. A l'est, notre guide nous indique la masse superbe du Lillefjed, dôme bombé qui trône à part au milieu d'un chaos de cimes. A l'ouest s'étend toute la chaîne des Alpes scandinaves, avec ses brillants glaciers qui nous renvoient à travers la distance leurs reflets chatoyants : le regard plane librement et sans obstacle sur cet immense rempart crénelé, depuis les sommets glacés du Folgefond et du Justedal, où l'indigène lui-même ne s'aventure pas sans horreur, jusqu'aux monts lointains du Romsdal, au pied desquels nous avons passé naguère. Au sud, l'œil erre sur des légions de montagnes moutonnées ; dans la distance, nous distinguons de ce côté une longue bande lumineuse qui ne peut être que le reflet de la mer du Skager-Rack.

Jetons un coup d'œil d'ensemble sur cette immense carte en relief qui se dessine à nos pieds et s'étend à qua-

rante lieues à la ronde. Aperçue de notre observatoire,
la Norwège méridionale nous apparaît comme une masse
continue de montagnes arides et nues, qui ne se dressent
point en pics élancés, en pointes aiguës, comme les
Pyrénées et les Alpes, mais se terminent, comme la plupart des montagnes de l'Ecosse, par des surfaces bom-
bées, arrondies, par de larges plateaux incultes qui portent le nom de *fjeld*. Le gneiss est la roche constituante
de ces montagnes, et c'est là ce qui les rend absolument
infertiles. Le Thélémark est une immense Suisse, impropre
à la culture : pas une seule plaine ne s'offre à nos regards.
Dans les creux des montagnes brillent des milliers de
petits lacs : on les prendrait pour des débris de gigantesques miroirs jetés aux quatre vents du ciel.

Au sommet du Gausta se trouve déposé dans une caisse
de fer, par les soins du gouvernement norwégien, un
superbe album en cuir rouge, destiné à recevoir les noms
des rares visiteurs. Cet album porte sur la couverture la
date du 1ᵉʳ août 1868. Une vingtaine de touristes de différentes nations ont atteint le sommet depuis cette époque.
Aux premières pages du registre, nous avons trouvé la
signature d'un Français, étudiant en droit à Paris. Le
guide nous présente l'album, la plume et l'encrier ; mais
l'encre est durcie par la gelée : nous employons plusieurs
allumettes à la rendre liquide ; puis, évoquant le souvenir
de notre patrie, nous inscrivons au précieux livre les
lignes suivantes que retrouveront dans les siècles futurs
ceux de nos compatriotes qui visiteront après nous ces
lieux presque inexplorés : « Aujourd'hui, 17 septembre,
nous avons atteint le point culminant du Gausta, par un
froid de 9° cent. sous zéro. Nous conseillons à messieurs
les touristes qui voudront entreprendre cette ascension de

se munir de fourrures et d'une paire de bottes à quadruple semelle. »

Et comme pour donner raison à notre avertissement si bien placé, une bise glaciale, venant du nord en droite ligne, se mit à souffler svec une telle violence que nous n'y pûmes plus tenir : nous dûmes quitter le sommet après n'y être restés qu'une demi-heure.

La descente à travers les éboulis de pierres fut plus pénible encore que ne l'avait été la montée : à chaque pas se produisait une sorte de contre-coup dans le bas de la jambe. Descendre, avec le précipice toujours en vue, est chose bien autrement périlleuse que de monter. Aussi n'avancions-nous que très lentement, car le moindre faux pas nous eût été fatal. Partis vers deux heures du sommet, nous n'arrivâmes qu'à quatre heures et demie à la cabane que nous avions convertie en restaurant. Les provisions y étaient encore intactes, et nous eûmes une seconde édition du repas du matin.

Comme le soleil avait disparu derrière les nuages, le froid devint plus intense que jamais : nous étions obligés de souffler constamment dans nos mains pour les réchauffer. Ce ne fut que lorsque nous eûmes contourné la base de la montagne que nous fûmes à l'abri des rafales. Dès lors la descente fut facile et agréable. Quand nous entrâmes dans les forêts de sapins, la température s'adoucit sensiblement. Peu à peu nous sentîmes la chaleur ranimer nos membres engourdis par le froid et la fatigue. A six heures du soir nous fîmes notre dernière halte sous les sapins et au bord d'un ruisseau. En face de nous, au fond de la vallée, le soleil se couchait derrière un nuage environné d'un limbe de pourpre ; la cime du Gausta que nous venions de dompter, était enveloppée d'un manteau de nuages qui la cachait à nos yeux ; nous ne devions plus la revoir! Quelle douce jouissance de se reposer ainsi le cigare à la bouche, après une longue et pénible course! Aucun bien-être au monde n'est comparable à celui-là. Nous offrîmes un cigare à Niels, qui l'accepta avec une explosion de *tack* (merci); mais notre indigène nous montra par ses allures que c'était la première fois que cet objet était serré par ses lèvres : sans en couper le bout, il parvint à l'allumer; il fallait voir les mouvements convulsifs auxquels il se livrait pour en entretenir le feu. Touchés de compassion, nous lui enseignâmes le vrai système.

A sept heures du soir, nous étions de retour à l'hôtellerie de Dal, où nous retrouvâmes notre compagnon qui connaissait déjà par cœur le livre des voyageurs. Notre ascension au Gausta avait duré onze heures, y compris le retour. Quoique brisés de fatigue, nous fîmes immédiatement atteler notre carriole, et à neuf heures et demie du soir nous rentrâmes à Mael, où nous attendait un bon souper commandé la veille. Après quelques heures d'un sommeil réparateur, je m'éveillai le lendemain matin frais et dispos comme si je n'avais jamais fait l'ascension du Gausta.

XV

HITTERDAL

Aspect de cette vallée. — Église d'Hitterdal. — Lysthuus. — Lac d'Hitterdal. — Un canal taillé dans le roc. — Skien. — Retour à Christiania.

Le 18 septembre, à dix heures du matin, nous nous rembarquâmes sur le *Rjukan*. Le perfide lac Tinn montrait encore un reste de courroux; mais comme nous n'avions plus à lutter contre un vent contraire, la traversée se fit rapidement. A midi, nous débarquons à Tinöset, où, pour la première fois depuis huit jours, nous trouvons un morceau de viande à mettre sous la dent, et quelle viande !

A deux heures nous repartons en carriole pour Hitterdal. La distance à parcourir est de trois milles norwégiens (trente-cinq kilomètres). On traverse une belle forêt de sapins, où un torrent serpente le long du chemin : nous sommes déjà si habitués aux forêts vierges qu'elles ne nous étonnent plus. En sortant de ces sombres retraites, nous débouchons dans la superbe vallée de Hitterdal, qui, par sa verdure et ses pentes semées de cultures, fait contraste avec la contrée sauvage que nous venons de quitter.

Vers six heures du soir, nous arrivons au relais nommé Saem. C'est là que nous visitons *Hitterdalkirke*, le plus ancien et le plus curieux monument de la Norwège. Cette église, tout en bois de sapin, remonte au xiiᵉ siècle : on y rencontre un mélange de romain et de byzantin. Son plan est celui de toutes les églises de cette époque, avec cette différence qu'une galerie couverte règne tout autour de l'édifice. Il serait difficile de décrire l'étrange architecture de ce temple, qu'à première vue on prendrait pour une pagode chinoise. Ces toits superposés en escalier et bordés de corniches sculptées, ces murs tapissés de pièces de bois angulaires qui s'enchevêtrent comme des écailles de poisson, ces trois tourelles coiffées d'un toit de forme conique, ces mille détails, en un mot, que la photographie rend mieux que toutes les descriptions, constituent un ensemble tout à la fois bizarre et pittoresque, barbare et gracieux, qui ne rappelle en rien le style des constructions européennes. N'étaient les trois croix qui terminent les tourelles, on croirait volontiers que cet édifice, unique en son genre, est affecté au culte de quelque divinité hindoue. Cette curieuse église, rare spécimen de l'antique architecture scandinave, est merveilleusement conservée, grâce aux soins du gouvernement norwégien : chaque année on l'enduit d'une couche de goudron, pour la garantir contre les intempéries des saisons.

Nous nous adressâmes au pasteur pour pénétrer dans le temple, qui a été récemment restauré d'une manière peu intelligente : l'intérieur, qui sent son luthérien, offre beaucoup moins d'intérêt que l'extérieur. Derrière l'autel, on conserve un siège d'une fort respectable antiquité, dont on se servait dans certaines circonstances solennelles, par exemple, lors des cérémonies de mariage. Nous vîmes d'anciens habits sacerdotaux et autres objets qui remontent à l'époque du catholicisme. Le pasteur nous montra aussi les anneaux de fer de saint Olaf, auxquels se rattache une légende que j'avoue humblement n'avoir pas comprise, n'étant pas encore suffisamment versé dans la langue norwégienne. Dans le cloître extérieur qui fait le tour de l'église, nous avons copié de curieuses inscriptions runiques grossièrement gravées dans le bois.

Nous passâmes la nuit au relais de *Lysthuus* (on prononce Lustous) dans un *gjestgivergaard* dont les gens sont aussi braves que primitifs. Nous dormîmes sur des sacs remplis de paille, entre quatre murs formés de gros troncs de sapins à peine écorcés. Le soleil vint de bonne heure nous inviter à quitter notre couchette, et, par une matinée charmante, nous fîmes une promenade aux environs. Nous grimpâmes sur une colline, du haut de laquelle on embrasse un tableau vraiment enchanteur : la riante vallée de Hitterdal étalait à nos pieds toutes ses grâces champêtres, avec sa vieille église du xiie siècle, dont la bizarre silhouette fait le plus heureux effet au milieu de cet ensemble harmonieux. Cette poétique vallée a été souvent reproduite par les paysagistes qui ont visité la Norwège. Un peintre de Londres, qui se trouvait à Lysthuus en même temps que nous, en a fait une esquisse charmante.

Nous fîmes à pied la route de Lysthuus au lac de Hitterdal, et nous nous embarquâmes à bord du *Dampskibet-Lundetangen*, qui fait trois fois par semaine le trajet de Hitterdal à Skien. Le lac de Hitterdal est, de tous ceux que nous avons vus en Norwège, le plus pittoresque et le plus varié. Ses rives sont semées de cultures et de villages. Les escales sont nombreuses, et à chacune d'elles le bateau se peuple de nouveaux venus. Costumes, types, mœurs, tout est pour nous sujet d'observations. Au milieu de cette foule bigarrée qui se presse sur les quais à l'arrivée du steamer, des enfants courent à demi nus, vêtus d'une simple chemise criblée de trous, par un froid tellement vif que nous grelottons sous nos couvertures de voyage.

Aux approches de Skien, nous entrons dans un canal qui met le lac de Hitterdal en communication avec la mer : nous mettons trois heures à passer une vingtaine d'écluses superposées en escalier, comme les écluses du fameux canal de Trolhaetta, en Suède. Ce travail est prodigieux : partout il a fallu tailler dans le roc vif et lutter contre d'immenses obstacles. Lorsque le Thélémark aura ses chemins de fer, le canal de Skien perdra toute son importance.

Après une nuit passée à Skien, ville assez considérable où aboutissent presque tous les bois de la Norwège, nous nous rembarquâmes, le 20 septembre, sur le *Christiania-fjord*. Nous naviguâmes pendant plus de douze heures le long des côtes orientales de la Norwège, et vers le soir nous retrouvâmes notre chère ville de Christiania, que nous avions quittée le 14. Notre excursion en Thélémark avait duré juste une semaine.

Le lendemain, nous dîmes adieu à ce beau pays de Norwège, si peu connu et pourtant si digne de l'être.

En le quittant, je me promis d'y revenir. De Christiania nous allâmes en deux jours à Stockholm. Le chemin de fer qui réunit la capitale suédoise à la capitale norwégienne venait à peine d'être inauguré. Il ne compte pas moins de soixante-dix-sept milles (environ neuf cents kilomètres).

EXCURSION

DANS LE SUD-OUEST DE LA NORWÈGE

1873

EXCURSION

DANS LE SUD-OUEST DE LA NORWÈGE

1873

(SUITE DE LA PREMIÈRE PARTIE [1])

———————

I

LE HARDANGERFJORD

Le steamer *Voss*. — Bergen vue à distance. — Aspect du Hardangerfjord. —
Rosendal. — Norheimsund. — L'ours brun. — Le costume national. — Histoire
d'un criminel.

Le 2 septembre 1873, à six heures du matin, je m'embarquai à Bergen, sur le petit bateau à vapeur *Voss*, qui,
deux fois par semaine, visite le Hardangerfjord et ses principales branches. Ce steamer en miniature, qui n'est pas
beaucoup plus grand que les bateaux-mouches de la Seine,
n'en est pas moins un excellent marcheur, et fait vaillam-

[1] J'ai fait cette excursion au retour de mon voyage en Laponie, en 1873. Comme
elle forme naturellement un appendice à la première partie de ce volume, je l'ai
placée à la suite de celle-ci, au lieu d'observer l'ordre chronologique.

ment ses trois lieues à l'heure. Nous nous faufilâmes à travers les nombreux vaisseaux ancrés dans le port : au milieu d'eux trônait comme un géant le superbe *Kong-Sverre*, un des steamers qui transportent les émigrants en Amérique. L'émigration, en Norwège, a pris depuis quelques années des proportions effrayantes pour un pays déjà si dépeuplé.

Au sortir de la rade de Bergen, je fus ravi de la beauté du panorama qui s'offrait à nos regards. La riante cité, bâtie en demi-cercle au bord du golfe, semblait nager sur l'eau comme Venise. Les montagnes fuyaient à l'horizon, fraîches et bleuâtres comme les vagues d'un océan immobile. Les vapeurs du matin les voilaient à demi comme une gaze légère et transparente. Çà et là, au fond d'une petite anse verte comme une émeraude, j'apercevais une jolie villa blottie au milieu des bouquets de chênes verts. La matinée était charmante.

Vers neuf heures, hélas! le ciel s'assombrit, la pluie vint brouiller tous les objets, et pendant trois heures nous pûmes à peine entrevoir les côtes. Lorsque le ciel se rasséréna, nous étions en plein Hardangerfjord.

Le Hardangerfjord mérite sa grande réputation. Nulle part en Norwège je n'ai vu des aspects aussi pittoresques et aussi variés. Le paysage est tour à tour riant et grandiose, séduisant et saisissant, attrayant et sévère. Tantôt le steamer vogue sur une vaste nappe d'eau encadrée de hautes montagnes boisées de sapins, couronnées de champs de neige et de glaciers ; tantôt les rives du fjord se rapprochent, on navigue dans une passe étroite, et l'on se croirait sur quelque rivière de l'Amérique du Nord. Au reste, la scène change à chaque instant : on passe sans cesse des régions stériles et rocheuses aux vallées riches et fertiles.

Ici, ce sont les âpres régions du Folgefond qui étalent leurs beautés sauvages ; là, c'est la gracieuse vallée du Rosendal qui vous montre son antique baronnie, un des rares manoirs qui subsistent encore en Norwège. C'est là que résidaient autrefois les barons de Rosendal. Le propriétaire

Un bras du Hardangerfjord. (Canton de Bergen.)

actuel du château est un descendant des anciens barons ; mais il ne lui est plus permis de porter son titre depuis la fameuse loi de 1814, qui a aboli à tout jamais la noblesse héréditaire en Norwège. Cette vallée de Rosendal est une des plus fertiles de la Norwège, grâce aux montagnes qui l'abritent de toutes parts.

Ce qui fait le principal charme du Hardanger, c'est sa

végétation luxuriante : presque partout la verdure des sapins, des bouleaux, des chênes verts, tempère agréablement ce qu'il y aurait de trop sévère dans la majesté des sites. Rien n'est si beau, par exemple, que le site de Norheimsund : si j'avais à choisir un paradis pour y couler des jours paisibles et sans nuages, c'est là que j'irais bâtir ma cabane, non loin de la petite église blanche qui s'élève sur la rive au milieu du plus splendide jardin naturel qui se puisse rêver, au fond d'une baie solitaire pleine de fraîcheur et de silence, et au centre d'un amphithéâtre de montagnes d'une beauté divine : sur leurs pentes s'épanouissent à l'envi toutes les grâces de la végétation du Nord. Il y a là, dans cette baie enchanteresse, une délicieuse petite île que je vois encore, une île bien fraîche et bien ombreuse, poétique comme une idylle, une perle de verdure, dont Jean-Jacques se fût certainement épris s'il avait eu le bonheur de la découvrir. Je ne vis dans ce charmant asile d'autres habitants que trois hérons, immobiles sur le rivage, et paraissant absorbés dans de profondes réflexions. Ailleurs, des bandes d'oiseaux blancs volaient par milliers, effleurant de l'aile la surface du lac, et épiant de l'œil la proie qui nageait sous l'eau. Lorsqu'un goéland s'emparait d'un poisson, je voyais souvent un cormoran fondre sur le ravisseur et le poursuivre jusqu'à ce qu'il eût lâché sa proie. Les cormorans ne vivent que de la pêche d'autrui : les Norwégiens les appellent *tyv fugl* (oiseau voleur).

Les environs du Hardanger abondent en rennes sauvages. Au fond des forêts se tient l'ours brun, auquel les habitants livrent une chasse acharnée. J'ai rencontré à Laerdalsoren un homme âgé d'une soixantaine d'années, qui passe pour le plus hardi chasseur du pays : on m'assura qu'il n'a pas tué moins de soixante-dix ours. Cet homme est doué d'une force herculéenne : il chasse toujours seul, armé d'un simple couteau; plus d'une fois son audace a failli lui coûter la vie, comme l'attestent les nombreuses cicatrices dont son corps est couvert.

Dans le Hardanger comme dans le Thélémark, on rencontre encore l'antique costume national. Les hommes portent une veste de vadmel bleu, des culottes courtes et une ceinture ornée de boutons d'argent. Les femmes portent une robe de drap bleu foncé bordée de rouge, et un corsage avec garniture d'argent ; leur ample coiffure en toile blanche, à larges ailes, leur donne un faux air de religieuses. Les femmes du Hardanger excellent à manier la rame. Aux escales, ce sont des jeunes filles qui viennent prendre les voyageurs dans leur barque. Les populations de ces contrées reculées sont honnêtes et primitives : les crimes y sont, pour ainsi dire, inconnus. Le seul dont les habitants se souviennent est celui que je vais rapporter.

Il y a quelques années, vivait, dans un gaard du Hardanger, un fermier qui chaque semaine prenait le bateau à vapeur pour aller à l'église le dimanche. Il était millionnaire, chose assez rare dans cette contrée; et quand un beau jour sa femme lui donna un fils, il y eut des réjouissances dans tout le voisinage. Au bout de quelque temps l'enfant mourut, et la mère devint malade. Son état s'aggrava au point qu'elle dut bientôt garder le lit. Son mari lui fit prendre du lait, et lui recommanda de se reposer pendant qu'il irait chercher le médecin. Dès qu'il fut sorti, la pauvre femme fit venir une de ses vieilles gouvernantes, et lui confia que son mari l'avait empoisonnée, et qu'elle allait bientôt mourir. Elle lui fit jurer de garder le secret. Quand le fermier revint avec le docteur, sa femme venait

de rendre le dernier soupir. Peu de temps après, il se re-
maria ; car il n'avait tué sa première femme que dans le but
d'en épouser une autre. Il eut deux garçons, et tout pros-
péra dans sa maison. Les deux vieilles gouvernantes avaient
été éloignées de la ferme ; celle qui était initiée au secret
n'en avait jamais parlé à personne, pas même à son mari.
Un jour que le fermier passait devant la cabane des deux
époux, il entra pour leur offrir des œufs et du lait. Le vieillard but un peu de lait, et promit de donner le reste à sa
femme dès qu'elle rentrerait. A son retour, celle-ci trouva
le vieillard presque mourant ; soupçonnant un crime, elle
l'amena dans la montagne auprès des vaches, et lui fit
boire du lait frais. Des nausées s'ensuivirent, qui lui sau-
vèrent la vie.

Quelques années après, le fermier assista par hasard
au mariage de la fille d'un voisin. Il vivait toujours dans
une parfaite prospérité, mais il avait résolu de partir à
deux jours de là pour l'Amérique. Après le dîner, un
paysan ivre lui administra un coup de poing, qui lui fut
brutalement rendu par le fermier. Le paysan, qui était
encore en état de parler, s'écria : « Juste ciel ! allez-vous
maintenant m'assassiner ? » Cette apostrophe fit perdre
contenance à celui à qui elle s'adressait. Il sortit de la
maison tout courroucé, en déclarant qu'il n'y était pas venu
pour recevoir des insultes, et protestant qu'il n'avait pas
assassiné sa femme.

Qui s'excuse s'accuse. On le mit en état d'arrestation,
on déterra les cadavres, et il fut prouvé qu'ils avaient été
empoisonnés par l'arsenic. L'accusé fut conduit à Christiania pour être jugé, mais son crime ne put être établi. Il
mena dès lors une vie retirée, dans une ferme solitaire,
auprès d'un ministre protestant. Un jour qu'il se trouvait

fort mal, il envoya chercher le ministre et lui dit qu'il
voulait, avant de mourir, confesser ses crimes. Il fit venir
des témoins, et déclara par écrit qu'il avait empoisonné
son enfant et sa femme, et tenté de faire mourir les deux
vieilles gouvernantes. Dès qu'il eut fait cet aveu, la santé
lui revint; il se rétablit. On l'amena à Christiania pour lui
faire son procès, et il fut condamné à la peine capitale. Le
roi se trouvait alors à Christiania : il voulut adoucir la
sentence par égard pour la femme et les enfants du condamné; mais ses ministres s'y refusèrent. Le roi accorda
une pension à la veuve, qui alla s'établir en Amérique avec
ses enfants.

Après avoir navigué toute une journée, je débarquai à
neuf heures du soir à Eide, où j'avais résolu de passer
la nuit. Eide est une petite localité pittoresquement située
à l'extrémité d'une des branches du Hardangerfjord, au
pied d'une montagne prodigieusement haute appelée
Skole : on ne lui donne pas moins de 3,000 pieds de hauteur. J'ai trouvé à Eide une fort bonne auberge, quoi
qu'en dise Murray, qui la qualifie de « poor inn ». J'y ai
parfaitement dormi dans une chambre bien propre qui ne
manquait pas de couleur locale : parquet, murs et plafond étaient faits de planches mal jointes et à peine ra-
botées.

II

ULVIK — SAEBÖ

Eide. — Gracieux paysage. — Graven. — Carlsen. — A travers le fjeld. — Un
fjeldvand. — Ulvik. — En nacelle. — Eidsfjord. — Le lac Eidsfjordevand. —
Un orage. — Saebö.

Le lendemain je fus sur pied de bonne heure. Je déjeunai d'excellent pain noir et de biscuits secs, je jetai un
rapide coup d'œil sur le paysage splendide du fjord, et vers
six heures et demie je partis seul à pied, le sac au dos. J'a-
vais laissé mon bagage et mon compagnon de voyage, l'un
à Bergen, l'autre à Throndjhem.

La route que je suivais est de toute beauté. L'âme
s'enivre de poésie au milieu de cette pure atmosphère des
montagnes. Le paysage est plus séduisant que sévère. Le
chemin court au milieu d'une végétation extraordinairement luxuriante. Des myriades d'arbres de vingt différentes essences croissent sur le penchant des monts : les
chênes verts, les bouleaux, les sorbiers, les sapins, les
mélèzes, les ormes, les saules font de cette vallée sans
pareille un délicieux jardin naturel, où tout semble réuni

pour le plaisir des yeux, comme aurait dit Fénelon. Je n'aurais jamais soupçonné dans le Nord une nature aussi exubérante.

J'arrivai bientôt au bord d'un lac d'eau douce, de deux à trois cents hectares d'étendue. J'ai vu tant de lacs en Suisse, en Ecosse, en Italie, que j'en suis presque blasé. Et cependant je dois dire que ce petit lac ignoré, dont je ne connais pas même le nom, dépasse tout ce que l'imagination peut se représenter de plus séduisant. Quel calme! quel silence! quelle charmante solitude! Sur la rive opposée j'aperçois une jolie petite maison blanche, à demi cachée dans les bouquets d'arbres, et j'envie le bonheur, l'indépendance et l'heureuse tranquillité des paysans qui vivent dans cette paisible retraite, loin du fracas des villes, loin des passions du monde. Si j'élève plus haut mes regards, quel contraste frappant! Les cimes de ces vertes montagnes se perdent dans les nues : là-haut la stérilité et la désolation, et au bas l'abondance et la fertilité.

Après une heure de marche j'arrivai au petit hameau de Graven, situé au fond d'un entonnoir de montagnes abruptes d'une indicible majesté. Il y a là une petite église blanche autour de laquelle sont groupés quelques gaards.

D'Eide à Graven, j'avais suivi une belle route plate. Mais de Graven à Ulvik, plus de route : il fallait passer les fjelds par des sentiers raides et escarpés. Il n'était encore que huit heures du matin, et déjà la chaleur était très forte. J'étais en nage sous le poids de mon havresac. Que serait-ce donc sur la montagne! Ces réflexions me décidèrent à me mettre à la recherche d'un guide. J'avisai deux paysans qui se disposaient à aller travailler aux champs, et leur fis part de mon intention d'aller à Ulvik. Le père fit signe à son fils d'endosser mon havresac, et nous partîmes.

Mon guide s'appelait *Carlsen.* C'était un jeune gaillard
plein de force et de santé. Bien qu'il n'eût pas encore de
barbe au menton, je lui eusse donné mon âge. J'eus l'indiscrétion de le questionner à cet égard, et il me fit tomber de mon haut en m'apprenant qu'il allait avoir seize
ans. On peut juger par ce fait de la vigueur des races du
Nord.

Nous gravîmes la montagne par un sentier raide qui
courait au milieu des sapins. De Graven à Ulvik on compte
un peu plus d'un mille, c'est-à-dire environ trois lieues.
Le pays qu'on traverse est un des plus beaux de la Norwège. Les points de vue sont admirables, les montagnes
sont ravissantes. Après avoir grimpé pendant une heure
et demie par un soleil ardent, nous atteignons le plateau
du fjeld. Du haut de cette ligne de faîte s'ouvrent par intervalles de superbes échappées tantôt sur la vallée de
Graven et son lac paisible, qui dort à une profondeur incommensurable, tantôt sur le Hardangerfjord et les glaciers
de Folgefond. Nous trouvons sur le plateau une de ces
belles forêts de sapins qu'on ne voit qu'en Norwège. Les
arbres atteignent vingt à trente mètres de hauteur : on se
croirait dans une forêt vierge du nouveau monde. Parfois
nous nous arrêtons pour faire halte ; alors rien ne trouble
le silence de ces régions élevées : nul autre bruit que celui
de nos artères dans nos tempes. Pendant un de ces repos,
un enfant de la montagne accourt à cheval, en chantant,
s'arrête pour échanger quelques mots avec Carlsen, puis
se remet à galoper et disparaît dans les profondeurs de la
forêt. Dans ces déserts le moindre incident est un événement. J'allume ma pipe, et j'offre un cigare à mon guide :
il le tourne, le retourne, ne sachant quel parti prendre ; je
lui explique qu'il doit en couper le bout, ce qu'il exécute

à l'aide du couteau qui pend à sa ceinture ; mais le brave garçon, qui n'y voit décidément goutte, finit par allumer le cigare par le petit bout, tire, tire... et le jette enfin. Je lui confectionne une cigarette, qui subit le même sort.

Nous rencontrons bientôt un de ces petits lacs de montagne que les Norwégiens appellent *fjeldvand*. On le prendrait pour un miroir céleste enchâssé dans un cadre de sapins : les nuages du ciel s'y réfléchissent avec une admirable netteté, et l'on pourrait compter dans l'eau les aiguilles des sapins qui se mirent sur ses bords. Un sæter est situé à l'extrémité du lac. Je ne connais rien de plus calme, de plus silencieux que ces *fjeldvands* placés au-dessus des orages ; jamais la tempête ne trouble l'immuable sérénité de leur face transparente : image fidèle de ces âmes recueillies qui vivent paisiblement loin des passions du monde.

Vers dix heures nous commençâmes à descendre le versant opposé. Nous nous reposâmes quelques instants au milieu d'une ravissante clairière d'où la vue erre sur de sublimes montagnes neigeuses à demi perdues dans les nuages qui flottent autour de leurs cimes. A quelques pas de nous des vaches paissent en agitant leurs clochettes, que j'aime tant à entendre dans les montagnes. Grâce à l'excellente qualité des pâturages, les vaches de cette contrée sont fort belles. Mon guide me signale parmi elles une bête magnifique qui a obtenu le *forste præmie* (premier prix).

Nous descendîmes rapidement la côte au bas de laquelle est situé Ulvik, dont nous aperçûmes bientôt la blanche église. Nous raccourcîmes le chemin par un sentier presque perpendiculaire, et vers onze heures nous arrivâmes à Ulvik.

Ulvik est un *paradis terrestre*. Ce petit village est situé
au fond d'une branche du Hardangerfjord, au pied d'un
amphithéâtre de montagnes magnifiquement arborées. Un
soleil splendide rehaussait encore la beauté du paysage. Il
y a là un petit hôtel où les voyageurs sont fort bien traités.
Dans cette contrée les auberges ne portent pas d'enseigne :
on les reconnaît à leur air propre et confortable. La
marche que je venais de faire m'avait donné faim, et je
fis préparer à dîner ; en outre, je commandai une barque
et deux rameurs pour aller à Eidsfjord. Je passai le temps
de l'attente à me chauffer au soleil et à contempler le
fjord. Ah ! que ces moments-là sont rares dans l'existence !
Où trouver, si ce n'est ici, le calme parfait, le repos absolu,
l'oubli du monde ? Cher Ulvik, tu gardes bonne place dans
mes souvenirs. Que je me suis trouvé bien chez toi, et avec
quel regret je t'ai quitté !

Vers une heure, je m'installai dans une petite barque à
deux rameurs. D'Ulvik à Eidsfjord, on compte deux milles
norwégiens. Le trajet se fait en quatre heures. Rien de plus
agréable que cette promenade en chaloupe par une belle
journée d'été. Pour les amateurs de pittoresque, n'est-il
pas bien plus agréable de voyager ainsi que de naviguer
sur ces machines assourdissantes qu'on appelle bateaux à
vapeur ? On ne va pas si vite, il est vrai ; mais quelle douce
jouissance de voguer sur les fjords à la manière des anciens
Scandinaves ! Mollement couché sur un sac de foin au fond
de la barque, je promenais un regard nonchalant sur les
beautés du paysage, en humant avec délices la fumée de ma
bonne pipe de Throndjhem. Parfois une troupe de goélands
venait à passer ; je les mettais en fuite par un coup de revolver, et un écho prolongé répondait au bruit de la décharge.
Mes rameurs se tenaient près de la côte, que je pouvais ainsi

observer à loisir. Quelques pauvres habitations occupent tous les endroits où la verticalité du roc ne fait pas obstacle à la culture ; çà et là j'apercevais sur les pentes des faucheurs en culottes courtes : ils coupaient l'herbe avec de petites serpettes.

Le fjord était calme comme une glace, et mes vigoureux rameurs fendaient l'eau rapidement : nous filions près de deux lieues à l'heure. Le bruit cadencé des rames troublait seul le silence profond qui régnait autour de nous. Vers deux heures, un léger vent s'éleva, de petites vagues ondulèrent la surface du fjord, et notre frêle embarcation se mit à danser comme un navire sur mer. La température s'abaissa subitement, et le ciel se couvrit de nuages qui assombrissaient cette nature tantôt si riante, si radieuse. A ces signes précurseurs, je compris qu'un orage était imminent. En ce moment nous doublions le cap *Oselfjed*, et nous pénétrions dans ce bras du Hardangerfjord, connu sous le nom d'Eidsfjord. Mes deux rameurs étaient infatigables : ils ne se reposèrent pas un instant pendant le trajet, et il est probable qu'ils s'en retournèrent à Ulvik comme ils étaient venus. Il faut être taillé comme ces hommes du Nord pour ramer ainsi pendant huit heures consécutives.

Nous débarquâmes à Eidsfjord vers cinq heures du soir. Cette localité, qui porte aussi dans le pays le nom de *Vik*, est agréablement située à l'extrémité de la branche la plus reculée du Hardangerfjord, au pied de montagnes prodigieusement hautes, et à l'entrée de la magnifique vallée où coule le *Voringselv* ou *Bjorei*. J'avais résolu d'aller ce jour même à Saebö, pour y passer la nuit et visiter le lendemain la célèbre chute de *Voringfoss*. De Vik à Saebö la distance est d'environ un demi-mille norwégien. Le trajet

12

se fait en partie par terre, en partie par eau. Après avoir
vidé avec mes rameurs quelques verres d'öl, je partis le
sac au dos. Je traversai un petit bois où gronde le torrent
impétueux du Voringselv, puis j'arrivai en présence d'un
lac intérieur connu sous le nom d'*Eidsfjordsvand*. Ici le
chemin finit tout à coup, car les rives du lac sont tellement
escarpées qu'il serait impossible d'y pratiquer une route.
Il n'y a d'autre moyen, pour aller à Saebö, que de traverser le lac. Je vis une barque amarrée au rivage ; mais
de rameur point : pas une maison, pas une hutte. Ainsi,
après avoir fait près d'une demi-lieue, il me fallut retourner
sur mes pas pour chercher un rameur. Heureusement j'eus
à peine rebroussé chemin que je vis arriver l'aubergiste
de Vik avec deux naturels du pays qui voulaient, comme
moi, passer le lac. Nous entrâmes tous dans la même
barque : elle semblait fort petite pour contenir quatre personnes. On s'y casa comme on put. Onques ne vis de plus
piètre embarcation : malgré de nombreux rapiéçages en
zinc, l'eau y pénétrait de tous les côtés à la fois, et l'un de
nous devait continuellement vider la barque au moyen
d'un sabot, sans quoi nous eussions sombré au bout de
cinq minutes.

L'Eidsfjordsvand est un beau lac solitaire, d'une lieue
de longueur, traversé par le Voringselv, encaissé entre
de colossales murailles à pic qui s'élèvent à plus de trois
mille pieds au-dessus du niveau de l'eau. Le long de
ces parois destituées des grâces de la végétation glissent
de nombreuses cascades, des filets d'écume blanche. Le
lac n'a point de rives : si notre barque chavirait, rien
ne nous servirait de nager, car il serait impossible d'atterrir sur ces rochers abrupts qui font un angle droit
avec la surface de l'eau. L'Eidsfjordsvand offre une res-

semblance frappante avec le lac Minn, dans le Thélémark.

A peine étions-nous embarqués sur le lac, que le ciel devint tout noir; l'orage prévu éclata au-dessus de nos têtes. Je n'oublierai jamais l'aspect grandiose de ce lac, éclairé par les lueurs rougeâtres et fugitives des éclairs. Pendant une demi-heure la grande voix du tonnerre roula d'écho en écho, avec un horrible fracas qu'exagéraient encore les gigantesques parois qui surplombaient au-dessus de nos têtes. A l'horizon, du côté de Vik, la pluie brouillait l'atmosphère, et les hautes montagnes du Hardanger semblaient enveloppées d'un voile de gaze transparente. A l'opposite, du côté de Saebö, les formes des monts se dessinaient plus nettement, et sous le ciel sombre avaient un aspect vraiment infernal. Les neiges brillaient de teintes livides, et les cimes disparaissaient dans les nuées chargées d'électricité. Pour trouver des images qui puissent dépeindre cette scène sublime, il faudrait être Byron ou Lamartine.

Vers sept heures du soir, nous débarquons à l'extrémité du lac. Là se présente un sol fangeux souvent inondé par suite des débordements du lac et de la rivière : sans les pierres qui y ont été semées de distance en distance, on s'y embourberait à chaque pas. Nous déployons sur ce joli chemin notre talent d'équilibristes, et au bout d'un quart d'heure nous arrivons à Saebö. Quelques misérables maisons de bois éparpillées sur les pentes du terrain, voilà le village. Une dizaine de familles y habitent. La famille des Saebö lui a donné son nom. Une maison fraîchement peinte se fait remarquer entre les autres : c'est celle des Saebö. C'est là qu'il me faut passer la nuit. La maison se compose de quatre pièces, deux au

rez-de-chaussée et autant à l'étage. L'étage est réservé
aux étrangers. J'ai découvert ici un système de lits assez
original : ce meuble se compose en réalité de deux lits
qui s'emboîtent l'un dans l'autre comme une table à
coulisses, en sorte qu'on peut l'élargir ou le rétrécir à
volonté, suivant qu'il s'agit d'y loger une ou deux personnes.

A peine ai-je pris possession de ma chambre, que le
ciel ouvre ses cataractes. Ce qui me désole, c'est que la
pluie tient bon, et que le temps semble décidément brouillé.
Je crains fort de n'être revenu jusqu'ici que pour devoir
renoncer au Vöringfoss. Pour souper, on me sert des
œufs avec des pommes de terre rouges, des moltebeer,
l'inévitable flatbröd, et je ne sais quel atroce poisson
fumé et salé. En fait de boisson, on ne trouve ici que
du lait caillé et de mauvais café. Je me couche assez
penaud, maudissant la pluie qui bouleverse mes beaux
projets.

III

LE VÖRINGFOSS

Le guide Johan Saebö. — Belle matinée. — Les pieds du géant. — Vallée de Maabödalen. — La marmite du géant. — Maabö. — La nouvelle route de Vöringfoss. — Aspect de la cascade. — Riche végétation. — Souvenir du roi Oscar. — L'auberge de Vik.

Après avoir rêvé pendant toute la nuit de la pluie et du *Voringfoss*, deux choses qui ne vont guère ensemble; je fus éveillé, le 4 septembre, par un joyeux rayon de soleil que m'envoyait cette bonne Providence, qui m'a tant de fois exaucé en voyage. J'ouvris ma fenêtre : l'air était vif, mais le ciel était bleu. Je déjeunai de café et de flatbröd, et à six heures du matin je me mis en route avec l'excellent Johan Saebö. C'est un homme de vingt-neuf ans, roux de la tête aux pieds, et déjà père de quatre enfants, dont l'aîné est âgé de neuf ans. Il baragouine quelques mots d'anglais, que lui ont appris les amateurs de *fishing* ou de *shooting* qui visitent chaque année ces parages.

La matinée était charmante. Les montagnes revêtaient

autour de nous des teintes fraîches et azurées. Les cimes les plus éloignées étaient confuses encore dans cette atmosphère vaporeuse du matin. A mesure que le soleil montait à l'horizon, l'ombre fuyait du fond des vallées, et les neiges des hauts sommets se baignaient dans une lumière rose glacée d'argent que nulle palette ne pourrait rendre.

Comme nous quittions Saebö, mon guide me fit remarquer, au sommet d'une montagne qui domine l'Eidsfjordsvand,. deux pitons de formes fort extraordinaires : ils ressemblent à des jambes gigantesques disposées de telle façon que la plante des pieds regarde le ciel ; on leur a donné le nom de *Tysefood* (pieds du géant). J'ai cru comprendre des explications de mon guide qu'un géant, s'il faut en croire la légende, fut enseveli après sa mort dans cette montagne, parce qu'on ne pouvait pas lui trouver de tombeau assez vaste ; sa tête repose sur la terre, et ses pieds, exposés aux intempéries de l'air, se sont changés en pierre.

Au delà de Saebö s'ouvrent deux vallées ; l'une, à droite, conduit vers des régions où nul ne s'aventure sans terreur : c'est la vallée à peine explorée de *Hjelmodalen ;* l'autre, à gauche, mène au Vöringfoss : c'est la vallée de Maabödalen. Nous pénétrons dans la dernière. L'aspect en est sauvage et sombre. A droite et à gauche, des murailles à pic de plus de mille mètres de hauteur surplombent au-dessus de nos têtes. Les arbres sont rares, et c'est à peine si l'on aperçoit une maigre verdure dans les anfractuosités où a pu s'accumuler un peu de terre végétale. Partout la pierre, la pierre nue et stérile. Le fond de la vallée est semé de quartiers de rochers qui se sont détachés des flancs de la montagne ; leurs dimensions

effrayent l'imagination : j'en ai vu qui n'étaient guère
moindres qu'une chaumière. Quelques-uns ont des cassures fraîches qui prouvent que leur chute a dû s'opérer
à une époque assez récente. Chaque année les avalanches
du printemps, succédant aux gelées d'hiver qui désagrè-
gent le roc, entraînent avec elles des morceaux de montagne et accumulent dans la vallée de nouveaux débris.
En maints endroits, ces énormes masses barrent le torrent; et les eaux furieuses se glissent entre elles avec un
grondement sourd qui rappelle le bruit du tonnerre.

Le chemin n'était qu'un sentier étroit suspendu à l'une
des parois de la vallée : quelquefois il n'avait pas douze
pouces de largeur. Nous longions d'effrayants précipices,
dans les sinuosités desquels nous entendions siffler le
vent. Je rencontrai parfois des curiosités naturelles assez
étranges : tantôt c'étaient des trous allongés creusés dans
la pierre, et ressemblant, à s'y méprendre, à des em-
preintes de pieds humains, comme si ce qui était autrefois
du limon s'était pétrifié sous l'action du temps ; tantôt
c'étaient des cavernes circulaires en forme de marmites,
creusées jadis par le travail des ondes : on les appelle
dans le pays *Jœtte Gryde*, ce qui, traduit du norsk en
français, veut dire tout simplement *marmite du géant.* Il
paraît que notre géant de tantôt a laissé des traces un peu
partout.

Au bout d'une heure de marche, nous nous reposâmes
dans un misérable gaard, la seule habitation qu'on rencontre dans cette affreuse vallée. Nous y trouvâmes les
gens en train de déjeuner : ils croquaient à belles dents
une sorte de flatbröd dur comme du bois, qu'ils trem-
paient dans du lait sur. Ces paysans du Nord ne sont pas
difficiles à l'endroit de la nourriture. La maison, construite

de troncs d'arbres, se compose de deux pièces séparées
par un vestibule : l'une sert à la fois de salle à manger
et de chambre à coucher, l'autre est la cuisine ; cette
dernière pièce n'a d'autre plancher que la terre du sol.
Au milieu un amas de pierres, sur lequel flambe un feu
de bois : la fumée s'échappe comme elle peut par un trou
pratiqué dans le toit. Au-dessus des deux pièces, une
espèce de grenier où l'on met les provisions. Ce misérable
gaard s'appelle *Maabö*, du nom de son propriétaire. Cette
localité est marquée en grandes lettres sur les cartes de
Norwège.

Au delà de Maabö, nous traversons le torrent sur un
pont de bois d'une construction vraiment hardie. En cet
endroit l'onde écume et gronde avec une impétuosité terrible, et l'on ne se risque qu'en tremblant sur ces frêles
planches de sapin à peine assujetties. Un peu plus loin,
la vallée aboutit à une énorme paroi perpendiculaire semblable au Marboré, qui ferme la vallée de Gavarnie dans
les Pyrénées. Autrefois les touristes qui voulaient aller
contempler la chute de Vöringfoss étaient obligés de gravir
cette muraille abrupte par un sentier en zigzags de deux
pieds de largeur : c'était une escalade pénible et dangereuse, qui ne durait pas moins de trois heures. Au sommet
de la paroi, on traversait un large plateau, au bout duquel
on trouvait le puits de mille pieds où se précipite la cataracte du Vöring. La chute ne pouvait alors être contemplée
que de haut en bas, et on ne la voyait qu'imparfaitement.
Mais aujourd'hui on ne suit plus cette route. Au lieu de
gravir la muraille, on s'engage dans une étroite gorge qui
aboutit en cet endroit à la vallée de Maabödalen, avec
laquelle elle fait un angle droit. Cette gorge avait toujours
été inaccessible, grâce à l'absence d'un sentier. En 1872,

un mauvais chemin y a été construit aux frais de la *Norske turist forening* (Société norwégienne des touristes)[1]. Ce chemin, sur tout son parcours, a dû être creusé dans le roc. Ici la vallée n'est plus qu'une étroite fissure formée par le torrent entre deux murs verticaux d'une élévation prodigieuse : on n'aperçoit le ciel que par une fente dont les bords surplombants sont taillés en scie. Le sentier est suspendu au-dessus du précipice à une hauteur épouvantable, et la grosse voix du torrent qui gronde au fond de l'abîme n'arrive plus à nous que comme un murmure étouffé. Des cataractes s'élancent en écume blanche du sommet des rochers, et, après d'effroyables bonds, disparaissent dans le gouffre que nous côtoyons. Nul paysage en Norwège ne s'annonce avec tant de grandeur et de majesté que le Vöringfoss.

---

[1] La *Norske turist forening*, société analogue au club alpin, fut fondée en 1872. Elle compte déjà plus de mille membres norwégiens et étrangers. La société invite toutes les personnes qui voyagent en Norwège à lui donner l'appui de leur adhésion. La cotisation est de 1 spd. (environ 5 fr. 70) par an pour les membres ordinaires, et de 10 spd. au moins une fois payés pour les membres perpétuels. Chaque membre reçoit tous les ans un exemplaire de l'intéressant Annuaire de la société, accompagné de cartes spéciales et d'itinéraires. Les demandes d'admission doivent être adressées à « Den Norske turist forening, Kristiania. » Voici, traduit des statuts, le but de la société : « Le but de la société est de faciliter les voyages en Norwège et d'en propager le goût par tous les moyens possibles, tels que : le percement de chemins pour rendre accessibles les beaux sites, les vues remarquables, les chutes d'eau, etc.; la construction, aux endroits déserts, de maisonnettes destinées à servir d'abri; l'établissement de ponts sur les cours d'eau; le placement de poteaux indicateurs; l'entretien des bateaux sur les grand lacs; la surveillance des auberges situées sur les routes peu fréquentées; le choix de guides sûrs, etc. etc. » — « L'affiliation à la société donne un privilège en cas de concurrence avec d'autres voyageurs pour la jouissance des maisonnettes et bateaux appartenant à la société, des auberges et guides qu'elle a pris sous son patronage, etc.» Voici les noms des membres dont se compose la commission actuelle :

> To. Joh. HEFTUE, konsul; F. NAESER, general major;
> H. KRAG, kontor chef; L. AUBERT, professor;
> P. BIRCH; REICHENWALD, Hoiesteret advokat (avocat
> près la cour suprême).

La Turist forening a eu la malencontreuse idée de re-
couvrir le chemin d'une couche de tourbe dans laquelle
on s'embourbe à plaisir : cette tourbe est si humide que
les souliers ne tardent pas à s'imprégner d'eau comme
si l'on marchait dans un marais. A mi-chemin de la gorge,
nous rencontrons un lac très profond formé par le Vö-
ringselv : l'eau en est glaciale. Mon guide me raconte
qu'au mois de juillet dernier un étudiant de Christiania
avait fait le pari de traverser ce lac à la nage : il exécuta
son pari ; mais il fut pris d'un refroidissement dont il
mourut quelques jours après. Il n'y a que les Anglais
et les Norwégiens qui se payent de pareils plaisirs. En
face du lac, on lit sur la paroi de la gorge l'inscription :
T. F., 1872, destinée à rappeler la visite de la Turist
forening.

Le sentier devient de plus en plus raide : c'est une
véritable escalade. La température fraîchit à mesure que
nous nous élevons. Bientôt nous commençons à distinguer
un épais nuage qui flotte au-dessus des rochers à l'extrémité de la vallée : c'est la fumée du Vöringfoss. Déjà
nous percevons un bruit sourd et continu, semblable au
bruit des vagues de l'Océan lorsqu'elles se brisent sur la
grève. Au bout d'un quart d'heure, nous traversons un
dernier pont qui nous mène en face de la chute.

Pour se faire une idée du spectacle que nous avions
sous les yeux, qu'on se représente la Marne tombant d'une
hauteur trois fois plus considérable que celle du dôme
des Invalides. Cette énorme masse d'eau s'engloutit tout
entière dans un gouffre à peu près circulaire, dont les
parois taillées à pic simulent un immense puits. La rivière
tombe perpendiculairement sans toucher le roc. Rien ne
la retarde, rien ne l'arrête. Elle se précipite d'un seul jet,

d'un seul élan, et parcourt dans le vide un trajet de près
de neuf cents pieds. Nous sommes au fond du puits, au
pied de la chute : autour de nous tout siffle, mugit, bouil-
lonne et fume comme dans une chaudière infernale. A

Chute du Vöringfoss. (Canton de Bergen.)

dix pas de nous, le Vöringfoss se brise sur le roc et
remonte en tourbillons de vapeurs le long des parois du
puits. Au-dessus de la colonne écumante, un morceau de
ciel bleu se laisse apercevoir par un étroit orifice. Le
soleil irise les vapeurs qui s'élèvent vers la gueule du
gouffre, et l'humide écharpe reluit au-dessus de nos têtes
comme un pont de lumière, le pont de la mythologie

scandinave. Le mélodieux langage de la poésie pourrait
seul rendre un pareil tableau.

Je demeurai là bien longtemps, sans mouvement, sans
parole ! Je ne sentais ni la pluie de la cataracte qui ruis-
selait sur mes épaules, ni la fraîcheur glaciale qui régnait
au fond de cette sombre prison. Je n'entendais que le grondement formidable du Vöringfoss, je ne voyais que cette
épouvantable colonne d'eau, plus blanche que la neige,
s'effondrant dans le précipice comme une perpétuelle avalanche. J'étais là comme cloué sur le sol, étourdi par le
bruit, aveuglé par l'écume, fasciné par l'étrange aspect
du tableau. Antérieurement, je n'avais éprouvé qu'une
seule fois une émotion semblable ; c'est lorsque je me
trouvai en face de la chute de Rjukandfoss. Je ne saurais
dire si Rjukandfoss me subjugua plus vivement que Vöringfoss : ces deux merveilles de la nature du Nord se
disputent la palme. Rjukandfoss l'emporte peut-être par la
grandeur et la sauvagerie du site ; mais Vöringfoss l'emporte par la masse d'eau et la puissance de la chute.

Lorsque je me retirai de mon observatoire, j'étais
mouillé de la tête aux pieds par l'humide fumée de la
cataracte. La végétation est exubérante aux environs du
Vöringfoss, grâce à la poussière d'eau qui y entretient
une éternelle fraîcheur. Je cueillis sur les bords du Vöring quelques plantes remarquables par leurs parfums
agréables, entre autres le *qvane*, le *bjeort* et le *smorre-
book*.

Avant de reprendre le chemin du retour, nous procé-
dâmes à réparer nos forces en mangeant des *pannekaken*
apportées par mon guide et en buvant un peu d'eau
puisée dans les flots bouillonnants du Vöring : l'eau était
délicieuse, froide comme la neige. Sur ce même banc de

sapin où nous prenions notre frugal déjeuner, le roi de
Suède s'était reposé quelques mois auparavant. Oscar II
visita le Vöringfoss le 18 juillet 1872, peu de temps avant
de monter sur le trône. Johan Saebö me rappelle cette
visite avec un légitime orgueil : il me raconte qu'il n'y
avait pas moins de douze chevaux pour le prince et sa
suite.

Nous revînmes par où nous étions venus, et vers midi
nous fûmes de retour à Saebö. Désireux de fuir une localité où l'on ne trouve que du flatbröd et du poisson fumé,
je m'embarquai avec Johan Saebö sur le lac de Eidsfjordsvand, dans la nacelle qui m'avait amené la veille. Après
une agréable traversée, je débarquai à l'autre extrémité
du lac, serrai la main du brave Johan, et regagnai Vik
le sac au dos. Comme j'avais jeûné pendant vingt-quatre
heures, je ne fus pas fâché de trouver là un de ces dîners
substantiels qui réconfortent si bien après une longue et
pénible course. Je me fais ici un devoir de venger Vik
de la mauvaise réputation que lui a donnée Murray : c'est
une *very good and very cheap accommodation*. On est
toujours sûr d'y trouver d'excellentes truites du Hardanger, de la viande de renne, du vin de Bordeaux et même
du pain blanc. Le propriétaire, M. Lars Öse, est un
homme fort obligeant, qui met son piano à la disposition des voyageurs. Je conseille aux touristes qui voudraient entreprendre l'excursion du Vöringsfoss de loger
à Vik plutôt qu'à Saebö, à moins qu'ils n'aiment mieux,
par un sentiment fort louable, sacrifier le confort au pittoresque.

Je passai le reste de ma journée à flâner agréablement
dans les environs de Vik, à contempler le fjord, à écrire
mes notes. Vik est une délicieuse retraite pour ceux qui

aiment le repos et la tranquillité absolue. On y respire un air pur, et l'esprit s'y complaît dans des pensées calmes et douces. Ce séjour serait bien propre à ramener la quiétude et la sérénité dans une âme qu'auraient troublée les orages du monde.

IV

LE SÖRFJORD — VOSSEVANGEN

Aspect du Sörfjord. — Une légende. — Ullendsvand. — Odde. — Les carrioles du pays. — Riante vallée. — Chute de Skjerdefoss. — Nouveaux aspects. — Vossevangen. — Vinje. — Stalheim. — Vallée de Naerödalen. — Gudvangen. — La plus haute chute du monde.

Le 5 septembre, à huit heures et demie du matin, le steamer *Voss* m'emporta loin de Vik. Ce jour-là, je visitai le Sörfjord, un des principaux bras du Hardangerfjord. Nous touchons d'abord à Utne, qui rappelle Bellagio sur le lac de Côme, par sa situation à l'extrémité d'un promontoire. Ce promontoire termine la chaîne montagneuse du Folgefond, qui dresse ses hautes cimes neigeuses entre le fjord principal et la branche du Sörfjord. Cette branche n'a pas moins de dix lieues de longueur, et se dirige en ligne droite du nord au sud. C'est incontestablement la région la plus pittoresque et la plus grandiose du Hardanger. La végétation est ici d'une incomparable magnificence. Mais ce qui rehausse encore la beauté du paysage, ce sont les splendides perspectives des montagnes qui ondulent sur les deux rives, fuyant les unes derrière les autres comme les montagnes du Rhin. Le Sörfjord est d'ailleurs si étroit qu'il ressemble à un fleuve plutôt qu'à un bras de mer. D'innombrables cascades courent sur les pentes, traçant comme un sillon de neige au milieu des sapins, et vont mourir dans la mer à deux mille pieds au-dessous des glaciers du Folgefond, qui leur ont donné naissance. Ces glaciers forment le plus magnifique panorama qu'il soit possible d'imaginer. Qu'on se représente un champ de neige et de glace, long de vingt lieues, large de cinq, couvrant les cimes du Folgefond comme un immense suaire blanc. Chaque crevasse, chaque vallée qui descend des sommets vers le Sörfjord est comblée par un glacier. Ces glaciers bleuâtres chatoient, resplendissent au soleil comme d'énormes turquoises, et se détachent sur le vert sombre des sapins ; l'eau paisible du fjord, dans sa transparence glauque, les réfléchit avec une admirable sérénité. Tout cela forme un ensemble saisissant qui échappe à la description.

D'après une légende qu'enfanta l'imagination populaire, les glaciers du Folgefond n'auraient pas toujours existé. Il y avait autrefois ici une vallée fertile appelée *Folgedal :* cette vallée était si grande qu'elle ne renfermait pas moins de sept paroisses. Mais les hommes qui l'habitaient étaient méchants et pervers. Dieu, pour les punir de leurs crimes, leur envoya une terrible tempête de neige qui les engloutit. La neige tomba sans discontinuer pendant dix semaines et remplit toute la vallée, en sorte que pas un seul habitant ne survécut.

Un des plus beaux sites du Sörfjord, c'est *Ullendsvand.* Là s'ouvre une sorte de cirque naturel, au fond duquel deux jolies cascades serpentent comme des écharpes de mousseline sur un tapis de verdure : ce gracieux tableau m'a rappelé la vallée du Lys près de Luchon. En face d'Ullendsvand, sur la rive opposée, on a découvert une importante mine de cuivre, dont l'entrée se trouve à mi-côte de la montagne.

Odde occupe l'extrémité du Sörfjord. C'est une jolie petite localité, qui, par sa situation, rappelle Vik et Ulvik. C'est de là qu'on entreprend d'ordinaire l'excursion aux glaciers de Folgefond et à la chute de *Skaeggedalsfoss*. Cette excursion, qui doit être fort intéressante, m'eût occasionné un retard de quatre jours, et comme mon temps était compté, je dus y renoncer.

A peine eûmes-nous quitté Odde que nous fûmes assaillis par la pluie. J'avais traversé le matin le Sörfjord par un soleil splendide, et j'éprouvai un nouveau charme à le contempler sous un ciel sombre. Les nuages, se traînant à mi-côte des montagnes, rehaussaient la sauvagerie du paysage.

J'arrivai à sept heures du soir à Eide, localité qui m'était déjà connue.

Du Hardangerfjord je voulus aller au Sögnefjord par la voie de terre. La distance d'un fjord à l'autre est d'environ vingt lieues qu'on parcourt en douze heures.

Le 6 septembre, à sept heures du matin, par un ciel couvert, je partis d'Eide en carriole. J'avais pour conducteur le même Carlsen qui m'avait guidé de Graven à Ulvik. Les carrioles en usage dans cette contrée sont des plus primitives : qu'on s'imagine une caisse grossière soutenue sur deux roues sans ressorts; du brancard partent deux pièces de bois sur lesquelles est suspendu le siège. Lorsqu'on arrive à une côte et qu'il s'agit de mettre pied à terre, il faut sauter par-dessus ces pièces de bois, ce qui

13

n'est pas très facile. N'étant guère versé dans ce genre
d'exercice, la première fois je sautai si malheureusement que je fus précipité sur le sol, et que la carriole me
passa sur le corps : par bonheur, ces carrioles sont légères,
et j'en fus quitte pour une torsion du bras droit et quelques contusions.

D'Eide à Graven, la route m'était déjà connue. Quand
nous eûmes dépassé le charmant petit lac dont j'ai parlé,
nous pénétrâmes dans une étroite vallée d'un aspect des
plus riants. L'œil n'aperçoit que des pentes de verdure,
une infinité d'arbres de toute espèce, de grasses prairies
où paissent les troupeaux, des champs cultivés et de rustiques maisonnettes construites de troncs de sapins. On se
croirait dans une de ces vallées de l'âge d'or dont les
poètes anciens nous ont laissé de si charmants tableaux.
Les paysans, en culotte courte, font la moisson. Ils fau-
chent l'herbe, la réunissent en tas, puis l'étendent sur des
espèces de treillis en bois pour la sécher. Nous saluons en
passant la gracieuse cascade de *Livenfoss*. Bientôt la vallée
se ferme, et nous voici en face de la chute de *Skjerdefoss*,
qui s'élance d'une vallée supérieure dans celle que nous
venons de traverser. Quand on vient du Vöringfoss, on a
le droit de se montrer difficile en fait de cascades ; et
cependant je fus saisi d'admiration à la vue de cette belle
nappe d'argent qui tombe le long d'une paroi perpendiculaire, puis s'élance sous un pont d'une seule arche,
forme un nouveau ressaut, et va mourir au fond de la
vallée, à deux cents mètres au-dessous de son point de
départ. Le paysage environnant complète admirablement
la mise en scène. La route s'élève hardiment par de nombreux festons sur le flanc de la montagne, franchit la cascade à l'endroit où elle achève son premier bond, et aboutit

à trois cents mètres plus haut dans la vallée supérieure. De là le regard domine à vol d'oiseau toute la vallée que nous venons de parcourir : c'est une des plus admirables perspectives que j'aie jamais contemplées. Hélas ! que la plume est pauvre pour rendre de pareils tableaux !

La vallée dans laquelle nous pénétrons ensuite nous offre un changement à vue : le paysage prend un tout autre caractère ; c'est l'aspect des régions élevées, c'est le silence et le calme absolu des hauteurs. Chose étrange, la température y est beaucoup plus douce. En fait de végétation, on n'y trouve plus que des sapins. Pendant quelque temps, nous sommes assaillis par la pluie ; mais bientôt le ciel se rassérène.

Au bout d'une heure à partir de Skjerdefoss, nous atteignons le point culminant de la route qui mène du Hardangerfjord au Sögnefjord : nous sommes ici à huit cent trente-quatre pieds norwégiens au-dessus du niveau des deux fjords. Au delà de cette ligne de faîte s'ouvrent de nouveaux aspects : l'horizon est borné par d'énormes fjelds grisâtres chargés de neiges. Les perspectives sont splendides ; l'œil plane sur d'immenses étendues de pays. Après avoir passé au grand trot une superbe forêt de sapins, nous franchissons la pittoresque rivière du Vosselv sur un pont de bois de cent pas de longueur, et à onze heures et demie nous arrivons à Vossevangen.

Vossevangen est un grand village situé au milieu d'une merveilleuse vallée pleine de verdure, et au bord d'un lac sans pareil, le *Vangsvand :* ce lac a un aspect tout à fait romantique. Presque tous les touristes s'arrêtent à Vossevangen, qui passe à bon droit pour un des plus charmants séjours de la Norwège : les promenades dans les environs doivent être délicieuses. A mon grand regret, je ne pus

m'y arrêter que pour dîner. Je tenais à atteindre Gudvangen le même jour, pour ne pas manquer le steamer
Framnaes.

Jusqu'à Vossevangen, nous avions suivi une route commode et sûre, récemment construite en 1868 ; mais au
delà de Vossevangen le chemin devient abominable, et
reste tel jusqu'à Stalheim : les montées et les descentes
sont invraisemblables, et l'on éprouve des cahots insuppor-
tables. En quittant Vossevangen, on gravit une côte extrêmement raide, d'où l'on jouit d'un magnifique coup d'œil
sur la riante vallée du *Vangsvand*. Ensuite on côtoie un
lac. Rien de paisible et de calme comme ces lacs intérieurs
qu'on rencontre si fréquemment en Norwège : d'Eide à
Gudvangen, sur un parcours de sept milles, j'en ai compté
trois.

De Vossevangen à Stalheim, le pays ne varie guère d'aspect : l'horizon est toujours borné par les grands fjelds
neigeux. Vers trois heures, nous sommes à *Vinje*, où il
faut changer de cheval. Or des Anglais, qui m'ont dépassé
en route, ont enlevé toutes les bêtes, et il faut aller en
chercher une aux pâturages, ce qui me fait perdre à peu
près une heure. Vinje est une pauvre station située au
milieu d'un site d'une indescriptible sauvagerie : on se
croirait en pleine Laponie.

Au delà de Vinje on côtoie un beau lac de deux lieues de
longueur, dont les rives portent quelques maigres cultures.

A Stalheim je change encore de cheval. Tout à coup me
voilà en face de la vallée de Naerödalen, qui s'ouvre devant
nous à l'improviste. Nous sommes à quelques mille pieds
au-dessus de la vallée : elle se déploie tout entière à nos
pieds, comme un précipice de trois lieues de longueur. Il
est six heures du soir ; déjà le côté gauche de la vallée ne

reflète plus les rayons du soleil; les montagnes glacées qui
se dressent à droite en sont seules éclairées. L'imagination
ne saurait rien inventer de plus grandiose, de plus étonnant que ce gigantesque entassement de montagnes, de
pics neigeux, de cimes étincelantes. Je suis resté là quelque temps interdit, muet d'admiration. Cette vallée de Naerödalen, contemplée à vol d'oiseau du haut du plateau de
Stalheim, quelque temps avant le coucher du soleil, est le
spectacle le plus extraordinaire, le plus féerique qu'il m'ait
été donné d'admirer dans le cours de mes voyages.

La route descend du haut du plateau jusqu'au fond de
la vallée en décrivant d'innombrables lacets. Cette descente
de Stalheim est célèbre : c'est une des routes les plus hardies
qui aient jamais été construites. Elle a été commencée en
1845 et terminée en 1849, sous la direction de M. Hille,
capitaine de l'armée norwégienne. La route serpente le
long d'une paroi presque perpendiculaire, entre deux
superbes cascades qui, à chaque coude du chemin, char-
ment alternativement la vue. Arrivés au bas de la descente,
nous pénétrons dans la sombre et grandiose gorge de
Naerödalen. De colossales murailles à pic se dressent de
chaque côté de la route, et vont se perdre dans les régions
du vertige, à plus de mille mètres de hauteur : leurs corniches, qui surplombent d'une manière effrayante, semblent vouloir se rejoindre au-dessus de nos têtes, et c'est
à peine si l'air et la lumière peuvent pénétrer dans le
défilé. En maints endroits des quartiers de montagnes se
sont écroulés, et la route se fraye passage au milieu d'é-
normes éboulis. Une large rivière roule à notre gauche ses
eaux claires comme le cristal. Ah ! la Norwège est un beau
pays. Plus j'apprends à la connaître, plus j'en suis émerveillé.

A sept heures du soir, j'arrivai au terme du voyage, moulu, brisé comme on peut l'être après douze heures de carriole sans ressort. Je trouvai bon gîte et bon souper dans la petite auberge de Gudvangen. Gudvangen est un petit groupe de cinq ou six maisons, situé au fond d'un bras du Sögnefjord, à l'embouchure d'une rivière, au milieu d'un site grandiose qui défie la plume et le pinceau. En face de l'auberge, tombe le long d'une paroi à pic une cascade de deux mille pieds, appelée *Keelfoss*. Cette chute ignorée est la plus haute du monde : elle dépasse même la célèbre chute de Gavarnie, qui n'a que douze cent soixante-six pieds de haut. Le Keelfoss n'est malheureusement qu'un filet d'eau : de même que le Staubbach, en Suisse, il flotte au gré du vent et se réduit en poussière avant d'arriver à terre.

V

LE SÖGNEFJORD

Promenade matinale. — Le *Framnaes*. — Le Naeröfjord. — Le Aardalfsjord. — Amble. — Laerdalsören. — Clair de lune. — L'Outer - Sögnefjord. — Saga de Frithiof. — Incident sans accident.

Le 7 septembre, un dimanche, je fis dans la matinée une petite excursion le long du Naeröfjord, — un bras du Sögne, — par un mauvais chemin pierreux qui constitue la seule et unique promenade de Gudvangen. Une averse me surprit en route, et je me réfugiai sous un rocher qui surplombe le chemin. De là j'observai de beaux effets de lumière : tantôt les montagnes les plus proches étaient enveloppées de nuages obscurs, tandis que les cimes lointaines resplendissaient sous le ciel bleu; tantôt les brouillards envahissaient celles-ci à leur tour, tandis qu'autour de moi tous les objets se baignaient dans une pure atmosphère. De larges gouttes de pluie crépitaient comme du petit plomb sur la nappe calme du fjord, et le radieux arc-en-ciel brillait dans la nue.

Je m'embarquai vers midi sur le *Framnaes*, steamer

bien supérieur aux affreuses coquilles du Hardanger. Ce steamer devait me ramener à Bergen le lendemain soir : j'y passai deux jours et une nuit à voguer sur les eaux du Sögnefjord, le plus pittoresque, le plus merveilleux, le plus grandiose de tous les fjords de la Norwège. Ce magnifique bras de mer pénètre à plus de deux cents kilomètres dans l'intérieur des terres, et se divise vers son extrémité en plusieurs branches qui ont chacune un nom spécial ; ce sont : le *Lysterfjord*, le *Aardalsfjord*, le *Aurlandsfjord* et le *Naeröfjord*. De tous ces fjords le plus remarquable, le plus surprenant par sa sauvage grandeur, est le *Naeröfjord*, au bout duquel est situé Gudvangen. Là on navigue entre des monts géants, entre des murailles de cinq mille pieds. Du haut de ces parois s'élancent des torrents qui voltigent et se balancent dans l'air comme des flocons de neige, comme des panaches de plumes fines. Là le fjord est tellement resserré, et les énormes masses granitiques qui le surplombent sont si hautes, que le soleil n'y pénètre qu'à son zénith : en maints endroits, deux vaisseaux de guerre ne pourraient passer de front. Les grandes ombres des montagnes s'étendent sur cette nappe calme que n'a jamais troublée la tempête ; mais là-bas, le soleil de midi fait resplendir le liquide cristal, et y projette une longue traînée lumineuse, une brillante ligne aux éclats d'émeraude. Les neiges et les glaciers des hautes cimes se mirent dans l'eau avec une admirable netteté : parfois il est impossible de distinguer où finit le rivage, où commence le fjord. Par une étrange illusion d'optique, due à certaines causes atmosphériques, les nacelles qui sillonnent l'onde immobile semblent voguer dans l'air. Un silence profond règne sur les bords de cet étrange fjord : pas un son, pas un bruit d'aile ; les cascades mêmes glissent sans bruit le long des parois auxquelles elles sont suspendues... Mais pourquoi m'arrêter à vouloir décrire ce qui échappe à toute description ! En face du Sögnefjord, on déplore la pauvreté des langues humaines. Quand on est impuissant à manier la plume d'or du poète, il vaut mieux envoyer là le lecteur et renoncer à reproduire des scènes inimitables.

Au sortir du Naeröfjord, nous pénétrâmes dans cette branche du Sögne connue sous le nom de *Aardalsfjord*. Là le paysage change d'aspect ; le golfe s'élargit, les montagnes s'abaissent, la végétation renaît sur leurs pentes. Voici le village d'Amble, situé au fond d'une baie charmante, où les sapins croissent à l'envi : ce site me rappelait les riants paysages du Hardanger. A sept heures du soir, nous touchions à Laerdalsören. C'est ici que vient expirer le Sögnefjord, à cinquante lieues de l'Océan. Ce noble bras de mer dégénère en un marais fangeux, à peine assez profond pour permettre aux nacelles d'aller jusqu'à Laerdalsören. Les steamers sont obligés de stationner à cinq cents mètres du village. Laerdalsören est une localité importante, située sur la route de Bergen à Christiania : c'est d'ici que partent les carrioles pour la capitale.

Après une courte escale, le *Framnaes* vira de bord. La soirée était belle, et je restai sur le tillac en dépit de la fraîcheur de la température. Vers huit heures et demie, la lune apparut soudain derrière les montagnes, environnée d'une auréole de nuages : elle se promenait, comme une déesse du Nord, sur les hautes cimes, et se jouait dans leur chevelure de sapins. La nappe morne du fjord brillait comme une dalle d'argent poli. Les montagnes avaient des reflets d'opale. Les glaciers de Justedal étincelaient comme des cuirasses d'acier. Les cascades étaient lumineuses et phosphorescentes. Dans les régions inférieures, de blanches vapeurs glissaient comme des fantômes le long des rochers noirs.

Après une nuit passée sur une couche dure et étroite, je m'éveillai le lendemain à Sögnedal, dans l'*Outer-Sögnefjord*. Ces parages sont célèbres dans l'histoire de la Norwège : c'est là que se passèrent les faits chantés dans la Saga de Frithiof. Voici *Vangsnaes*, qu'on suppose être le *Framnaes* de la Saga, le lieu natal et la résidence de Frithiof. Voilà *Balestrand*, le lieu où s'élevait autrefois le temple de *Baldur*, érigé par Frithiof. A *Lekanger*, on voit encore une pierre haute de vingt et un pieds, appelée « pierre de Baldur ». Je descendis à terre pour visiter cet antique monument scandinave. Pendant mon absence, le *Framnaes* partit, et il était déjà loin lorsque je revins à l'embarcadère. J'eus un moment de désespoir tout à fait dramatique. Nouveau Philoctète, je poussai de grands cris de détresse, levai les bras au ciel, et faillis même m'arracher les cheveux. Tout cela eut pour effet d'apitoyer les passagers du *Framnaes*, et le capitaine, cédant à leurs prières, donna ordre de stopper. Je m'élançai dans une barque, et regagnai le *Framnaes* à force de rames. Ainsi finit cette aventure, qui faillit m'occasionner un retard d'une semaine.

Le 8 septembre, à minuit, le *Framnaes* rentrait en rade de Bergen, que je saluais pour la quatrième fois.

DEUXIÈME PARTIE

PROMENADE DANS LA MER GLACIALE

1873

PROMENADE

DANS LA MER GLACIALE

1873

I

A BORD DU NORDSTJERNEN

En vue des côtes de Norwège. — Arrivée à Bergen. — Assaillis par la pluie. — Notre vie à Bergen. — Le *Nordstjernen*. — Paysages maritimes. — L'île d'Alden. — Le Hornelen. — Au large. — Aalesund. — Molde. — Christiansund. — — Arrivée à Throndjhem.

Après trois nuits bercées sur la houleuse mer du Nord, nous fûmes, le 3 août 1873, à neuf heures du matin, en vue des côtes de la Norwège. Les hautes falaises et les massifs de rochers étaient à demi cachés par d'épais nuages. La pluie tombait, une pluie fine et glacée. Vers dix heures, nous vîmes venir à nous une petite barque qui, à chaque minute, semblait devoir être engloutie par les flots : cette barque nous amenait un pilote norwégien. Un navire, de quelque pays qu'il soit, ne peut pénétrer en Norwège s'il n'a à son bord un pilote de cette nation : dans notre cas, c'est une pure formalité, et le pilote n'est payé que pour être présent et ne rien faire.

· Nous doublâmes bientôt la pointe de Skudesnaes, à quelques lieues de Stavanger ; puis nous nous engageâmes dans ces curieux canaux naturels qu'on appelle *fjords*. Nous saluâmes à Houguesund le monument récemment érigé au premier roi de Norwège, Harald *Haarfager* (aux longs cheveux). De fjord en fjord, nous arrivâmes à Bergen à neuf heures du soir.

Ce n'était pas la première fois que l'antique cité hanséatique s'offrait à mes regards, avec sa vieille et imposante tour de Walkendorf, dont la sourde silhouette se voit de la mer comme le dernier vestige d'un temps qui fut pour la Norwège une ère de grandeur et de prospérité. En 1871, j'avais salué déjà ce vieux et noir donjon à la même heure, éclairé par les pâles rayons de la lune. Aujourd'hui, comme alors, j'éprouvais cette profonde émotion que tout voyageur a ressentie en débarquant sur une terre étrangère et lointaine, sur une terre grande par son histoire et ses légendes, sur une terre enfin qui nous est chère, parce qu'elle fut la patrie de ces héros du Nord qui sont nos ancêtres.

Nous voilà débarqués enfin ; adieu la poésie des souvenirs ! A peine déposés sur le quai, nous sommes assaillis par une pluie torrentielle, une de ces averses homériques dont Bergen a toujours eu le privilège. Une rafale survient, qui emporte le parapluie de mon compagnon et fait voler dans la boue une centaine de cigares achetés à Rotterdam.

Après d'autres incidents du même genre, nous frappons à la porte de l'hôtel Scandinavi, qui n'a plus, hélas! un seul lit à notre disposition. Grande déception pour des voyageurs qui viennent de passer trois nuits sur mer! Nous regardons notre guide d'un air suppliant qui veut dire « sauvez-nous », et le brave homme nous mène par un dédale de rues et de ruelles à l'autre bout de la ville. Au bout d'une heure, nous trouvons enfin un gîte à l'hôtel Sontoum, où des lits bien chauds et bien moelleux nous font bientôt oublier notre première mésaventure.

De tout temps, Bergen a été la terre classique de la pluie. Pendant les quatre jours que nous fûmes condamnés à y passer, l'eau du ciel ne nous laissa guère un moment de répit. D'autre part, nous n'y retrouvâmes point cette chaleur torride qui régnait sur le continent à l'époque de notre départ, à la fin de juillet. Bien que nous fussions en pleine canicule, nous étions obligés d'endosser un triple vêtement de laine : le matin, le froid était tellement vif que l'eau qui servait à notre toilette était glacée comme au plus fort de l'hiver.

Contrariés par le mauvais temps, nous dûmes renoncer à explorer les environs de la ville. Chaque matin nous consultions le ciel, qui nous donnait toujours une réponse défavorable. Nous prenions notre parti en braves, traversions dans toute sa longueur l'éternelle *Strandgade*, et débouchions invariablement au sempiternel *Torvet*, la grande place où se tient le marché aux poissons. Là il fallait jouer du coude pour se frayer passage au milieu d'une mer agitée qui n'était autre que la houle des parapluies, depuis le parapluie de soie cuite jusqu'au parapluie de coton bleu. Les acheteurs faisaient cercle autour des marchands. Il fallait les voir pérorer, crier, gesticuler et débattre les prix avec une animation tout à fait napolitaine. Les marchands, eux, ne se départaient pas de leur flegme et de leur dignité : au milieu des bruyantes clameurs qui les assaillaient de tous côtés, ils se renfermaient dans un majestueux mutisme, et répondaient le plus souvent aux offres des acheteurs en leur tournant le dos. Nulle part je n'ai vu d'aussi gigantesques exhibitions de poissons : il y en avait de toutes les tailles, de toutes les couleurs, de toutes les sortes, depuis le flétan jusqu'au vulgaire saumon. La plupart des espèces nous étaient parfaitement inconnues. Qui n'a pas vu le Torvet de Bergen n'a nulle idée d'un marché aux poissons.

Chaque jour, pendant les rares instants où le soleil se montrait timidement entre deux averses, nous faisions des promenades, accompagnés le plus souvent de notre consul, M. K..., à qui nous avions présenté nos lettres d'introduction. Avec cette exquise obligeance qui est le propre de tout Norwégien, il nous montra le musée, la galerie de tableaux, la bourse, le tribunal, la citadelle, nous servant d'interprète et de cicerone, et nous donnant sur toutes choses de précieux renseignements, notamment sur l'avenir commercial de Bergen.

Un soir, — il pouvait être sept heures, — nous fîmes avec le consul l'ascension d'une des sept montagnes qui ont donné leur nom à la ville de Bergen : c'était celle que j'avais gravie deux ans auparavant par un soleil magnifique. Cette fois, c'était par un temps sombre et maussade : par intervalles, les nuages se résolvaient en pluie et mille torrents arrosaient les pentes herbeuses. N'importe : on referait cent fois cette promenade, que jamais on ne se lasserait des merveilleux aspects du paysage. Que le ciel soit serein ou nébuleux, toujours le fjord a des beautés

magiques, toujours la longue chaîne d'îles montagneuses
qui le bornent du côté de la mer fascine le regard par ses
formes agrestes et ses couleurs variées, toujours de gracieuses voiles blanches sillonnent comme des cygnes la
nappe miroitante du golfe. Et puis, avec quel plaisir l'œil
se repose sur la riante et proprette cité de bois, qui
a conquis la mer par de solides pilotis, et abrite dans
son superbe port des centaines de *jœgs* chargés de montagnes de morues du Nordland! L'industrie humaine
se marie ici agréablement au pittoresque, et l'œil est
satisfait.

Au bout de quatre jours passés à Bergen, on connaît
par cœur tous les joailliers, tous les marchands de photographies, tous les magasins de pelleteries, et j'oserais
presque dire tous les habitants; car nous rencontrions
presque toujours les mêmes physionomies dans l'interminable Strandgade, qui, est pour ainsi dire, la seule rue de
Bergen. Aussi fûmes-nous enchantés de voir arriver le jour
du départ.

Le 8 août, à onze heures du soir, nous nous embarquâmes à bord du *Nordstjernen (l'Étoile du Nord)*, un des
douze steamers de la compagnie de Bergen, qui, chaque
semaine, partant de Hambourg, desservent toutes les
localités situées sur les côtes de Norwège à partir de Christiansand, doublent le cap Nord, dernière pointe d'Europe,
et s'arrêtent à Vadsö, après une traversée d'environ sept
cents lieues. Le *Nordstjernen* est un navire d'assez respec-
tables dimensions : il pourrait, à la rigueur, recevoir six
cents passagers. C'est, dit-on, le meilleur marcheur des
steamers qui font ce parcours : il file ses trois lieues à
l'heure. Le salon est élégant et spacieux; il communique
avec un petit fumoir où l'on trouve des journaux illustrés,

d'excellentes cartes de la Norwège, et d'autres publications indigènes. Le pont est assez vaste ; mais les cabines sont étroites et infectes comme dans tous les navires. Une petite salle basse, sombre et étouffante, située sous le salon, nous sert de dortoir. Chaque fois que j'y veux descendre, la partie chevelue de ma personne essuie mille et mille croques : au bout du raide escalier, les malles qui encombrent le chemin font trébucher dans l'obscurité ceux qui ne sont pas avertis de leur présence. Quant aux couchettes, elles peuvent faire l'affaire de ceux qui se plaisent à dormir sur la dure ; mais d'importuns parasites vous y disputent la place en vertu du droit du premier occupant.

Telles furent nos premières impressions à bord du *Nordstjernen*, qui devait être notre demeure, notre maison, pendant près d'un mois. Il me reste à dire que le *Nordstjernen* est commandé par le capitaine Roland, un parfait gentleman plein de prévenances et de politesses pour ses passagers : il parle parfaitement la langue anglaise, de même que les autres officiers. Une cinquantaine d'hommes composent l'équipage : tous sont Norwégiens.

Nous quittâmes Bergen dans la nuit, vers deux heures du matin. J'avais déjà fait en 1871 le voyage de Bergen à Throndjhem ; mais cette navigation de deux jours est si intéressante qu'on ne perd rien à la refaire. Mon compagnon, qui visitait ces parages pour la première fois, fut émerveillé au plus haut point de l'aspect grandiose des côtes. Le ciel, constamment chargé de sombres nuages, dont les formes bizarres variaient à chaque instant, ajoutait encore à l'indicible sauvagerie du paysage. On ne se lasse pas de contempler ces grandes montagnes, ces géants de pierre se dressant aux quatre coins de l'horizon, battus par les flots de l'Océan qui surplombent leurs cimes nues et stériles. C'est la mer qui donne un cachet particulièrement sublime à cette farouche nature : c'est la mer qui transforme ces vallées, ces gorges étroites, ces plaines immenses en fleuves, en canaux, en lacs, en fjords, en un mot, et qui donne à cette étrange contrée des aspects auxquels l'imagination n'aurait jamais pensé.

Nous dépassons bientôt l'île d'Alden, haute montagne de pierre émergeant du sein des flots, que la nature a façonnée en forme de lion : on l'appelle *Norske-Leuve,* ou Lion de Norwège. La tête, haute de plus de deux mille pieds, regarde la mer. La pose de l'animal rappelle celle du célèbre lion de Thorwaldsen.

A trois heures nous saluons le fameux rocher de *Hornelen*. La cime du terrible colosse est cachée derrière un plafond de nuages. Des cataractes blanches comme l'hermine courent par centaines le long de ces parois escarpées, et vont mourir dans la mer après un bond de quatre mille pieds[1]. Tout récemment un quartier de rocher s'était détaché du sommet et avait plongé dans la mer à trois mètres d'un steamer qui passait; depuis cet événement, on a renoncé à l'ancienne coutume de saluer le Hornelen à coups de canon. La nature semble avoir voulu réunir ici tout ce qu'elle a de grandeur et de magnificence. Ce n'est pas le Hornelen seul qui excite l'admiration, mais aussi tout ce qui l'entoure. Ce qu'il est impossible de décrire, ce sont les merveilleux jeux de lumière qui se succèdent à tout instant et donnent une infinie variée d'aspects à ces grandes scènes de la nature. Dans ces climats, il n'est pas rare de voir la pluie et le soleil se livrer combat, de

---

[1] Lorsque je repassai devant le Hornelen quatre semaines plus tard, toutes ces cascades s'étaient desséchées.

même que l'été et l'hiver : que de fois n'avons-nous pas
vu les montagnes du sud obscurcies par de noirs nuages
qui se résolvaient en longues raies de pluies, où l'arc-
en-ciel reflétait ses plus splendides couleurs, pendant
que les cimes du nord resplendissaient de tout l'éclat du
soleil ! Ici les nuages amoncelés venaient crever contre la
blanche cime d'une montagne couverte de frimas, pendant
qu'ailleurs des pentes herbeuses verdissaient sous le ciel
bleu.

Vers quatre heures, nous quittons les fjords pour gagner le large. La partie des côtes que nous longeons est
complètement à découvert. Presque partout les côtes occidentales de la péninsule scandinave sont protégées contre
les vagues de l'Atlantique par une formidable ceinture
d'îles montagneuses, de récifs taillés à pic, d'écueils à
fleur d'eau contre lesquels va parfois se briser l'imprudent
navigateur. D'ordinaire les vaisseaux naviguent au milieu
de l'archipel, à l'abri de la houle et de la tempête, et ne
s'aventurent au large que lorsque la ceinture de granit
vient à être interrompue. La longue traversée de Bergen
au cap Nord se fait presque tout entière entre les îles et les
côtes : pour un trajet de six cents lieues, on fait cinquante
lieues à peine en pleine mer. C'est une véritable navigation
fluviale, nullement redoutable pour les personnes sujettes
au mal de mer.

Pendant les trois heures que nous tînmes la mer ouverte,
le vent ne cessa de souffler avec une violence extrême.
Les voiles furent déployées, et, la vapeur aidant, nous
voguâmes rapidement. J'aimais à contempler cette belle
mer houleuse, ces vagues onduleuses et vertes comme
l'émeraude, du sein desquelles émergeaient les écueils et
les récifs dont ces côtes sont criblées. Rien n'est beau

surtout comme ces énormes falaises escarpées, inaccessibles : là est la vieille Norwège, là est la limite que les
dieux de l'Edda ont assignée à l'Océan. Chaque lame qui
déferle contre la base de ces formidables remparts se brise
et retombe impuissante en volutes d'écume blanche comme
la neige. Ces hautes falaises, dont la teinte grise s'har-
monise si bien avec le ciel du Nord, sont d'un grandiose
saisissant : les falaises de la Normandie n'en donneraient
nulle idée.

Il était neuf heures du soir quand nous arrivâmes à
Aalesund, où le *Nordstjernen* faisait escale jusqu'à minuit.
Cette jolie petite ville ne m'était pas inconnue, et même
j'avais fait en 1871 la connaissance d'un des principaux
habitants de l'endroit, que je tenais beaucoup à revoir. En
dépit de la pluie qui tombait par torrents, nous sautâmes
dans une chaloupe qui nous déposa à terre. Je recon-
naissais bien ma petite ville d'Aalesund, qui n'avait guère
changé depuis deux ans; mais aujourd'hui tous les éléments semblaient s'être ligués contre elle. Le ciel déversait
sur elle toutes ses cataractes, et le vent s'acharnait contre
ses frêles maisons de bois avec une fureur qui me faisait
craindre pour leur sort. Les rues étaient désertes et vides.
Nous finîmes par découvrir la demeure de M. R..., qui
nous reçut avec une cordialité toute norwégienne et nous
retint chez lui jusqu'à onze heures. Fait curieux à signaler :
malgré la pluie il faisait encore assez clair à dix heures
et demie du soir pour faire la conversation sans lumière. A
mesure d'ailleurs que nous avancerons vers le nord, la
durée des nuits décroîtra à vue d'œil.

A minuit, le *Nordstjernen* se remit en marche. Suivant
mes recommandations, le petit Hans Olaf, jeune domestique attaché au service des passagers, vint, à quatre

heures du matin, m'arracher aux douceurs du sommeil pour m'annoncer que nous étions en vue de Molde. M'habiller et monter sur le pont fut l'affaire d'un instant..Lors de mon premier voyage, j'avais emporté de Molde un si délicieux souvenir que je voulais saluer encore ce charmant petit coin de la Norwège et lui payer en quelque sorte une dette de reconnaissance. Oh! que non, je ne l'avais pas oubliée la jolie et coquette petite ville, et j'éprouvais une joie d'enfant à reconnaître son clocher rustique, et ses blanches maisons de bois, et ses verts coteaux chargés de forêts de pins, et son fjord sans pareil, et son merveilleux horizon de montagnes aux cimes neigeuses. J'ai vu ailleurs de plus hautes montagnes; j'ai vu des paysages plus grandioses; mais Molde sera toujours pour moi la perle de la Norwège, et je plaindrais celui qui n'aimerait point ce petit paradis terrestre, où la nature a prodigué toutes ses grâces et tous ses bienfaits. Objet de mes amours, que de fois je vous ai revu en imagination ! Et aujourd'hui que vous étiez sous mes yeux, il fallait vous voir et passer! Oh! le cruel raffinement du supplice de Tantale !

Après une halte d'un quart d'heure, le steamer vira de bord et reprit sa route vers le nord. Pour ma part, je repris la route de mon lit, si l'on peut appeler de ce nom l'affreuse caisse de bois sans ressorts ni matelas où j'étais condamné à conserver la position des momies égyptiennes et à souffrir les impertinences d'une multitude d'hôtes plus ou moins microscopiques.

Le 9, le soleil nous revint radieux et souriant, et une douce chaleur d'été succéda à la température froide et pluvieuse des jours précédents. Hélas! tant de bonheur ne devait durer qu'un jour. En Norwège, les variations atmosphériques sont brusques et fréquentes comme dans toutes les contrées du Nord, et au cœur de l'été on se voit souvent forcé de changer de costume plusieurs fois par jour.

Christiansund, où nous stoppons à neuf heures du matin, est une des villes les plus commerçantes de la Norwège. Elle exporte principalement ce qu'on appelle en Norwège *klipfisk*, c'est-à-dire le poisson séché sur les rochers. On nous a dit que M. K., le plus gros marchand de l'endroit, a une fortune de deux millions de species-dollars. Christiansund est bâti très irrégulièrement sur des rochers arides et escarpés, au sommet desquels on a construit à grands frais un parc qui sert de promenade publique : le sol est tellement rocailleux qu'on a dû le couvrir d'une épaisse couche de terre végétale transportée de bien loin. Christiansund venait de recevoir la visite du roi Oscar, à son retour de Throndjhem, où il s'était fait sacrer roi de Norwège, le 18 juillet. Un arc de triomphe rustique, orné de branches de sapin, subsistait encore sur la petite place publique où le landsman avait harangué Sa Majesté.

Lorsqu'on entre dans le pays de Throndjhem, on voit la nature prendre un tout autre caractère : à la sublime et austère Norwège succède une nouvelle Norwège, riante et pleine d'attraits : les montagnes s'ondulent et se couvrent de verdure, le fjord s'élargit comme un fleuve aux approches de la mer, et, au lieu de stériles récifs, l'œil rencontre partout des îles gracieuses et pleines de fraîcheur, où se reposent les mouettes et les goélands. On n'en croit pas ses yeux, tant ce contraste est inattendu. On se persuade à peine que la nature puisse prodiguer de pareils trésors dans des contrées aussi septentrio-

nales : en effet, nous sommes ici à plus de cent lieues
au nord de Christiania et de Saint-Pétersbourg[1], et au
même degré parallèle que l'Islande et le Groënland. Au
soleil couchant, les montagnes ont des teintes merveilleuses et fantastiques, que je n'ai vues qu'à cette latitude :
ces teintes, ainsi que les reflets étranges de la mer, annoncent le voisinage du cercle polaire et de ces contrées
hyperboréennes où règne le soleil de minuit pendant toute
la durée de l'été.

Cependant nous venons de dépasser le dernier promontoire qui nous cachait l'ancienne capitale de la Norwège :
la voilà qui nous apparaît, éclairée par les derniers
feux du soleil, sise au fond du plus vert entonnoir qui
se puisse imaginer. Je l'eusse reconnue rien qu'à la tour
massive de l'ancienne cathédrale où furent couronnés tous
les rois de Norwège. Nous saluons en passant la forteresse de *Munkholm*, qui s'élève, triste et solitaire, sur une
île du fjord.

---

[1] Ces deux villes sont situées sous la même latitude.

TROIS JOURS DANS L'ANCIENNE CAPITALE DE LA NORWÈGE

L'hôtel d'Angleterre. — Aspect de Throndjhem un dimanche. — La campagne de Nidaros. — La chute de Leerfos. — Frugal repas. — Le Hjorten. — Le chemin de fer le plus septentrional de l'Europe. — Route de Throndjhem à Stören. — Stören. — Dîner au saumon. — Dans les vallées. — Paysages. — Throndjhem et ses monuments.

Il pouvait être huit heures du soir quand nous débarquâmes à Throndjhem. La ville était silencieuse et déserte : quel contraste avec Bergen, la ville bruyante et gaie ! Un obligeant naturel nous mena, à travers de larges rues plantées d'arbres, à l'hôtel d'Angleterre qui passe pour le meilleur de la ville. C'est un vaste bâtiment en bois, de vingt-cinq mètres de façade. A l'occasion du couronnement du roi qui vient d'avoir lieu, deux immenses drapeaux aux couleurs norwégiennes sont plantés en terre devant la porte. Nous prenons possession de nos chambres, où l'œil s'épanouit à la vue des lits confortables, garnis de draps bien blancs et d'édredons bien chauds. Il faut avoir goûté des affreux cadres du bord pour apprécier un bon lit à sa juste valeur.

Le *Nordstjernen* devait faire ici sa plus longue escale. Trois jours entiers ‘étaient à notre disposition pour visiter la ville et ses environs. Ce délai écoulé, nous allions être privés pour longtemps du confort des villes civilisées : le cercle polaire est en quelque sorte aux portes de Throndj-hem, et au delà du cercle polaire commencent la Laponie et l'océan Glacial.

Le 10 août nous ramena la pluie et tous ses agréments. C'était un dimanche. Or on sait la manière pharisaïque dont les villes luthériennes observent le jour du Seigneur. Les rues étaient aussi désertes que le Prado de Madrid à l'heure de midi. Je conseille aux gens qui s'ennuient d'aller passer un dimanche à Throndjhem : c'est là qu'ils connaî-tront l'ennui véritable, et pendant toute la suite de leur vie ils remercieront le Ciel de ce qu'ils pourraient être à Throndjhem et qu'ils n'y sont pas.

J'imaginai, comme diversion, une excursion aux chutes de *Leerfoss*. Ces chutes sont formées par la Nid, à une lieue de la ville. La *Nid*, ou la *Nida*, ou le *Nidar*, comme on voudra l'appeler, est cette rivière torrentueuse qui fer-tilise la campagne de Throndjhem : elle donna longtemps son nom à l'ancienne capitale de la Norwège. *Nidaros* (bouche du Nidar) sonnait mieux à l'oreille que le nom actuel : en Norwège, comme ailleurs, on veut tout moder-niser, jusqu'aux dénominations ; et ainsi s'en va la poésie des souvenirs !

Sortis de la ville, nous passâmes la Nid sur un pont de bois d'une construction vraiment hardie. Du haut de ce pont, la vue erre entre deux longues files de magasins bâtis sur pilotis sur les rives du fleuve. Des bateaux de toutes formes et de toutes tailles stationnent sous les magasins, avec leurs cargaisons de bois, de morues, de harengs : n'était l'aspect tout particulier des constructions, on se croirait en Hollande, sur un pont de l'Amstel. Au bout du pont s'ouvre une rue longue et monotone, bordée de trottoirs en planches de sapin : ces planches sont séparées les unes des autres par de larges interstices, où le pied s'engage parfois comme dans des ceps perfides. Nous pénétrons bientôt dans la vallée de la Nid. Rien de ravissant comme la campagne de Nidaros : l'œil rencontre partout des collines aux gracieux contours, tapissées de la plus splendide verdure que puisse rêver l'imagination d'un peintre. Les sapins se mêlent aux bouleaux, dont le pâle feuillage abrite çà et là quelque riante villa. Le chemin est bordé de prairies et de cultures, où pullulent les corbeaux et les pies : ces singuliers bipèdes sont ici d'une familiarité presque provocante. Après une heure de marche, nous atteignons un mamelon qui domine toute la campagne environnante : la vallée de la Nid se déploie à nos pieds avec toutes ses grâces champêtres ; la rivière coule sur un lit de rochers, et forme, en maints endroits, de superbes rapides : elle dessine, entre deux rideaux de collines boisées, un large ruban d'écume blanche, fuit dans la direction de Throndjhem, et va se perdre enfin dans les eaux plus calmes du fjord qui brille là-bas, à une lieue de distance, avec des reflets d'acier. Au bout de la vallée s'estompe en formes indécises la poétique Nidaros : vue à distance, sa vieille cathédrale apparaît comme une de ces images lointaines que l'imagination fait revivre à travers les siècles. Les montagnes bleues qui terminent le fjord forment le dernier plan de cet admirable tableau. Notre contemplation terminée, nous poursuivons notre route, et nous ne tardons pas à percevoir un bruit sourd et continu qui nous annonce que nous ne sommes pas loin de la première

chute : la voilà, en effet, qui nous apparaît au moment
où nous atteignons le sommet d'un monticule qui lui fait
face.

Quelle belle mise en scène ! La Nid, resserrée dans une
gorge étroite, s'élance sous un énorme tablier de roche,
qui gémit sourdement sous le poids de la masse d'eau ;
puis, d'un bond prodigieux, se précipite avec un fracas
étourdissant, avec toute la majesté de la force et de la
puissance, dans la vallée qui s'ouvre à cinquante mètres
plus bas : là, la rivière se transforme en un vaste lac, au-
dessus duquel planent des nuages d'écume ; ce lac, paisible
et calme, offre un contraste frappant avec la tourbillon-
nante cataracte qui gronde au-dessus de lui. La chute de Leerfoss, que je mets bien au-dessus de la chute du Rhin, à
Schaffhouse, occupe le point central d'un magnifique enca-
drement de montagnes : ces montagnes sont couvertes de
superbes forêts de sapins toujours verts, grâce au voisinage
de la cascade, qui entretient sous leurs ombrages une éternelle humidité.

Nous restâmes longtemps en admiration devant ce
splendide paysage, dont nous essayâmes de prendre un
croquis : de jeunes paysans faisaient cercle autour de
nous, et suivaient d'un œil ébahi le mouvement trop
inhabile, hélas ! de nos crayons que nous aurions volontiers échangés en ce moment contre le crayon d'un Doré.
L'aiguillon de la faim nous arracha à notre contemplation ;
nos petits paysans épiaient depuis longtemps ce moment :
en un clin d'œil ils étaient au fond de la vallée, et c'était
à qui arriverait le premier à l'une de ces barrières qu'on
rencontre à chaque pas en Norwège ; il va sans dire qu'ils
nous épargnèrent la peine de l'ouvrir ; cette politesse cal-
culée leur valut quelques skillings, qui les mirent au comble

de la joie. Il y a de ces traits de mœurs qu'on retrouve sous toutes les latitudes.

A une lieue de Throndjhem, on est déjà en plein pays sauvage. En Suisse, il n'est pas une cascade à proximité de laquelle ne soit établi un restaurant; mais en Norwège, qui donc se soucie d'aller voir les cascades? Avant que la chute de Leerfoss ait son restaurant, il faudra encore de longues années. Et franchement, j'aime mieux cela. La belle nature se passe volontiers des raffinements de la civilisation : en pays de montagnes, il faut savoir vivre comme les montagnards. Ceux qui aiment à découvrir des sites inexplorés et à rêver dans la solitude, loin du tourbillon du monde, loin du fracas des villes, loin surtout de cette pléiade d'importuns qui m'ont gâté la Suisse, ceux-là trouveront encore en Norwège de quoi satisfaire leur humeur poétique ; mais qu'ils se hâtent, car bientôt la Scandinavie aura à son tour son réseau de chemins de fer, et alors, adieu le pittoresque, adieu l'originalité et l'imprévu, adieu l'antique hospitalité norwégienne !

A défaut de prosaïque restaurant, nous avons frappé à la porte du premier gaard venu, et, à la façon des bergers de l'âge d'or, nous y avons partagé avec des hôtes aussi braves que primitifs du pain et du fromage blanc, arrosés d'un lait savoureux. Ce repas nous fut servi dans une salle d'un haut goût campagnard, dont les murs étaient formés de troncs de sapins à peine équarris; une machine à tisser, un coucou, deux vieux lits qui semblaient remonter au moyen âge, une table et quelques chaises d'une antiquité non moins respectable composaient tout l'ameublement de ce rustique intérieur norwégien. L'hôtesse n'accepta nos skillings qu'après quelque résistance, s'excusant de n'avoir pu faire mieux, et nous témoignant sa reconnaissance par une de ces vigoureuses poignées de main dont les expansifs Norwégiens sont si prodigues.

Après avoir visité en détail les fabriques de produits chimiques établies sous la chute, nous reprîmes le chemin de Throndjhem et finîmes agréablement la journée au *Hjorten*, sorte de Tivoli en miniature fréquenté par la fine fleur de la bourgeoisie nidarosienne : on y joue les valses de Strauss, les lamentations de Verdi, et les inévitables farces d'Offenbach ; et l'on écoute jusqu'au bout ce charivari en humant le havane, en absorbant le traditionnel tody, et en goûtant les douceurs de la conversation. Nous n'eûmes point la bonne fortune d'entendre *la Marseillaise*, dont nous avions été régalés lors de la première visite que nous fîmes au Hjorten, en 1871. Il y avait là un petit pavillon où l'on exhibait des vues stéréoscopiques, — entrée payante ; — nous entrâmes, intimement convaincus que nous allions voir la Laponie en stéréoscope... ; hélas ! c'étaient des vues de Paris !

Le 11 août, nous résolûmes, malgré l'incertitude du temps, de faire une excursion au Drovrefjeld. Nous ne voulions pas quitter Throndjhem sans nous faire une idée de l'intérieur d'une province si célèbre dans l'histoire de Norwège. Un tronçon de chemin de fer de dix lieues de longueur relie l'ancienne capitale à la station de *Stören*, petite localité située à l'entrée du Dovrefjeld. Nous prîmes, pour cette destination, des billets d'aller et retour. A dix heures précises, le train se mettait en marche. En sortant de la gare, on franchit la Nid sur un long pont en bois, d'une hardiesse de construction qui ne le cède en rien aux effrayants ponts de chemin de fer des États-Unis. Puis l'on s'engage à toute vapeur dans la pittoresque vallée que nous avons parcourue hier. C'est fort étrange de se sentir emporté par une locomotive entre le 63° et le 64° parallèle, sous une latitude qui est celle de l'Islande, du Groënland et du Kamschatka ! La ligne de Throndjhem à Stören est la plus septentrionale qui existe. Elle est le premier tronçon d'un chemin de fer qui doit relier Throndjhem à Christiania, l'ancienne capitale à la nouvelle. Cette ligne, décrétée l'année dernière par le Storthing, est actuellement en voie de construction et sera achevée dans trois ans. Une autre ligne reliera directement Throndhjem à la Suède. Le sifflet strident des locomotives va donc enfin réveiller la vieille cité des sagas, si long-temps isolée du reste du monde, et aujourd'hui encore obscure et ignorée.

Le chemin de fer ici, c'est un monde nouveau, qui jure avec tout ce qui l'environne : matériel, administration, règlements, tout sent l'importation et trahit l'emprunt fait à l'étranger. Les locomotives viennent des usines de New-castle : on serait presque tenté de les prendre pour des jouets d'enfants, tant elles sont petites et ont l'air neuves. Les voitures sont également de modèle anglais : elles sont assez grossièrement construites en bois de sapin. Les com-partiments n'admettent que huit personnes, la voie n'ayant pas un mètre de largeur.

Nidaros s'est enfuie derrière nous, et le train court dans la vallée verdoyante qu'arrose la Nid, cette sinueuse et capricieuse rivière : tantôt elle coule sans bruit sous la verdure ; tantôt elle bondit sur les rochers et forme de longs rapides semblables à ceux que l'on rencontre sur certains fleuves de Suède et de Laponie. Le paysage est *very pretty,* comme dit un Anglais qui voyage avec nous, muni de tous les instruments nécessaires à la pêche à la ligne. Des collines, parées d'une luxuriante végétation, s'élèvent à droite et à gauche du chemin de fer. Les sapins, les pins, les mélèzes, les bouleaux se groupent sur les pentes en forêts magnifiques. Bientôt l'on aperçoit dans le lointain, à deux ou trois lieues de distance, à travers une brume vaporeuse, et fuyant entre un double rideau de montagnes bleuâtres, la nappe scintillante du lac de *Selbosjo* : cette vue vaut à elle seule le voyage. Plus loin, la voie ferrée s'engage dans des gorges étroites et côtoie d'effrayants rapides, des gouffres vertigineux : si le train déviait de quelques pouces, il s'abîmerait inévitablement dans ces précipices au fond desquels mugit la Nid, étroitement resserrée entre deux murailles de granit. Une voyageuse anglaise, fort peu rassurée, demande naïvement pourquoi l'on n'établit pas des garde-fous qui masquent la vue de ces horreurs. Cela me rappelle l'autruche, qui croit échapper au danger en fermant les yeux.

Les stations se succédaient tous les quarts d'heure. A chaque arrêt, la portière s'ouvrait, et de jolis enfants aux yeux bleus, à la tête blonde, nous présentaient en souriant de grandes feuilles vertes chargées de groseilles et de *moltebeer* fraîchement cueillies. Nous mîmes ainsi près de trois heures à franchir dix lieues. Stören est la dernière station. On y trouve un hôtel passable et trois ou quatre maisons. C'est d'ici que partent les carrioles qui constituent actuellement le seul moyen de transport pour aller à Christiania, ville située à cent cinquante lieues au sud. Stören est au milieu d'une vallée enchanteresse. La Nid, qui tantôt grondait sourdement dans les sinuosités des précipices, court ici paisiblement à travers une verte oasis bornée de tous côtés par des montagnes prodigieusement hautes. De la cime à la base, ces montagnes sont couvertes de forêts de sapins. Je doute qu'on puisse trouver ailleurs un paysage plus charmant et mieux encadré.

Rien n'affame comme un voyage en chemin de fer, surtout lorsque l'air est vif : aussi nous eûmes bientôt trouvé le chemin de l'hôtel et commandé notre dîner. Un trait distinctif des Norwégiens, — et en cela ils ressemblent aux Espagnols, — c'est qu'ils ne sont jamais pressés. Le dîner se fit attendre pendant plus d'une heure. Une vieille Anglaise, boiteuse et borgne, vrai type de sorcière, partageait notre infortune avec moins de philosophie que nous; à sa demande, nous lui apprîmes à prononcer les mots de *strax spise* (de suite dîner), et il eût fallu la voir décocher une avalanche de *strax spise* à la tête de tous les gens de la maison. Le moyen réussit, et, grâce à l'énergie de cette courageuse enfant d'Albion, nous nous trouvâmes bientôt en présence d'un magnifique saumon tout fraîchement pêché dans la Nid. La Norwège est le pays du saumon, comme le Périgord est le pays des truffes. Les neuf dixièmes des Anglais vont en Norwège dans l'unique but de pêcher le saumon : pour eux, toute la Norwège se résume dans le *salmon fishing*. Après que nous eûmes rendu au produit de la Nid les honneurs dus à son rang, nous nous mîmes en devoir d'explorer la vallée qui mène au Dovrefjeld et à Christiania.

Cette vallée est fort belle; mais elle nous eût paru plus belle encore sans les averses de pluie qui nous livraient de continuels assauts. Ce qu'on ne se lasse point d'admirer, ce sont les curieux effets de lumière que l'on observe dans ces montagnes du Nord : tantôt il pleut à torrents au centre de la vallée, tandis que les deux ver-

sants resplendissent dans une atmosphère lumineuse ;
tantôt des nuages noirs promènent leurs ombres gigantesques sur les pentes des montagnes, pendant qu'il
soleille au-dessus de nos têtes. Parfois des arcs-en-ciel
doubles se montrent à la fois en plusieurs points, et riva-
lisent d'éclat et de magnificence. Puis toute cette fantasmagorie disparaît, et les nuages amoncelés noircissent
de nouveau le ciel ; la pluie brouille tous les objets, le
vent gémit à travers les sapins, les cascades gonflées
dessinent des raies blanches sur les pentes, et le grondement rauque de la Nid, qui se brise furieuse contre
les rochers invincibles, domine toutes les voix de la
nature.

Bientôt la vallée se divise en deux branches : l'une va
vers Röraas, l'autre vers Christiania. Du point de bifurca-
tion le regard plonge à la fois dans les deux vallées. En ce
moment elles présentent un contraste frappant : celle qui
mène à Christiania est encore noircie par la pluie, tandis
qu'une lumière jaune joue sur les cimes humides de la
vallée de Röraas, au fond de laquelle luit un clocher blanc
sous un rayon de soleil.

Nous explorâmes la première de ces vallées. Elle nous
parut très retirée et très solitaire : bien qu'elle soit sur la
route de la capitale du royaume, nous n'y rencontrâmes ni
carrioles ni voyageurs. Les perspectives y sont splendides
et les points de vue variés. On ne fait pas dix pas sans
rencontrer une chute d'eau : tantôt ce sont de grandes
cascades bouillonnantes qui se précipitent avec fracas au
milieu de blocs de rochers ; tantôt ce sont des nappes
transparentes qui s'étalent en éventail ; tantôt des filets
d'écume qui serpentent en raies depuis la cime jusqu'au
fond de la vallée. La Nid roule à gauche du chemin, à tra-

vers des quartiers de rochers qui sont descendus du sommet des monts. Pendant les éclaircies, on voit monter à l'horizon les escarpements des montagnes, les pics crénelés, les crêtes tailladées en scie.

Après avoir marché pendant deux heures, nous entrâmes dans un gaard pour laisser passer une averse : nous trouvâmes tous les gens sortis et toutes les portes ouvertes. Dans la pièce principale grognait un jeune porc, qui nous reçut à sa façon en se frottant familièrement contre nos jambes. Au bout d'un quart d'heure, nous vîmes paraître la dame de ces lieux : c'était une vieille *pige,* toute ratatinée et à demi sauvage. Au moyen de la formule *giv mig noget at drikke*, nous lui demandâmes à boire, ce qu'elle nous refusa carrément, sous prétexte que sa maison n'était pas un *gjestgivergaard* (une auberge). Décidément son jeune cochon nous montrait beaucoup plus d'humanité.

La pluie, qui ne cessait plus, nous força à rebrousser chemin, et nous revînmes, tout trempés et tout crottés, à l'hôtellerie de Stören, où nous soupâmes en compagnie d'un savant Hongrois, que nous devions retrouver plus tard en Laponie. A sept heures, nous reprenions le train, et trois heures après nous étions de retour à Throndjhem, fort satisfaits de notre excursion. A minuit, il régnait encore une sorte de crépuscule semblable à celui qui règne à neuf heures du soir dans nos climats au cœur de l'été : nous pouvions aisément lire un journal.

Le 12 août, une température d'une douceur exceptionnelle succéda aux pluies et aux froids des jours précédents. Nous passâmes une partie de la matinée à faire provision de photographies, de tabac, de cigares, de timbres-poste, de billets de banque norwégiens. Puis nous visitâmes en détail la ville et ses monuments. La rue principale de Throndjhem est la *Munkgade*, ou rue des Moines. C'est dans cette rue que s'élève le palais du roi, immense édifice en bois qui ne compte pas moins de dix-neuf fenêtres de façade : ces fenêtres sont de style renaissance. La porte principale, à laquelle donne accès un perron, a pour tout ornement un fronton triangulaire. La corniche supporte également un fronton, orné des armes de la Norwège. Le roi Oscar venait de séjourner dans cette résidence.

A l'extrémité de la Munkgade s'élève la cathédrale. La restauration de ce précieux monument n'a guère avancé depuis la première visite que j'y fis en 1871 : je l'ai revu dans le même état de dégradation et de vétusté. La façade principale est entièrement ruinée, et ce qui en reste s'appuie obliquement, comme un mur près de crouler, sur d'affreux contreforts qui masquent complètement les portails. A l'intérieur il ne subsiste plus que le chœur et le transept. La partie du chœur qui autrefois renfermait l'autel a été récemment restaurée. On peut juger par ce spécimen de ce que devait être l'ensemble de l'édifice avant les dégradations qu'il a subies. C'est là, sous ces dentelles de pierre, que furent sacrés tous les rois de Norwège, et en dernier lieu Oscar II : çà et là des tentures de velours rouge et autres vestiges plus ou moins dorés attestaient encore la cérémonie du 18 juillet.

Nous terminâmes notre visite à la cathédrale par une ascension au clocher, au sommet duquel on parvient par des superpositions d'échelles assez raides et d'un aspect peu rassurant. De là-haut on jouit d'une vue magnifique. Vers le sud se dessine la verte vallée de la Nid, à l'entrée de laquelle est sise Nidaros. Vers le nord, l'œil s'égare sur le fjord et les belles montagnes bleues qui le terminent. Mais ce qui captive surtout le regard, c'est l'île de Munkholm et sa vieille forteresse.

Après trois journées passées à Throndjhem, il fallut retourner à bord du *Nordstjernen*, renoncer aux bons lits et à la bonne table de l'hôtel d'Angleterre, et s'arracher pour longtemps au bien-être des villes, aux délices de Capoue. Nous allions nous enfoncer dans l'extrême nord de l'Europe, pour ne nous arrêter qu'aux dernières limites du monde habité et habitable.

III

LE CERCLE POLAIRE

Les passagers. — Aspect des côtes. — Le Namsenfjord. — Namsos. — Le Torghattan et sa légende. — Le Nordland. — Les Sept-Sœurs. — Viigholmen. — Jadis et aujourd'hui. — Passage du cercle polaire.

Le steamer leva l'ancre le 13 août, à une heure du matin. Le nombre des passagers s'était considérablement accru. Les cabines ne suffisaient pas à loger tout ce monde : le soir, le salon se transformait en dortoir, les divans devenaient des couchettes, hommes et femmes dormaient en commun. Il y avait, entre autres, un jeune couple norvégien en voyage de noces : ils allaient goûter en Laponie les douceurs de la lune de miel ; le mari, dont le nez allongé servait de support à une paire de lunettes, était un type du genre qui m'est resté en mémoire. Il y avait aussi des Allemands, des Anglais, un Hongrois et point de Français. Un de ces Anglais, amateur passionné du *shooting* et du *fishing,* se rendait à Namsos, où il avait loué une île afin de pouvoir chasser et pêcher tout à loisir.

Quant au Hongrois, c'était un savant de Pesth, fort connu en Europe par ses travaux de linguistique et d'ethnographie : il se rendait à Tromsö, dans le but d'étudier de près les Lapons. Sur mer, la glace est bientôt rompue, et dès le premier jour nous avions lié connaissance avec la plupart de nos compagnons de route.

Au delà de Throndjhem, les côtes de la Norwège offrent à peu près le même aspect qu'entre Throndjhem et Molde. On continue à naviguer dans les *fjords* et les *sunds*, entre les îles et les côtes, à travers les myriades de roches moutonnées, nues et stériles comme les pierres de l'Arabie Pétrée. Ici le désert est le maître : c'est à peine si de loin en loin un pin rabougri s'accroche aux anfractuosités du roc. Çà et là, un petit coin de verdure se cache timidement dans un creux ménagé des tempêtes : c'est le seul sourire de ces tristes lieux. On se lasse bientôt de contempler les éternelles teintes grises de ces rochers déshérités de la nature, et la mélancolie passe promptement des yeux à l'âme. Ces aspects ne manquent cependant pas de grandeur : l'espace immense destitué de toutes les grâces de la végétation rappelle la nudité des hauts sommets. Rien qui annonce la présence de l'homme : on parcourt des lieues et des lieues sans rencontrer une masure. Le steamer ne s'arrête qu'à de très rares intervalles dans quelque petite baie où un peu de verdure attire de pauvres pêcheurs. Puis l'espace reprend ses monotonies et ses aridités. Ce n'est que lorsqu'on pénètre dans le Namsenfjord que la nature change d'aspect : là, mieux abritées contre les vents de l'Atlantique, les montagnes se couvrent de pins et de sapins. Nous naviguons pendant deux heures dans ce superbe bras de mer, qui s'enfonce comme un fleuve à plus de dix lieues dans l'intérieur des terres. Vers son extrémité, le fjord devient fort étroit : parfois il se contracte à tel point qu'on se demande comment le navire pourra s'y frayer passage. Rien n'a horreur de la ligne droite comme un fjord norwégien : le Namsenfjord se perd en festons, en courbes sinueuses, en capricieux méandres qui en font un vrai labyrinthe ; à chaque détour s'ouvrent des aspects nouveaux, toujours gracieux, toujours pittoresques. Les enchantements succèdent aux enchantements. On se croirait sur une de ces rivières du nouveau monde décrites par Mayne Reid ou Fenimore Cooper.

A quatre heures du soir, le steamer jeta l'ancre dans la rade de Namsos. Cette petite ville, située à l'embouchure du fleuve Namselv, à peu près sous le 65° parallèle, est en train de se relever de ses cendres plus belle que jamais. Le 28 juin 1872, elle fut entièrement consumée par un terrible incendie favorisé par un vent fort qui soufflait de la mer. Comme toutes les villes norwégiennes, Namsos était entièrement construite en bois : aussi le feu eut promptement raison des habitations, des chantiers, des scieries mécaniques, des approvisionnements de bois. Tout fut anéanti en quelques heures, tout, jusqu'aux navires qui se trouvaient dans le port. Nous pouvions voir encore leurs carcasses informes émerger en maints endroits comme de gigantesques cadavres. Les forêts de sapins qui couvraient les pentes des montagnes environnantes furent entièrement consumées par les étincelles que le vent chassait à une demi-lieue à la ronde. A treize mois de distance, les traces du feu se voyaient partout comme au lendemain de l'incendie : tous les arbres étaient dépouillés de leurs branches : ce n'étaient plus que des troncs nus, noirs et calcinés ; la terre, le roc même, tout était couleur de cendre, tout avait rôti sur une étendue de plus de mille hectares. Il faudra des années avant que cette nature désolée reprenne son aspect d'autrefois. Quant aux villes de bois, elles repoussent beaucoup plus vite que les forêts : aussitôt détruites, aussitôt reconstruites. Une cité toute neuve et toute proprette, aux murs de bois bien frais, aux toits bien rouges, s'est élevée en quelques mois sur l'emplacement de l'ancienne Namsos : la plupart des constructions sont encore inachevées ; les rues sont encombrées d'immenses tas de sapins coupés, qui se transforment comme par enchantement en maisons spacieuses, car ici le terrain n'est pas rare : charpentiers et menuisiers ne manquent pas de besogne ; partout l'on entend le bruit sec du marteau, le grincement monotone de la scie et le chant grave de l'ouvrier norwégien. Et peu à peu la ville renaît de ses cendres, et bientôt Namsos sera une miniature de Chicago. Les nouvelles rues sont droites et bien alignées ; mais les constructeurs n'ont tenu aucun compte des accidents de terrain ; les rues sont inclinées en largeur comme en longueur, en sorte qu'il n'est pas deux maisons dans toute la ville qui soient bâties au même niveau.

Nous fûmes témoins à Namsos d'une scène assez originale. Un homme, qui venait sans doute de commettre un mauvais coup, s'était précipité dans une petite embarcation et se disposait à prendre la fuite : quelques vigoureux gaillards ne lui laissèrent pas le temps d'exécuter son dessein. Ils tombèrent sur le malheureux au moment où il allait se jeter à l'eau, et bien qu'il se débattît comme un poisson pêché à l'hameçon, ils le saisirent qui par les pieds, qui par les cheveux, qui par les bras, et transportèrent notre énergumène à la prison, suivis de toute la population de Namsos.

Le 14 août, nous nous éveillons dans la rade de Bronö,

vers le 66° parallèle. Non loin de là s'élève, au milieu de
la mer, le célèbre Torghattan, une des cent merveilles du
monde. Le Torghattan est un énorme rocher de gneiss,
de plus de mille pieds de hauteur, dont la cime arrondie
simule la forme de ces chapeaux que portent les matelots : c'est cette ressemblance qui lui a valu le nom de
Torghattan (chapeau de l'île Torget). Mais telle n'est pas
la seule particularité de ce curieux rocher : miné par le
travail des siècles, le gneiss s'est désagrégé, et une immense caverne s'est fait jour dans le roc, traversant de
part en part le colossal chapeau de pierre, si bien qu'à
certaine heure du jour on peut voir le soleil rayonner à
travers ce tube naturel : ce rayonnement est, dit-on, un
des plus surprenants spectacles qu'il soit possible de contempler. Cette étrange grotte du Torghattan est d'une telle
régularité qu'il semble que des géants y aient appliqué
l'équerre et le cordeau : vue de la mer, elle affecte la
forme d'un carré long. D'un bout à l'autre, la galerie
mesure près de trois cents mètres de longueur ; sa hauteur est de plus de cinquante mètres. Le roi de Suède,
accompagné de toute sa suite, avait quelques jours auparavant, traversé à cheval ce merveilleux tunnel. Pour nous,
moins heureux, nous dûmes nous borner à le contempler
de la mer.

Le Torghattan a sa légende. On raconte qu'un géant
vivait autrefois dans ces parages : un jour, un Trolle parvint à lui enlever sa bien-aimée ; le géant, furieux, saisit
une flèche et la lança contre le Trolle ; mais celui-ci
l'esquiva adroitement, et la flèche, allant frapper le
Torghattan, y perfora cette immense ouverture qu'on voit
encore aujourd'hui. A ceux qui seraient tentés de révo-
quer en doute cette histoire, on pourrait montrer, dans l'île

de Lek, la jeune fille qui fut changée en pierre, et à quelques lieues de Torghattan un autre rocher qui affecte une forme humaine : ce rocher n'est autre que le géant pétrifié dont parle la légende. Résister à de tels arguments, ce serait faire preuve de mauvaise volonté.

Le Torghattan est en quelque sorte la porte d'entrée, le vestibule naturel de cette province de Norwège connue sous le nom de *Nordland,* ou terre du Nord. Borné au nord par le Finmark, à l'est par la Suède, à l'ouest par l'Océan, le Nordland s'étend depuis le 65° jusqu'au 69° degré de latitude : sa longueur est donc de cent lieues environ. Cette immense province est à peine peuplée : on n'y trouve qu'une seule ville, qui ne serait qu'un village dans un pays moins désert. Les Norwégiens occupent les côtes, où ils se livrent à la pêche de la morue. Quant à l'intérieur du Nordland, c'est une sorte de *terra incognita.* On n'y rencontre guère que des Lapons nomades qui errent avec leurs troupeaux de rennes à travers les affreuses solitudes des fjelds, où ils ont à se défendre contre les ours et les loups. Aucune route ne traverse ces contrées sauvages.

Non loin de Bronö, le steamer mouille à Sjövigen. C'est là que résidait, au xiᵉ siècle, le célèbre capitaine Haarek, contemporain de saint Olaf. A part ce souvenir historique, cette localité ne mériterait pas une mention si elle n'était située au pied d'une magnifique chaîne de montagnes, que les Norwégiens appellent *Syv Söstre* (les Sept-Sœurs). Jamais décorateurs de théâtre n'ont imaginé une toile plus pittoresque et mieux entendue que cette rangée de pics escarpés, dont on ne peut se lasser d'admirer les silhouettes grandioses. On dirait d'une mer soulevée, dont les vagues énormes auraient été figées, frappées

d'immobilité au plus fort de la tempête. Ces vagues s'é-
lèvent à plus de quatre mille pieds de hauteur, et se présentent de front comme une armée de géants. Au milieu
d'elles se dressent, comme des têtes curieuses, deux
cimes réunies, remarquables entre toutes par leurs formes
étranges et leurs escarpements. On les appelle « les deux
jumelles ». De larges plaques de neige s'étendent sur leurs
flancs abrupts.

Viigholmen fut la dernière station où nous relâchâmes
dans cette partie de notre hémisphère qu'on est convenu
d'appeler « la zone tempérée ». Sept ou huit misérables
maisons de bois disséminées au pied d'une montagne
couverte de bouleaux nains : voilà le site. Triste site !
Et pourtant, si près de la zone glaciale, il y avait là,
au bord de l'eau, de maigres prairies où paissaieut quelques vaches et des moutons blancs. Le bruit de leurs
clochettes arrivait jusqu'à nous. Ce tableau alpestre me
ramena un moment au cœur de la Suisse : ces bestiaux
broutant l'herbe au bord de la mer me rappelaient les
scènes pastorales du lac des Quatre-Cantons, et il me
semblait que j'allais voir apparaître la chapelle de Guil-
laume Tell à un détour du fjord. Dans les contrées montagneuses, on est souvent surpris de rencontrer des sites
qui offrent une analogie frappante avec certains sites
qu'on a vus ailleurs, dans des régions bien différentes.
Pour peu qu'on soit familiarisé avec les montagnes et les
vallées, on fait presque à chaque pas de semblables rap-
prochements.

Comme je faisais part de cette observation à mon compagnon de voyage, on vint nous avertir que la table était
dressée à la salle commune. Ce jour-là, nous devions
dépasser le cercle polaire, et à cause de cette circon-

stance, le capitaine Roland présida à la table d'hôte. Le dîner fut un peu plus copieux que d'habitude, les libations eurent libre cours, et un gigantesque pudding à la norwégienne, véritable montagne de pâte, où chacun pratiquait des précipices plus ou moins larges, clôtura dignement cette fête gastronomique que n'eussent pas dédaignée les anciens héros scandinaves. Au dessert, l'un des convives porta au capitaine, en norwégien, un toast fort long où intervint plus d'une fois le nom de Dieu : cette invocation de la Divinité est fréquente chez ces peuples du Nord, dont le sentiment religieux est profondément développé. En cette circonstance comme en d'autres, nous remarquâmes que les Norwégiens ont, en général, la parole facile et abondante.

Nous comptâmes ce jour-là plus de quarante convives. Certes, je ne me serais guère attendu à trouver dans ces contrées lointaines, reléguées aux dernières limites de l'Europe, à peu près autant de voyageurs que sur le Rhin et sur le Danube. Mais aujourd'hui y a-t-il encore des contrées reculées? A l'exception du pôle Nord, y a-t-il encore des pays, y a-t-il des déserts, où l'on ne voyage pas? Avant l'invention des navires à vapeur, un voyage en Finmark était une entreprise plus gigantesque que d'aller aux Indes : il fallait des mois entiers pour longer d'une extrémité à l'autre, du cap Naze au cap Nord, ces côtes interminables de la Norwège, pour se frayer une route à travers ces myriades d'îles et de récifs qui forment comme un dédale inextricable. Le voyage était hérissé de tant d'obstacles, mêlé de tant de péripéties, qu'il appartenait seulement à quelques touristes intrépides d'en braver les fatigues et les dangers. Qu'on en juge par le tableau suivant dû à la plume de M. Marmier. « Autrefois

on ne traversait l'Archipel qu'en s'en allant d'île en île
avec une barque de pêcheurs. L'absence de rameurs, la
brume, l'orage et les vents contraires arrêtèrent souvent
plusieurs jours le passager à la même station. Il fallait un
mois au moins pour aller de Hammerfest à Drontheim, et
il en coûtait 500 francs pour voyager ainsi sur un bateau
découvert, les genoux serrés l'un contre l'autre, les pieds
dans l'eau, le corps livré à toutes les intempéries de l'air.
Alors il n'y avait point de jour de poste déterminé. La
poste arrivait selon le bon vouloir du temps, une semaine
ou l'autre : on calculait la célérité de sa marche par la
direction du vent ou la hauteur du baromètre ; mais souvent elle trompait toutes les espérances, et le marchand
qui venait l'attendre sur la grève s'en retournait la tête
baissée et l'esprit inquiet. L'évêque de Tromsö me disait
qu'une lettre partie de cette ville au mois de mars n'était
arrivée à Christiania qu'au mois de juin. Si le correspondant
de Christiania mettait le moindre retard à répondre, c'était
l'affaire d'un an. »

Qu'il y a loin de ce bon vieux temps, où ce qui
constituait le principal plaisir du voyageur, c'était l'obstacle, la fatigue, le péril même, où l'on n'était jamais
sûr d'arriver à destination, où l'on avait à enregistrer
dans le journal de voyage mille incidents, mille aventures imprévues ! Aujourd'hui la Norwège a sa ligne de
steamers, comme le Nil, le Gange et le Mississipi, et l'on
va en quinze jours de Bergen à Vadsö, la ville la plus
proche de la mer Blanche. Un voyage en Laponie n'est
plus une entreprise aventureuse et lointaine. Le cap
Nord lui-même, le redoutable cap battu par les tempêtes de l'océan Glacial, a perdu la moitié de son prestige depuis qu'il est permis au plus vulgaire touriste de

l'aborder et d'y vider la coupe de champagne traditionnelle.

A peine eûmes-nous dépassé les îles de *Thrænen*, qui
s'élèvent au milieu des eaux comme des tours inaccessibles, que nous franchîmes le cercle polaire arctique.
L'île de Hestmandsö est située précisément sur le cercle,
comme une colossale pierre milliaire destinée à avertir le
voyageur qu'il entre dans la zone glaciale. Cette île ressemble, dit-on, à un cheval nageant dans la mer et portant
un cavalier, d'où son nom de *Hestmandsö* (île du Cavalier). J'avoue humblement n'y avoir vu qu'un immense
rocher taillé en pyramide, et surmonté, comme le *Peter-
botte,* d'un piton bizarre qui se maintient, on ne sait comment, en équilibre sur la cime pointue. Les pêcheurs norwégiens, qui sont des hommes superstitieux, ne passent
jamais devant l'île de Hestmandsö sans se découvrir res-
pectueusement.

Pour nous, qui n'avions jamais été si loin dans le Nord,
le passage du cercle fut une véritable fête. Si l'on ne nous
baptisa point, comme les novices qui franchissent pour la
première fois l'équateur, c'est qu'on ne voulut point nous
exposer à gagner un rhume, conséquence inévitable d'une
semblable immersion à pareille latitude. La longue-vue du
capitaine fut apportée sur le pont, et l'on fit voir le cercle
polaire aux passagers naïfs, en plaçant un cheveu tendu
devant la lentille.

On sait que le cercle polaire, éloigné du pôle de $23°\frac{1}{2}$,
forme cette limite mathématique qui sépare les climats
d'heure des climats de mois. Sous cette latitude, le plus
long jour de l'année est de vingt-quatre heures. A partir de
ce point, nous cessions d'être des *hétérosciens* pour devenir des *périsciens,* c'est-à-dire que notre ombre tournait

autour de nous en l'espace d'un jour. Par un autre phénomène physique, plus nous nous élevions vers le pôle, plus
nous augmentions en pesanteur, par suite de la diminution
progressive de la force centrifuge qui devient tout à fait
nulle au pôle.

IV

LA ZONE GLACIALE

Étourderie d'Anglais. — Bodö. — La poste. — Panorama des montagnes. — L'église de Bodö. — Une pierre sépulcrale. — Le lait nordlandais. — Phénomène météorologique. — Un bain forcé dans la mer Glaciale. — Le Vestfjord.

La zone glaciale, dans laquelle nous entrions, s'annonce vraiment bien. Après l'île de Hestmandsö, voici le pic de *Lovunden*, immense cône taillé en pain de sucre, autour duquel volent des nuées d'oiseaux de mer. L'ensemble du paysage est d'une sauvagerie indicible. Partout des montagnes abruptes, nues et sévères comme les pics décharnés du Spitzberg. D'énormes nuages noirs s'amoncellent au-dessus de nos têtes, et donnent à cette sombre nature un aspect presque terrible. Par moments, les nuages se résolvent en pluie glacée, tous les objets se brouillent, et dans le chaos brille soudain un radieux arc-en-ciel. Plus nous voguons vers le Nord, plus les montagnes grandissent et le pays s'accentue. Ce ne sont plus les roches basses et moutonnées du pays de Throndjhem, mais d'énormes murailles perpendiculaires qui surplombent au-dessus des

16

fjords, et du haut desquelles s'élancent d'un seul jet les
cataractes provenues de la fonte des neiges. Parfois les
quatre coins de l'horizon sont bornés par des montagnes
d'une hauteur effroyable, dont les crêtes couronnées de
neige décrivent dans le ciel les silhouettes les plus fantastiques, les plus variées, les plus invraisemblables. D'énormes glaciers, dont les teintes se confondent avec les
nuages, descendent de leurs cimes et s'étendent en éven-
tails, en nappes immenses, sur leurs vastes flancs. Oh! que
l'on se sent subjugué, annihilé par cette mâle et farouche
nature polaire !

Des légions innombrables de mouettes, de goélands,
errent autour du navire, rasant de l'aile les cordages, et
jetant au plus haut des airs leur cri long et plaintif : parfois un aigle se met à la poursuite de ces pauvres animaux,
et toute la troupe s'enfuit effarée. Des myriades d'*eiders*,
ou canards polaires, nagent sur la mer : ils sont souvent si
serrés qu'on les prendrait de loin pour des îles flottantes.
A l'approche du navire, ils plongent dans l'eau pour repa-
raître plus loin.

Les eiders, ces oiseaux précieux qui produisent l'édredon, sont protégés par une loi qui défend de les tuer
sous peine d'une amende assez élevée. Il y avait à bord du
Nordsjernen trois jeunes étudiants qui, en leur qualité
d'Anglais, se croyaient tout permis. Postés à l'avant du navire, ils tiraient à coups de revolver, — cet âge est sans
pitié ! — sur les troupes d'eiders. Heureusement pour les
eiders, les chasseurs étaient d'une maladresse consommée.
Un Norwégien, que révoltait ce barbare amusement, leur
administra, en bon anglais, un salutaire avertissement. En
dépit de cette leçon, nos étourdis devaient se signaler plus
tard par de nouvelles prouesses et faire parler d'eux

dans toute la Norwège. Le récit de cet incident trouvera sa place ailleurs.

Vers le soir, nous entrâmes dans la rade de *Bodö*, la capitale et aussi la seule ville du Nordland, si l'on peut donner le nom de ville à une cinquantaine de maisons de bois, où s'abrite une population de trois cents âmes. Il y a là trois ou quatre marchands, un amtmand (bailli) et un sorenskriver (juge). Bodö est une ville de fondation récente. Elle est située à l'entrée du Saltenfjord. Il y a quelques années, le gouvernement norwégien voulut y établir un entrepôt de commerce, à cause de la situation heureuse de la localité et de la proximité des îles Loffoden, où se fait la grande pêche ; mais, en dépit de ces avantages, les espérances qu'on avait fondées sur la jeune ville nordlandaise ne se sont pas réalisées : Bodö est restée stationnaire, éclipsée par Tromsö, sa rivale.

Le *Nordstjernen* faisait ici escale depuis neuf heures du soir jusqu'à minuit. Voulant nous dégourdir les jambes sur la terre ferme, nous sautâmes dans une nacelle qui contenait une quinzaine de personnes. De petites vagues faisaient invasion dans l'embarcation déjà trop surchargée, et je dois avouer que la perspective de chavirer dans l'océan Glacial ne me souriait guère. Aussi ce fut avec un véritable soulagement que je gravis avec mon compagnon les degrés de l'échelle verticale par laquelle on grimpe sur le quai de Bodö.

Notre premier soin fut de nous rendre au bureau de poste. Nous y confiâmes à un employé, que nous trouvâmes plongé dans un profond sommeil, des lettres qui ne devaient, hélas ! partir pour notre cher pays que dans une semaine. En voyage, cette préoccupation de lettres est une sorte de maladie. Qu'un voyageur arrive dans une ville, que cette ville soit sous l'équateur ou près du pôle, le premier objet de sa visite est toujours le bureau de poste, s'il y en a un. Heureux encore quand les communications postales sont faciles et rapides ; mais en Norwège, on est si loin de chez soi, qu'on est réduit à vivre sans cette chère pâture que l'on appelle les nouvelles du pays. Du moins, celles que l'on reçoit sont bien vieilles. En revanche, la Norwège a aujourd'hui un service télégraphique parfaitement organisé. Depuis six ans, un fil électrique de six cents lieues de longueur relie Christiania à l'extrême nord de la péninsule, et pour la modique somme de six marks (7 francs) on peut télégraphier en Europe du fin fond de la Laponie. Le télégraphe est partout une bénédiction, quoi qu'en disent les grincheux qui méprisent les bienfaits de la civilisation.

Bien qu'il fût neuf heures du soir, il faisait complètement jour comme à neuf heures du matin. Dans les premiers temps, nous avions peine à nous faire à ces lumineuses nuits du Nord, et nous nous demandions souvent si nos montres ne nous induisaient pas en erreur. Profitant de cette clarté propice, nous fîmes une promenade dans les campagnes qui environnent la ville. Quelle douce jouissance de humer l'air des champs après quelques jours de navigation ! Une belle route conduit de Bodö à l'église, située à une demi-lieue de la ville. Nous suivions cette route, en nous arrêtant presque à chaque pas pour contempler les beautés du paysage. Non loin de nous brillait, comme un lac, la nappe paisible du Saltenfjord. Dans la distance, nous apercevions les monts lointains qui séparent la Norwège de la Suède : leurs cimes neigeuses me rappelaient le magnifique panorama de Molde. La plus haute de ces montagnes est le pic de Sulit-

jelma[1], qui s'élève à six mille pieds au-dessus du niveau
de la mer. La mélancolie des soirs s'étendait sur la campagne et sur les cimes sublimes. Le ciel pâlissait au couchant, et le superbe glacier du *Blaamandsfjeld* passait tour
à tour par les teintes les plus riches et les plus variées. En
contemplant cette scène intraduisible, je pensais au *never*
du poète. *Never oh! never more!* — Ne reverra-t-on cela
« plus jamais » ?

Après une demi-heure de marche, nous arrivâmes au
pied d'une colline verdoyante couverte de bouleaux à têtes
rondes. C'est au milieu de ce site plein de fraîcheur et de
silence qu'est sise la jolie église de Bodö, bâtie sur l'emplacement d'une chapelle fort ancienne qui portait au
moyen âge le nom de *Halogaland*, nom souvent cité dans
les sagas irlandaises. L'église actuelle est construite en
pierres et en briques : c'est un luxe fort rare en Norwège.
Vu l'heure avancée, nous ne pûmes pénétrer dans ce rustique temple du Nordland. A l'extérieur, nous vîmes,
adossée au mur, une vieille pierre sépulcrale ornée du
portrait sculpté d'un personnage qui tient une main ap-
puyée sur la poitrine, l'autre sur une bible. L'inscription de
ce curieux monument, à demi effacée, est écrite en latin et
en caractères gothiques, et porte la date de 1666.

Pendant notre inspection, nous fûmes agréablement
surpris par l'arrivée du capitaine Roland et de quelques
passagers du *Nordstjernen*. Sur la proposition du capitaine,
nous entrâmes dans un gaard où nous bûmes du lait à
la façon des anciens patriarches. Le lait, — dont tout
le monde fit l'éloge, — nous fut servi dans un immense
bol en bois, qui passa de main en main. Chacun aspira

---

1 Cette dénomination est évidemment laponne.

à longs traits le liquide savoureux, si bien qu'au troisième tour de scrutin il ne resta plus rien au fond du bol.

Comme nous reprenions le chemin de Bodö, nous fûmes témoins d'un phénomène fréquent dans ces contrées septentrionales. Un immense cercle lumineux brillait dans le ciel; son éclat offusquait les étoiles. Au contraire de ce qu'on observe dans les halos et les aurores boréales, ce cercle était d'une teinte uniformément blanche, et son intensité variait de minute en minute. Le phénomène ne dura guère plus d'un quart d'heure : à onze heures du soir, tout était fini.

Nous traversâmes la longue rue de Bodö. A pareille heure, cette ville avait un air mystérieux et fantastique. Une lumière crépusculaire, pareille à celle qui précède le lever du soleil, éclairait la scène. La ville était profondément endormie. Vers minuit, nous revînmes au canot qui devait nous ramener à bord du *Nordstjernen* : nous y descendîmes au moyen d'une échelle raide. Un jeune rameur, en voulant sauter de l'échelle dans le canot, prit si mal son élan qu'il glissa : nous le vîmes disparaître dans l'eau calme et glacée... Il y eut un moment d'angoisse, qui heureusement se dissipa lorsque notre homme reparut à la surface. On le repêcha par la peau du dos, tout haletant, tout transi et claquant des dents. Brrr! on s'imagine ce que doit être un bain dans la mer Glaciale, à minuit! Cependant l'imprudent ne songea même pas à changer de vêtements, et comme j'en témoignais ma surprise, quelqu'un me dit : « Que cela ne vous étonne point! ça leur arrive tous les jours. Les Norwégiens ne meurent pas de ça! » Un fait curieux, c'est que les Norwégiens, qui sont nés marins, ne savent pas nager, à de très rares exceptions près.

Le 15 août, nous entrions dans le *Vestfjord*. C'était le jour de l'Assomption, le jour où étudiants, avocats, magistrats entrent en vacances et se disposent à prendre leur vol vers des contrées plus en vogue que la Norwège. Que nous étions loin déjà de cette bonne ville de Rotterdam, où nous nous étions embarqués le 31 juillet ! En quinze jours, nous avions franchi plus de cinq cents lieues par mer. Et que nous étions loin encore du terme de notre voyage ! Chaque tour de l'hélice nous emportait vers cet inconnu dont l'homme a soif, et nous éloignait davantage de la patrie.

Le Vestfjord, dans lequel nous naviguâmes une journée entière, est le plus vaste fjord qu'on trouve sur les côtes occidentales de la Norwège. Jamais, non, jamais je n'oublierai les aspects grandioses, surprenants qui s'offraient à nos regards à mesure que nous avancions dans ce magnifique détroit : comme vue de mer, c'est peut-être ce qu'il y a de plus beau en Europe. L'entrée du fjord a plus de vingt lieues de largeur ; au nord, il se rétrécit peu à peu et forme une sorte de canal compris entre la Norwège et le grand archipel des Loffoden, dont les hautes montagnes se distinguent vers l'ouest, comme une longue chaîne de cimes dentelées, tailladées en scie. A l'est, on aperçoit les sommets neigeux des monts lointains qui forment la frontière naturelle de la Suède. Il faut avoir vu ces grands paysages du Nord pour croire à leur sublime réalité. Les montagnes et les rochers resplendissent de glaces et de neiges. Ces neiges, en fondant, descendent sur leurs flancs, et forment de superbes cascades qui vont mourir en écume blanche dans la mer immense. Qu'on ajoute à cela les magiques nuances du ciel du Nord, l'aspect sombre et morne de l'océan Glacial, les

formes fantastiques des rochers, les teintes azurées des
glaciers, le silence solennel qu'interrompent seulement le
bruit des cascades et le cri rauque et plaintif des oiseaux de mer ; qu'on se représente enfin le merveilleux
éclat du soleil polaire, lorsqu'il éclaire de sa lumière la
plus vive ce magnifique ensemble de flots soulevés, de
neiges, de glaces, de pics et de rochers, et l'on n'aura
qu'une bien faible idée de la grandeur, de l'écrasante
majesté de ce tableau qui ne porte d'autre nom d'auteur
que Dieu !

V

LES LOFFODEN

Détails sur cet archipel. — Le Malström. — La pêche de la morue. — Organisation des pêcheries. — Vent violent. — Baie de Grötö. — Brouillards. — Lödigen.

Le groupe des Loffoden est situé presque à l'extrême nord de l'Europe. Il s'étend, sur un espace de plus de cinquante lieues, le long des côtes de la Norwège, du sud-ouest au nord-est. Ces îles, fort rapprochées les unes des autres, forment une sorte de barrière qui protège le Vestfjord contre les tempêtes de l'Océan. La plupart de ces îles sont habitées par une population de pêcheurs et de pilotes ; quelques-unes sont tout à fait désertes. Andenaes, dans l'île Andö, est considéré comme la capitale des Loffoden. Presque toutes ces îles sont d'un accès difficile et dangereux, à cause des rochers, des écueils et des bancs de sable. Les Loffoden sont stériles vers l'ouest, mais fertiles vers l'est. On y trouve de bons pâturages, qui nourrissent des chèvres et de petits moutons. Le point le plus élevé du groupe est à plus de trois mille pieds au-dessus du niveau de la mer. Vers le sud, l'archipel dégénère en rochers bas et stériles, où d'innombrables oiseaux de mer ont élu domicile.

Il existe des courants entre la plupart des îles Loffoden, tels que le Galström, le Napström et le Gimström; mais le courant le plus dangereux se trouve entre l'île Moskenaes et l'île Vaerö. C'est le fameux *Malström*, situé par 9° 20' long. E. et 67° 20' lat. N. On a dit et écrit bien des exagérations sur le Malström, qui n'est ni un gouffre ni un tourbillon, comme son nom pourrait le faire croire [1], mais bien un violent courant dont la vitesse dépend tout à la fois du vent, de l'état du temps et de la marée. Quand le vent souffle du nord-ouest et rencontre le reflux dans le détroit, la mer est dans une telle agitation entre l'île Moskenaes et l'île Vaerö que les navires ne pourraient y tenir un seul instant. Par un temps calme, les marins ne peuvent s'aventurer dans le détroit que pendant les trois quarts d'heure qui précèdent la marée montante. Alors même que la mer est tranquille comme un lac, le Malström est toujours dangereusement agité, si ce n'est pendant cette courte période. L'agitation du courant provient de l'immense masse d'eau qui, à la marée montante, est forcée de se livrer passage dans l'étroit canal resserré entre les deux îles. En outre, la profondeur de la mer décroît tout à coup à l'endroit où elle entre dans le détroit. A l'ouest des Loffoden, le sondage accuse une profondeur de cent à deux cents brasses, tandis que dans le détroit et dans le Vestfjord on ne trouve plus que seize à trente brasses : en sorte que toute la masse d'eau de l'Océan se trouve tout à coup comprimée entre les rochers de Moskenaes et de

---

[1] Malström est un mot norwégien qui signifie tournant, gouffre.

Vaerö. Quant aux histoires de navires engloutis par le tourbillon, ce sont là tout simplement des fables; mais si un navire venait à être entraîné par le courant, il irait probablement se briser contre les rochers et les récifs du détroit, s'il n'était immédiatement submergé par les vagues en furie. Le Malström est d'ailleurs complètement hors de la route suivie par les joegts du Nordland, et les vaisseaux ne sont pas obligés d'aller par cette voie. Les hardis marins qui connaissent ces parages font si peu de cas du Malström, que par les beaux temps ils passent et repassent le détroit au moyen des frêles barques du pays. Les pêcheurs s'aventurent même sur de petits bateaux et se livrent à la pêche au centre du canal. Les poissons, loin de redouter le Malström, s'y plaisent beaucoup, et les malins pêcheurs, qui savent cela par expérience, y tendent leurs filets. Tout le monde sait que les poissons de mer, aussi bien que les poissons de rivière, hantent volontiers les courants et les ressacs.

Que les baleines qui s'aventurent dans le Malström soient condamnées à périr englouties par le tourbillon, c'est encore là une fable qu'on trouve dans tous les manuels de géographie. Voici ce qui a donné lieu à cette légende. Près de l'île de Flagstadt, située un peu au nord de Moskenaes, il y a une passe étroite appelée Qualviig, entre les rochers qui font face à la ferme de Sund. Cette passe est d'abord très profonde, puis tout à coup sa profondeur se réduit à seize pieds. De tout temps, un très grand nombre de baleines ont échoué dans cette étroite crevasse. On ignore quelle puissance attractive peut attirer dans cette crique ces animaux, en général si prudents; mais, une fois engagée dans le canal, la baleine se trouve dans l'impossibilité d'en sortir, parce qu'il lui faut un

grand espace pour se retourner, espace qui lui fait défaut
dans cet étroit passage. A marée basse, l'énorme monstre
est abandonné là, sur le sable, à son malheureux sort. De
grandes baleines ont vécu huit jours dans cette souricière,
et les gens du pays disent qu'elles se débattaient en poussant d'affreux mugissements. Au commencement de ce
siècle, un mâle gigantesque y fut emprisonné : la femelle
l'y vint rejoindre avant le coucher du soleil, et les malheureuses bêtes moururent ensemble. Ceci se passait à
l'époque où un Norwégien du nom de Sverdrup occupait
la ferme de Sund : par un heureux hasard, plus de vingt
baleines échouèrent dans la passe pendant le temps qu'il
y habitait, et cette circonstance lui valut le surnom de *Roi
des Loffoden* [1].

Quand on parle des Loffoden, les deux premières idées
que ce mot éveille dans l'imagination sont le Malström,
dont je viens de parler, et la pêche de la morue, dont
je dirai quelques mots. Telle est l'importance de cette
pêche qu'on peut dire que c'est d'elle que dépend la
prospérité de la Norwège. En effet, c'est par elle que subsiste toute la population répartie sur les côtes occidentales
de cette partie de la péninsule scandinave. La grande
pêche commence en février et finit en avril, à l'époque
des froids et des longues nuits. Elle se fait dans le Vestfjord, sur les côtes occidentales des Loffoden. C'est là
qu'on trouve les bancs de pêche, indiqués sur les cartes
que le gouvernement norwégien a fait publier récemment
à ses frais. Ces cartes indiquent non seulement la nature
des bancs, mais aussi leur profondeur et leur étendue.
Les bancs des Loffoden se composent de trois lits ou

---

[1] Edward Charlton, *Notes and Queries,* april 1858.

terrasses : ces terrasses, loin de descendre en pentes insensibles, sont disposées comme les degrés perpendiculaires d'un escalier. La première terrasse se trouve à la profondeur d'une trentaine de brasses, et immédiatement au-dessous vient la seconde, dont la profondeur est de quarante à cinquante brasses. Le troisième banc se présente aussi subitement, sans inclinaison, à une profondeur d'environ cent vingt brasses. La morue se rend sur ces bancs pour y déposer son frai et pour y trouver un abri contre les vents et les vagues. On sait que c'est vers la fin de l'hiver que les morues quittent le grand banc de Terre-Neuve. Elles s'approchent alors des rivages de la Norwège, et leur affluence est prodigieuse dans les Loffoden, dont les fonds de sable et les eaux tranquilles les attirent par millions. L'abondance de ces poissons migrateurs est due à leur extrême fécondité. Leuwenhoeck, qui l'a constatée, a trouvé que l'ovaire d'une morue de moyenne grandeur renfermait neuf millions trois cent quatre-vingt quatre mille œufs! Cette fécondité vraiment prodigieuse assure aux pêcheurs d'inépuisables ressources, malgré les énormes quantités de morues dont ils dépeuplent la mer.

Il a été constaté, d'après les rapports officiels, que la pêche de la morue occupe quinze à seize mille hommes. Près de trois mille bateaux de pêche visitent chaque année les Loffoden. Le produit de la pêche, dans les années ordinaires, est de quinze à dix-huit millions de poissons, vingt mille barils d'huile, et six mille barils de rogue[1]. Il n'y a pas encore là le produit de deux morues, en supposant que tous les œufs aient pu éclore!

---

[1] *Laing's Norway,* c. VI.

Ce qui rend si productive la pêche des morues, c'est que tout, dans ces poissons, est utilisé : on sait quelle immense consommation on fait de leur chair; leur foie fournit une huile excellente employée dans l'industrie et administrée en médecine; leur vessie natatoire donne une bonne colle; leur langue est un mets délicat; de leurs têtes on fait un engrais nommé fiskeguano.

On se sert, pour la pêche de la morue, de filets et de lignes. Le meilleur appât est le hareng frais. Les morues, à peine sorties des filets, sont décapitées. Une partie de la pêche ne va pas directement aux séchoirs, elle est vendue fraîche aux marchands de Throndjhem, de Bergen, et même de Christiansand. Ceux-ci viennent acheter le poisson sur les lieux, le salent, le transportent sur leurs navires, et à leur retour le font sécher au soleil sur les rochers plats ou *klipper*, d'où le nom de *klip-fish* par lequel on désigne le poisson qui a subi la salaison. Celui qu'on prépare sans faire usage de sel s'appelle *stock-fish*: on le suspend à des perches après l'avoir vidé; on ne le retire du séchoir qu'au mois de juin.

L'organisation actuelle des pêcheries des Loffoden se ressent encore du système qui était en vigueur au temps de la Hanse. Le commerce se fait par voie d'échange : le marchand reçoit du pêcheur le nombre de poissons convenu, et paye en nature. Les marchands font souvent crédit aux pêcheurs, en sorte que ceux-ci se trouvent être presque toujours en dette, et alors que la misère les presse, ils ne peuvent compter sur le produit de leur pêche, qui appartient à leurs créanciers. On conçoit quelle triste conséquence amène un pareil système. Aujourd'hui encore, comme au temps de la Hanse, nul ne peut être marchand s'il n'a subi un examen sur la tenue des livres et sur une langue étrangère. Ce sont là de déplorables restrictions apportées à la liberté du commerce. Qu'on exige des garanties de capacité dans le cas où l'exercice d'une profession met en jeu les intérêts d'autrui, rien de plus rationnel; mais je ne vois pas en quoi l'ignorance d'un marchand pourrait nuire à autrui : s'il tient mal ses livres, tant pis pour lui; il ne nuit qu'à lui-même, ce à quoi la société n'a absolument rien à voir.

Les pêcheurs qui arrivent aux Loffoden se répartissent en groupes et choisissent leurs stations. Chaque groupe élit dans son sein un patron, dont le rôle consiste à juger les contestations, à consulter le temps, à diriger les opérations de la pêche. C'est lui qui commande l'expédition, qui donne le signal du départ, qui sonde la mer, et ne s'arrête pour commencer la pêche que lorsque la sonde rebondit sur le dos des morues entassées les unes sur les autres comme des harengs. Le règlement de 1830 veut que ce patron soit réélu chaque année : il reçoit de chacun de ses hommes un tribut de deux poissons. Les pêcheurs apportent avec eux leur provision de biscuit et d'eau-de-vie. Dans chaque île, il y a un marchand qui est obligé de subvenir à leurs besoins imprévus. Ce marchand leur loue, moyennant un impôt de vingt-quatre poissons par tête, les séchoirs et les misérables baraques où ils se reposent la nuit des rudes travaux de la journée. Mal vêtus, mal nourris, mal logés, sans cesse exposés au froid et à l'humidité, la plupart de ces pauvres pêcheurs sont accablés de rhumatismes, et ceux-là sont les moins à plaindre : car beaucoup contractent des maladies bien autrement terribles, le scorbut, la gale, l'éléphantiasis et la lèpre [1].

1 On peut lire, sur la pêche en Norwège, un intéressant article de la *Revue britannique* paru en 1874.

Les parages des Loffoden ont été connus dès la plus haute antiquité. Au moyen âge, la Hanse y avait établi de grandes pêcheries. En l'an 1120, le roi Eystein y avait fondé une église et bâti quelques maisons. Alors comme aujourd'hui, c'étaient les parages de l'île de Vaage qui

Ile de Vaage dans l'archipel des Loffoden.

étaient réputés les meilleurs. Les Loffoden étaient connues des anciens. Ce qui le prouve, c'est que les écrivains de ce temps parlent du Malström, qu'ils appelaient, dans leur langue imagée, le *nombril de la mer*. On prétend même que les Phéniciens et les Carthaginois visitèrent ces parages. Tout porte à croire que c'est à l'extrême nord de la Norwège que Strabon fait allusion lorsqu'il parle de l'*extrema Thule*, où règne un jour de plusieurs mois en été et une nuit de plusieurs mois en hiver.

Comme nous voguions sur les eaux du Vestfjord, qui est grand comme une mer, un vent violent faisait vibrer les cordages comme des cordes de violon. Le navire oscillait sous l'influence du roulis et du tangage. Le professeur hongrois, assis sur le pont, fut renversé deux fois avec son inséparable pliant. Un garçon de service, en portant le café sur le pont, laissa échapper plateau et tasses, et la liqueur fumante se répandit sur l'escalier, au grand amusement de tous les Anglais qui se trouvaient à bord. Le mal de mer fit maintes victimes.

Après avoir dépassé le *Foldenfjord*, un des principaux bras du Vestfjord, nous fîmes une courte escale dans la baie de Grötö. En cet endroit le paysage est d'une grande beauté. De tous côtés s'élèvent des montagnes prodigieusement hautes, dont les formes bizarres et tourmentées semblent dénoter une origine volcanique. A la distance de dix milles norwégiens (114 kilomètres), on aperçoit distinctement la longue chaîne des Loffoden, dont les montagnes dentelées échancrent le ciel comme les dents pointues d'un requin. La comparaison n'est pas neuve, mais elle est fort juste.

En quittant le petit port de Grötö, nous fûmes tout à coup enveloppés par les brouillards et la pluie, qui surviennent souvent inopinément dans ces parages. Un voile épais nous cacha pendant quelques heures les lignes vaporeuses des Loffoden. Les côtes du continent se laissaient voir plus distinctement : de temps à autre nous apercevions par une éclaircie de magnifiques glaciers qui descendaient de la cime des montagnes jusque dans la mer.

17

Si inconstante est la température des régions polaires,
qu'un nouveau changement de temps s'opéra tandis que
nous dînions dans la salle commune. Lorsque nous re-
montâmes sur le pont, à trois heures, nous étions en rade
de Lödigen. Je n'oublierai jamais l'agréable surprise que
j'éprouvai au moment où je gravissais le dernier degré
de l'escalier raide qui mène au tillac. Un ciel presque bleu
avait succédé à la brume qui, une heure auparavant,
enveloppait toute la nature. Ce fut comme un lever de
rideau splendide ; comme si la baguette d'une fée nous eût
transportés en un clin d'œil des brumes du Nord sous
le ciel radieux du Midi. Quelques montagnes étaient coiffées d'une calotte de nuages qui affectaient la forme de
leurs cimes. A l'horizon on distinguait toujours les monts
lointains des Loffoden, d'une magnifique teinte bleu foncé.
Les montagnes les plus éloignées se fondaient dans l'azur
du ciel par des dégradations insensibles. Mais ce qui
m'enchantait le plus, c'était le petit fjord au fond duquel
on découvre les maisons blanches de Lödigen. Je voudrais
pouvoir rendre ce tableau par la parole ; mais toutes les
paroles réunies n'ébaucheraient pas même le site. Qui
s'attendrait à trouver, en pleine zone glaciale, le plus
vert paysage que la main de Dieu ait jamais formé? On
est à se demander par quel enchantement, par quel contraste indicible on se trouve ainsi transporté subitement,
sans transition, au beau milieu d'un lac de la Suisse.
Au point central de ce lac se découvre une charmante
petite île où se cache timidement l'humble maison d'un
pêcheur, qui est roi dans son petit empire ; n'est-il pas
plus heureux qu'un prince? Une chose pourtant me dit
que la Suisse est bien loin : j'ai beau chercher les sapins
à la fine colonne, à l'aiguille élancée, ils ont disparu

depuis le cercle polaire. Cette pâle verdure qui égaye le paysage n'est autre que celle des bouleaux nains, le seul arbre qu'on rencontre encore dans ces latitudes déshéritées de la nature.

A peine a-t-on dépassé Lödigen, que le Vestfjord se contracte entre la Norwège et l'île *Hindö*, la plus grande du groupe des Loffoden : cette île est grande comme une de nos provinces. Le Vestfjord, qui ailleurs a vingt lieues de largeur, n'est plus ici qu'un canal étroit, à peine assez large pour laisser passer de front deux navires. Il faut toute l'habileté d'un pilote exercé pour mener le steamer par les sinuosités de ce fleuve marin, au-dessus duquel surplombent à droite et à gauche des rochers nus et escarpés qui semblent vouloir nous menacer d'un ef-froyable ensevelissement. Ailleurs reparaissent les pentes herbeuses et les bouleaux ; à chaque instant l'oasis suc-cède au désert : il y a alors comme une recrudescence de végétation favorisée par le brûlant soleil du Nord, qui en cette saison reste presque en permanence au-dessus de l'horizon. Mais ces scènes riantes ne sont que passa-gères, et le désert nu et désolé ne tarde pas à reprendre son empire.

Au sortir du détroit, le steamer pénètre dans l'*And-fjord* et continue à côtoyer la partie septentrionale de l'île Hindö, dont les rochers, riches en oxyde magnétique, ont la propriété d'agir sur l'aiguille aimantée et d'affoler la boussole.

VI

HISTOIRE D'UN LAPON

L'Andfjord. — Arstadham. — Les Finmarkiens. — Costumes lapons. — Lars
Haettaa et Henrik Penthaa. — La révolte des Lapons en 1852. — Histoire de
Lars Haettaa. — Dans quel but il se rendait à Tromsö.

Vers cinq heures du soir nous relâchions à Arstadham, près de Sandtorv. C'est la première station du Finmark. Le Finmark est la province la plus septentrionale
non pas seulement de la Norwège, mais de tout le continent européen. L'arrivée du steamer dans ces lointaines
contrées du Nord est une fête : le pavillon norwégien
flotte sur la maison du marchand, la population se presse
sur les quais, et les barques affluent autour du bateau à
vapeur pour recevoir les lettres et les marchandises. On
aime à considérer ces beaux hommes du Finmark, vêtus de
la traditionnelle veste de vadmel. Avec quelle dextérité ils
manient la rame ! Le vieux sang normand coule dans leurs
veines. Ce sont bien là les descendants de cette forte race
scandinave, de ces Vikings qui tant de fois se ruèrent sur
l'Europe. Malavisé eût été celui d'entre nous qui eût voulu
se mesurer avec ces robustes athlètes.

Notre attention fut détournée de tout ce monde par l'arrivée d'une barque qui nous amenait les plus étranges personnages que j'aie jamais vus. Ils étaient deux. L'un portait une blouse de vadmel rouge à bordure bleue : sa longue chevelure noire flottait sur un large collet; ses jambières, fixées au moyen de rubans rouges enroulés autour de la cheville, s'engageaient dans de grossières chaussures faites de peau de renne; il portait à la ceinture un énorme coutelas dont le manche était en os de renne; une mitre d'étoffe rouge, carrée comme la coiffure des Polonais, et bourrée de plumes, couronnait sa bizarre personne. Son compagnon portait une blouse de laine blanche et un vieux chapeau gris tout déformé, dont quelque Norwégien lui avait sans doute fait cadeau. A première vue, nous reconnûmes que nous avions devant nous des Lapons. Ces braves gens avaient l'air intelligent et bon. Bien qu'ils ne fussent pas des Lapons vulgaires, comme nous l'apprîmes bientôt, tous deux étaient d'une saleté repoussante. Suivant l'usage des Lapons, ils ne portaient pas de linge, et leur personne exhalait au loin une odeur *sui generis* qui, je vous le jure, ne flattait l'odorat en aucune façon. Piqués par une curiosité bien naturelle, nous les accablâmes de questions à l'aide d'un interprète, et ils se prêtèrent bien volontiers à notre indiscrétion. L'un s'appelait *Lars Haettaa* : ses petits yeux gris lançaient des regards pleins de vivacité, et l'ensemble de sa physionomie dénotait une rare énergie et beaucoup de perspicacité. Il était blond, assez petit de taille, et pouvait être âgé d'environ quarante ans. Celui qui l'accompagnait était son serviteur. Le serviteur était mieux habillé que le maître. Nez aquilin, bouche démesurément large, pommettes saillantes, front fuyant, orbites profondes,

cheveux d'un brun foncé et barbiche brune : tels étaient
les traits caractéristiques de sa physionomie. Ses bras
étaient d'une longueur exceptionnelle. Il portait le nom
de *Henrik Penthaa*. Nous eûmes la chance de trouver à
Tromsö son portrait. Nous lui achetâmes, pour quelques
marks, sa ceinture et son couteau, magnifique spécimen
de fabrication laponne : on y voit gravés sur la lame de
grossiers caractères assez semblables aux anciennes runes
scandinaves.

L'histoire de Lars Haettaa est fort étrange. C'est un
homme d'un esprit très remarquable. Il est originaire de
Kautokeino, pauvre bourgade située au centre de la Laponie, et qui en est en quelque sorte la capitale, si l'on
peut donner ce nom à un groupe de vingt à trente maisons
qui ne sont habitées que pendant une partie de l'année.
Dans le temps où les missionnaires protestants commen-
çaient à prêcher en Laponie, quelques païens se soule-
vèrent contre eux. A Kautokeino, il y eut du sang versé.
C'était en 1852. Jacobsen Haettaa, le père de Lars Haettaa,
était le chef de la révolte. Un marchand norwégien, qui
résidait à Kautokeino, fut lâchement assassiné avec le
landsmann ; quant au ministre, il parvint à se sauver. Lars
Haettaa, qui n'avait alors que dix-huit ans, trempa dans le
meurtre. Son père et les autres complices furent condamnés à mort et décapités à Bosekop, en 1854. On conserve
encore, au musée de Bergen, leurs têtes moulées en plâtre.
Lars Haettaa fut également condamné à mort ; mais, en
considération de son jeune âge, on commua sa peine en
celle des travaux forcés à perpétuité. On l'envoya à Christiania, où il expia son crime dans la forteresse d'Agger-
huus. Le jeune Lapon s'instruisit en prison. Lui qui avait
passé son enfance dans les fjelds déserts du Finmark, au

milieu des troupeaux de rennes, lui qui n'avait connu jusqu'alors que l'existence nomade, la libre et indépendante
vie pastorale, il se consola de la liberté perdue en apprenant à lire ! Il étudia la langue norwégienne, lut la Bible,
et la traduisit en langue laponne sur une version protestante. Il composa des hymnes et des poésies d'une facture
admirable. Sa traduction de la Bible est aujourd'hui uni-
versellement répandue en Laponie. A Hammerfest, nous
en avons eu un exemplaire entre les mains. Après avoir
expié son crime par dix années de détention, Lars Haettaa
obtint sa liberté. Par sa conduite le meurtrier d'autrefois
mérita si bien les sympathies de tous que le professeur
Fries, de l'université de Christiania, de tous les Norwégiens le mieux versé dans la langue laponne, n'hésita pas
à le prendre pour compagnon de voyage : ils parcoururent
ensemble la Laponie tout entière, depuis les côtes norwégiennes jusqu'à la mer Blanche. Au terme du voyage,
Fries et Haettaa se séparèrent, et cette séparation dut être
touchante ; l'un revint à Christiania, l'autre retourna à sa
vie nomade dans les déserts glacés de la Laponie. Le tra-
ducteur de la Bible redevint le berger d'autrefois, mais il
n'oublia point la poésie ; et aujourd'hui encore, quand il
mène paître par les fjelds ses troupeaux de rennes, il
chante les beautés de son pays et célèbre les louanges de
la vie nomade.

Telle est, en deux mots, la curieuse histoire du Lapon
Lars Haettaa. Cette histoire nous fut racontée par un des
passagers du *Nordsjernen*, le pasteur de Talvik : comme
tous les pasteurs du Nordland et du Finmark, il parlait
la langue laponne. Lars Haettaa répondait avec beaucoup
de bon sens aux questions que nous lui adressions par
l'intermédiaire du pasteur. Il nous apprit qu'il se rendait

à Tromsö dans le but de demander à l'amtmand l'autorisation de s'établir avec ses troupeaux de rennes sur les
pâturages qui avoisinent Arstadham. Cette autorisation
est nécessaire chaque fois qu'un Lapon veut se fixer sur
les côtes ; dans l'intérieur, il est libre de s'établir où il
veut. C'est la grande question des empiètements des deux
races. Les Lapons nomades se prétendent les maîtres de
tout le pays qui porte le nom de Laponie, et ils reven-
diquent le droit de mener paître leurs troupeaux sur les
côtes dont ils se sont vus dépossédés par les Norwégiens.
Ceux-ci, au contraire, se prétendent les seuls maîtres
des côtes et ne veulent laisser aux Lapons que les déserts
de l'intérieur. Les Lapons se fondent sur le droit du premier occupant, et les Norwégiens leur répondent par le
droit de conquête. Comme les juges norwégiens et lapons pourraient bien mettre en doute notre compétence,
nous nous abstiendrons de nous prononcer en pareille
matière. Quoi qu'il en soit, il serait à désirer que cette
question, qui préoccupe depuis si longtemps le gouvernement norwégien, fût enfin résolue d'une manière équi-
table. Lars Haettaa nous développa à ce sujet ses idées,
qu'il serait trop long d'exposer ici. L'entretien terminé,
j'offris à mon intéressant interlocuteur un cigare qu'il
accepta de grand cœur ; il m'offrit du feu en échange, et
je sympathisais déjà avec cet homme, à qui le fanatisme et
l'ignorance avaient fait commettre une faute dont il n'avait
sans doute point compris la portée.

VII

TROMSÖ

Le 16 août, vers sept heures du matin, nous jetâmes l'ancre dans la rade de Tromsö, où le steamer devait relâcher pendant une journée entière.

Tromsö n'est pas une ville bien ancienne. Au siècle passé, ce n'était encore qu'une misérable bourgade. Mais depuis quelques années elle a pris un mouvement rapide et considérable, et elle est aujourd'hui le chef-lieu du Finmark, ou Laponie norwégienne. Elle est le siège d'un tribunal, d'un amtmand (gouverneur de province) et d'un évêque protestant. Elle envoie un député au Storthing : ce député a plus de cinq cents lieues à parcourir chaque fois qu'il doit aller occuper son siège à Christiania. Il y a actuellement à Tromsö deux médecins, quatre avocats, et deux prêtres catholiques, un Belge et un Allemand. Tromsö ne compte pas moins de cinq mille âmes, chiffre fort res-

pectable pour une ville située près du 70° degré, à plus de
cinquante lieues au delà du cercle polaire : cette latitude
est celle du détroit de Melville, de la baie de Franklin, de
l'île Discoo et des établissements les plus reculés du
Groënland. Les gens du pays qui n'ont jamais vu de plus
grande ville que Tromsö, lui décernent le titre pompeux
de *Paris du Nord*. Les Parisiens de l'endroit sont pour la
plupart des marchands de stock-fish. C'est aux pêcheries
des Loffoden que Tromsö doit toute sa prospérité. Le
séjour de cette ville est, dit-on, fort supportable en hiver :
le froid n'y est pas aussi rigoureux qu'on serait tenté de le
croire; grâce au voisinage de la mer, grâce surtout à l'influence du gulf-stream, la température y est infiniment
plus douce que dans toutes les autres contrées situées à
pareille latitude. Les maladies épidémiques y sont à peu
près inconnues. Les habitants sont vigoureux et de haute
stature : on prétend qu'ils atteignent presque tous un âge
très avancé. Malheureusement ils sont ignorants, superstitieux et adonnés à l'ivrognerie, cette plaie des pays du
Nord.

Tromsö est une cité de bois, comme la plupart des villes
qu'on trouve en Norwège et en Suède. La ville est située
dans une délicieuse petite île qui lui a donné son nom,
au pied d'un coteau verdoyant, et à l'entrée du large
Balsfjord si bien décrit par l'auteur d'*Afraja* : c'est un
large canal encaissé entre des montagnes grandioses :
leurs cimes sourcilleuses, au milieu desquelles trône le
mont *Kilpis*, sont couvertes de neiges perpétuelles. Cette
situation de Tromsö est vraiment merveilleuse, et l'on
n'est pas peu surpris de rencontrer sous une latitude aussi
septentrionale, et au milieu des glaciers éternels, un véritable paradis terrestre. Les maisons, en général fort élé-

gantes, se déploient en amphithéâtre depuis le fjord
jusqu'à la colline. Cette colline, boisée de bouleaux et
semée de gracieuses maisons de campagne, m'a rappelé
involontairement la célèbre colline de Turin. Il n'y a, à
proprement parler, qu'une seule rue, longue d'environ un

Tromsö, capitale de la Laponie norwégienne.

kilomètre : elle est macadamisée, bordée de trottoirs et
d'égouts ; à chacune de ses extrémités elle aboutit à un
glacier. Vers le centre de la rue, au milieu d'une petite
place carrée, s'élève l'église protestante, dont la flèche
élancée se distingue de loin, soit qu'on vienne du sud ou du
nord. C'est dans cette cathédrale de bois, modeste construction sans style ni prétention, que l'évêque officie

lorsqu'il n'est pas en tournée dans son vaste diocèse : on prétend que l'inspection complète de l'évêché ne demande pas moins de quatre années. L'évêché de Tromsö est peut-être le plus vaste de l'Europe, mais aussi le moins peuplé. Non loin de l'église protestante se trouve une petite chapelle desservie par deux missionnaires catholiques : il y a deux cents catholiques à Tromsö.

La rue de Tromsö présente une certaine animation. Chaque maison est une boutique. On y vend des poissons, des fourrures, des denrées, des objets de fabrication laponne. Les marchands ignorent les séductions de l'étalage. De cent lieues à la ronde, les Lapons viennent ici se pourvoir des objets dont ils ont besoin : ils troquent des peaux de renne contre de l'eau-de-vie et du tabac. On les reconnaît à leur costume bizarre et à leur type tout particulier. Les marchands ont pour eux la même aversion que les Yankees à l'égard des Indiens de l'Amérique. Je n'en citerai qu'un exemple. Un marchand traitait fort durement un de ces pauvres Lapons qui osait se permettre de marchander; témoins de cette scène, nous offrîmes un cigare au Lapon : il accepta sans songer à nous remercier, ce qui lui valut de la part du marchand deux ou trois coups de pied qu'il accepta comme le cigare, sans remercier, mais aussi sans murmurer. Les Norwégiens considèrent les Lapons comme une race fort inférieure à la leur, et les Lapons se courbent devant leur suprématie. Lorsqu'un Lapon entre dans la demeure d'un Norwégien, il affecte la plus grande humilité : lui offre-t-on un siège, il se reconnaît indigne de s'y asseoir, et s'accroupit par terre. Les Norwégiens d'ailleurs évitent autant que possible les relations avec les Lapons.

Tromsö fait un commerce assez considérable avec la

Russie. Le pavillon de cette nation flottait au mât de la plupart des vaisseaux qui se trouvaient dans le port. Ces bâtiments viennent d'Arkhangel et des autres ports de la mer Blanche; ils apportent à Tromsö du blé, des fourrures, en échange de la morue. Ces bateaux russes sont de faible tonnage, et l'on a peine à comprendre comment ils peuvent affronter les tempêtes de l'océan Glacial. Nous remarquâmes aussi dans le port un petit yacht de plaisance, au pavillon anglais : ce yacht, qui avait nom *Hyacint,* venait d'accomplir le voyage du Spitzberg. Le port de Tromsö est large et profond. Le long du rivage règne un quai de bois, où les magasins se penchent sur l'eau pour recevoir la cargaison.

Les environs de Tromsö sont peu fertiles, et les habitants seraient bien malheureux s'ils étaient livrés à eux-mêmes. Le blé est importé de Russie par la voie d'Arkhangel; les légumes viennent de Hollande; les bestiaux arrivent du Danemark ; la bière vient des excellentes brasseries de M. Schou, à Christiania; enfin les navires espagnols et portugais apportent à Tromsö le xérès et le porto, ce soleil en bouteille qui réchauffe le Nord glacé, suivant l'expression pittoresque d'un romancier.

Le bouleau nain est le seul arbre que nous ayons vu aux environs de Tromsö. Si la végétation n'est pas riche, en revanche elle se développe avec une rapidité dont on ne peut se faire une idée dans nos contrées tempérées. L'orge est semée et récoltée dans l'espace de trois mois, et l'on prétend qu'elle croît de deux pouces et demi en vingt-quatre heures. Ceci d'ailleurs s'explique facilement quand on songe qu'en été le soleil ne disparaît pas de l'horizon pendant dix semaines, et que la fraîcheur des nuits n'est pas là pour tempérer la chaleur excessive qui règne à cette époque dans la zone polaire.

Si la nature a imposé des limites à la végétation, elle n'en a imposé aucune à l'esprit humain. Tromsö, bien- que réléguée au bout du monde, n'est pas dépourvue de tout mouvement intellectuel. Il y a un collège où l'on enseigne les sciences usuelles, les langues modernes, et aussi le latin, le grec et l'hébreu. Le collège de Tromsö reçoit les enfants du Finmark qui se préparent à suivre les cours de l'université de Christiania. Il y a de plus à Tromsö et dans chaque localité importante de Tromsöstift un certain nombre d'écoles primaires. Je tiens de bonne source que dans le canton de Tromsö les écoles sont fré- quentées par vingt-quatre mille enfants, dont cinq mille Lapons et cinq cent vingt-neuf Qvènes. Ce chiffre de cinq mille écoliers lapons suppose une population de plus de vingt-cinq mille Lapons pour le seul canton de Tromsö. Qui donc a dit que la race laponne est en voie de s'éteindre! Encore n'y a-t-il que les Lapons qui ont une demeure fixe qui puissent envoyer leurs enfants à l'école. Ceux-là vivent de la pêche, et établissent leur tente au bord de la mer, sur les rives des fjords. Ce sont les *Sofinner*, ou Lapons de mer. Ils sont plus sédentaires que les *Fjeldfin- ner*, ou Lapons des montagnes, qui errent sans cesse avec leurs troupeaux, et qui sont de loin les plus nombreux. Les *Fjeldfinner*, en leur qualité de nomades, ne peuvent guère fréquenter l'école; mais ils ne sont pas privés ce- pendant de tout moyen de s'intruire : des maîtres d'école ambulants parcourent le pays, aux frais du gouvernement, à certaines époques de l'année, et se rendent au milieu des campements lapons pour donner à ces nomades quelques notions élémentaires de grammaire et de calcul.

Les *Qvènes*, dont j'ai cité tantôt le nom, sont les véritables Finois[1]. Bien qu'ils portent le même costume que les Lapons, ils forment un peuple à part. Leur type diffère entièrement du type lapon. Ce sont des hommes grands et forts, tandis qu'en général les Lapons sont frêles et de petite taille.

Tromsö n'a pas seulement des écoles, mais aussi une bibliothèque qui compte déjà bon nombre de volumes. Elle a une petite salle de théâtre où l'on joue des traductions de pièces étrangères et les vieilles comédies de Holberg, ce Molière du Nord. Elle possède une société musicale, qui occupe un magnifique local, tout fraîchement peint, puis une société littéraire formée par les marchands de l'endroit : on y reçoit les journaux de Christiania et de Bergen, et quelques journaux illustrés parmi lesquels trône l'inévitable *Illustrated London News*. Enfin, qui le croirait ! il se publie actuellement à Tromsö deux gazettes locales qui ont respectivement pour titre : *Tromsöposten*, et *Tromsö Stiftstitende*. Ce sont de petites feuilles in-quarto, qui paraissent deux fois par semaine, chacune à des jours différents. Ces deux organes de la presse hyperboréenne n'appartiennent pas au même parti politique, et par conséquent se livrent une guerre à outrance. Parmi nos souvenirs de voyage, nous conservons encore précieusement des numéros du Tromsöposten et du Tromsö Stiftstitende, publiés précisément en temps d'élection. Si je pouvais mettre ces échantillons sous les yeux du lecteur, il pourrait s'assurer que la polémique, en Laponie, dépasse tout ce qu'on peut imaginer de mieux en ce genre. Où donc encore cette turbulente politique ira-t-elle se nicher !

Durant notre court séjour à Tromsö, nous fîmes la con-

---

[1] Les Norwégiens appellent indistinctement *Finner* tous ceux qui portent le costume lapon.

naissance de la plupaat des notabilités de l'endroit. Nous
fûmes fort bien reçus chez M. Tack, le consul français,
un des plus riches marchands de Tromsö. Il nous montra
ses vastes magasins, qui s'avançaient au milieu de la mer
sur de solides pilotis. Nous vîmes là des milliers de morues
sèches, quantité de peaux de phoques, des dents de morses,
et toutes sortes de fourrures qui se vendent à un prix fabuleusement modique. En Norwège, le titre de consul est
la plus haute distinction à laquelle puisse aspirer un marchand.

Nous ne nous attendions guère à trouver à Tromsö un
restaurant tenu par un Marseillais, M. F***. Cet homme
s'est acclimaté en Norwège depuis dix-huit ans. Il a perdu
tout son avoir dans des spéculations malheureuses, et se
propose de retourner en France dès qu'il aura amassé un
pécule. Entre temps, il donne là-bas des leçons de français : il a écrit une grammaire franco-norwégienne. Pauvre
homme! s'imagine-t-il qu'on s'enrichit à donner des leçons
et à tenir un restaurant en Laponie?

Une des plus agréables rencontres que nous fîmes à
Tromsö fut celle de notre compatriote le *pastor* de K***,
prêtre catholique. Nous trouvâmes en lui un homme très
intelligent et fort affable, et il nous parut doué d'autant
de tact que d'énergie, qualités indispensables chez le
missionnaire. Il nous parla beaucoup de l'Islande, où il a
été en mission pendant de longues années. Il venait de
Christiania, où il avait appris le norwégien, et n'était fixé
dans sa nouvelle résidence de Tromsö que depuis quinze
jours.

Dès qu'il aura acquis des notions suffisantes de la langue
laponne, il visitera l'intérieur du Finmark et évangélisera
les Lapons. Les Lapons ne sont pas dépourvus de senti-

ments religieux. Ils observent le repos du dimanche et visitent, quand ils le peuvent, les églises norwégiennes protestantes. Ils conservent d'ailleurs des superstitions et des pratiques païennes. Ils appellent Dieu du nom de Jumal, nom qu'ils donnaient à leur ancienne divinité. Un des traits distinctifs des Lapons, c'est leur amour désordonné des liqueurs fortes. Les femmes, sous ce rapport, ne le cèdent en rien aux hommes; mais on peut dire, à leur décharge, qu'elles sont bonnes mères de famille. Les Lapons sont si naturellement enclins à la funeste habitude de l'ivrognerie qu'il est fort difficile de les en guérir. Il y a quelques années, on éleva dans le luthéranisme, à Tromsö, un jeune orphelin lapon : on voulut en faire un pasteur et l'envoyer en qualité de missionnaire parmi ses compatriotes. Il étudia la théologie, il arriva même au grade de ministre et se mit à prêcher; mais il conserva si bien l'habitude de s'enivrer que ses protecteurs durent l'abandonner en désespoir de cause et le renvoyer à sa tribu : le drôle se remit à mener les troupeaux de rennes par les montagnes.

VII

CHEZ LES LAPONS

Le campement du Tromsdal. — Aspect de cette vallée. — Enclos des rennes. — Habitations laponnes. — Travaux des Lapons. — Leur nourriture. — Troupeaux de rennes. — Utilité du renne. — Détails sur les Lapons. — Origine de cette peuplade.

Nous avions entendu dire qu'il y avait aux environs de Tromsö un campement de Lapons. L'occasion était trop belle pour la laisser échapper. Aussi nous ne voulûmes point quitter Tromsö sans faire cette visite obligée. Nous recueillîmes des renseignements, et nous apprîmes que le campement était situé à une lieue de la ville, au fond de la vallée du Tromsdal, qui s'ouvre à peu près en face de Tromsö, sur la rive opposée du Balsfjord. Le roi, qui avait passé à Tromsö trois semaines avant nous, avait visité ce même campement, et, à cette occasion, les Lapons y avaient réuni un grand nombre de rennes. On nous dit aussi que pendant le jour les rennes étaient disséminés dans les pâturages, et que si nous voulions les voir, le mieux était d'attendre l'heure où les Lapons les rassemblent pour les traire, opération qui a lieu d'ordinaire entre six et huit heures du soir.

Nous nous mîmes donc en route vers quatre heures et demie pour le pays des Lapons. A une matinée pluvieuse avait succédé un après-dîner splendide. Nous louâmes un canot et passâmes le fjord, dont les eaux d'un vert bleuâtre miroitaient comme une glace au soleil. Ce fjord calme comme un lac, ces imposantes cimes neigeuses qui fermaient partout l'horizon, cette verdoyante colline au pied de laquelle s'étagent les riantes maisons de bois de la plus grande ville de Laponie, tout cela formait un ensemble magnifique, un tableau saisissant. Au bout d'une demi-heure, nous débarquons sur la rive opposée. Nous donnâmes congé au rameur, en lui recommandant d'être à son poste à huit heures du soir. Puis nous nous engageâmes dans la vallée du Tromsdal, au fond de laquelle nous devions trouver nos Lapons. Nous suivons d'abord un chemin planté de bouleaux; puis le chemin disparaît pour faire place à un mauvais sentier, et nous pénétrons dans un bois de bouleaux. Là règne un silence absolu, interrompu seulement par le cri sinistre de la gelinotte, qui imite à s'y méprendre le sifflement humain. Le sentier court au milieu des fougères et des myrtilles, et nous éprouvons une jouissance inexprimable à contempler ces derniers vestiges de végétation qui nous rappellent la patrie absente, et que nous ne verrons plus lorsque nous irons plus au nord. Au bout d'un quart d'heure nous sortons du bois; nous n'apercevons encore aucune trace des Lapons : c'est à croire que nous nous sommes trompés de chemin. Nous rencontrons un renne sauvage qui s'enfuit à notre approche. Le pays a véritablement l'aspect de la Laponie. Nous marchons sur un sol noir et humide, où le

pied s'enfonce comme dans la tourbe. L'étroite vallée me
rappelle celle de Vestfjordal en Thélémark; mais elle est
plus sauvage et plus solitaire. Quelques bouleaux nains
croissent sur les deux versants. Nous suivons un torrent
rapide qu'il nous faut traverser maintes fois sur un frêle
tronc de bouleau jeté en travers en guise de pont.

Après une heure de marche, j'aperçois au loin une
fumée bleuâtre : je la signale à mon compagnon en poussant un cri de joie; nous ne nous sommes donc pas
perdus, c'est là que doit se trouver le campement. Nous
pressons le pas. Bientôt nous rencontrons les enclos où
les rennes sont parqués chaque soir : ils sont vides, car
les troupeaux sont encore aux pâturages. Ces enclos sont
de forme circulaire, ont dix à douze ares d'étendue,
et sont fermés par une palissade construite de troncs de
bouleau fichés en terre et réunis par des branchages. A
quelques pas de là, nous apercevons une femme laponne
accroupie par terre et occupée à fabriquer un berceau :
nous l'accostons, et elle nous souhaite la bienvenue par
de bruyants éclats de rire qui témoignent de la joie qu'elle
éprouve à contempler deux étrangers. Nous voilà aussitôt
entourés d'une foule de Lapons, hommes, femmes et
enfants, sortis je ne sais d'où : ils braquent les yeux sur
nos poches, curieux de savoir ce qui en sortira, et des
éclairs de bonheur illuminent leur visage au moment où
nous leur présentons des cigares; ils s'empressent d'en
allumer un et le passent de bouche en bouche. Ils nous
vendent, pour une bagatelle, des souliers d'enfant, sorte
de sacs en peau de renne bourrés de foin, des cuillers en
corne de renne grossièrement sculptées, et d'autres objets
de fabrication laponne. Puis ils nous invitent du geste à
passer dans leur habitation. Le campement se compose

de trois huttes habitées chacune par une famille. Nous
pénétrons dans la plus grande. La construction en est
aussi simple que primitive : il n'y entre ni briques ni mortier. Quelques troncs de bouleau plantés en terre sur un
espace circulaire de quatre mètres de diamètre forment
la carcasse de l'édifice, qui a la forme d'un pain de sucre.

Dame de Karasjok en Laponie.   Lapon nomade en costume d'hiver.

Cette carcasse est recouverte de terre gazonnée; au sommet, à trois mètres de hauteur, s'ouvre un large trou, par
où s'échappe la fumée. La porte est si basse qu'il faut se
plier en deux pour pénétrer dans l'intérieur. Nous avons
passé une heure entière dans cette hutte puante et enfu-
mée, au milieu d'une famille de sept ou huit Lapons
qui s'y trouvait entassée. Il y avait parmi eux une vieille
grand'mère, au moins octogénaire, qui me faisait songer

aux sorcières de Macbeth. Sa fille semblait non moins vieille. Nous leur offrîmes un cigare, qu'elles savourèrent avec délices. Elles ne cessaient de rire en nous voyant considérer tous les objets que nous avions sous les yeux. Il n'y avait là ni table, ni chaises, ni lits, ni meubles d'aucune sorte : les Lapons se passent volontiers de tout ce luxe inutile, inventé par la civilisation moderne. De grosses pierres nous servaient de sièges, tandis que nos hôtes s'asseyaient à la manière orientale en se croisant les jambes sur le sol jonché de bruyères. Tout autour de la hutte étaient rangées des peaux de renne : ce sont les seuls lits en usage chez ces sauvages. Hommes, femmes et enfants dorment dans la même hutte, les uns à droite du foyer, les autres à gauche. Nos Lapons n'avaient d'autres ustensiles que quelques pots de bois de bouleau, dans lesquels ils conservent une sorte de fromage blanc fait du lait de leurs rennes. Ils mangent ce fromage à l'aide de petites cuillers plates en os de renne. Au milieu de la hutte flambait un grand feu de bois, dont la fumée s'échappait avec peine par l'ouverture pratiquée au sommet de l'habitation. Dans la marmite suspendue à une branche de bouleau munie d'un crochet en guise de crémaillère, cuisait je ne sais quel horrible breuvage : c'était leur *suppa*. Mon compagnon en prit une gorgée, et déclara que c'était tout uniment une *soupe à la* farine : sur quoi nos Lapons s'exclamèrent tous ensemble : *Suppala! Suppala!* tout jubilant de retrouver dans la langue que nous parlions leur mot *suppa*. Ces braves gens avaient chacun leur occupation : l'un confectionnait un grossier fourreau en bois destiné à recevoir son couteau ; un autre, accroupi dans un coin, travaillait à une paire de souliers en peau de renne tout en fumant silencieusement sa pipe ; une jeune mère, sans doute la petite-fille de l'octogénaire, allaitait son enfant et lui ôtait de petits cosmopolites qu'elle appelait *loo*. Une autre femme fabriquait, avec les dents, du fil de nerf de renne, dont nous eûmes beaucoup de peine à obtenir un échantillon : ce fil est d'une solidité à toute épreuve, et les Lapons s'en servent non seulement pour coudre leurs habits, mais même pour joindre les planches de leurs huttes : l'usage des clous leur est inconnu. Une jeune Laponne confectionnait un berceau d'enfant : ces berceaux lapons sont faits de planchettes de bouleau, garnis de cuir de renne, et bourrés de foin.

La frugalité est une vertu laponne : nos hôtes n'eurent à nous offrir que du renne fumé, du fromage de renne, et une sorte de galette grossière, extrêmement dure, qui rappelle le flatbröd des paysans norwégiens : cette galette semblait être leur principale nourriture : ils ne cessaient d'en grignoter. Ces Lapons connaissaient quelques mots de norwégien : ils nous demandèrent en cette langue de quel pays nous étions. Nous sûmes plus tard que l'un d'eux, qui s'appelle *Henri Amma*, remplit auprès de sa tribu les fonctions de *kirkevœrge*, ou économe de l'église : c'est lui qui assiste le pasteur lorsqu'il fait sa tournée, et qui recueille parmi les Lapons les dons destinés à l'église.

Vers sept heures du soir, un Lapon vint nous dire : *Rensdur Komme*, pour nous annoncer l'arrivée des rennes. Nous sortîmes de la hutte par la petite porte de bois qu'il faut passer en courbant le dos, et nous vîmes descendre de la montagne un immense troupeau de trois à quatre cents rennes : ils étaient conduits par de jeunes Lapons; leurs énormes bois, qui avaient atteint à cette

saison toute leur croissance [1], formaient une véritable forêt
mouvante. Ils faisaient entendre, en courant, un craque-
ment particulier provenant du mouvement des articula-
tions. En moins de cinq minutes, toutes les bêtes furent
parquées dans l'enclos, grâce à l'activité d'une demi-
douzaine de chiens qui harcelaient les récalcitrants. Alors
nous assistâmes à une autre opération : il s'agissait de
traire les femelles. Un petit Lapon de six ans à peine
lançait une sorte de lazo aux cornes de la bête qu'il fallait traire, et l'amenait ainsi jusqu'à un pieu situé au
centre de l'enclos : l'animal était prestement attaché à ce
pieu ; une femme recueillait le lait dans une grande jarre
de bois, puis frottait la mamelle avec de la mousse dont
les brins tombaient dans le vase pour y former un mélange
assez peu appétissant ; l'opération terminée, l'animal était
délivré, et le jeune enfant prenait au lazo un autre individu. Tout cela se passait en moins de temps qu'il n'en
faut pour le dire ; si bien qu'en moins d'un quart d'heure
toutes les femelles eurent donné leur lait. Nous fûmes
surpris de voir quelle faible quantité de lait donne une
renne : c'est tout au plus si chaque bête fournit un quart
de litre. Nous bûmes une gorgée de ce lait : il est épais,
âcre, et d'une digestion difficile.

Le renne est au Lapon ce que le phoque est à l'Esqui-
mau, ce que le chameau est à l'Arabe. A lui seul le renne
suffit à tous les besoins d'un Lapon. Son lait et sa chair
lui fournissent une bonne nourriture ; avec ses nerfs les
Lapons fabriquent du fil et des cordes ; avec ses cornes,
ils font des cuillers, des manches de couteau, et d'autres
ustensiles de ménage ; sa peau leur fournit des vêtements

---

[1] On sait que le bois du renne se renouvelle chaque année.

Les rennes.

très chauds et des lits moelleux. Tout le monde sait que
le renne remplace avantageusement le cheval comme bête
de trait : attelé au traîneau du Lapon, il franchit sur la
neige des distances immenses avec une rapidité inconce-
vable. Le renne est aussi frugal que le chameau du désert : il ne se nourrit guère que de mousse. La mousse de
renne croît partout en Norwège, même sur les rochers les
plus stériles. Cette plante paraît morte et desséchée pendant les chaleurs persistantes de l'été; mais il suffit d'un
peu de pluie pour la faire revivre instantanément. En
hiver, le renne creuse la neige avec ses pieds jusqu'à deux
mètres de profondeur pour trouver cette nourriture. Les
Lapons ne sont nomades que parce que les rennes le
sont : suivant les diverses saisons, ces animaux recher-
chent des régions différentes. En été, il leur faut les pâturages des montagnes, où ils trouvent un air plus frais et
moins de moustiques, ce fléau de la Laponie. La Norwège, avec ses montagnes et ses rochers, est alors leur
terre de prédilection. En hiver, ils émigrent en Suède, où
la neige est moins abondante, et où ils trouvent plus
facilement leur nourriture. Les *Finners,* ou Lapons norwégiens, payent au gouvernement suédois, pour le droit
de pâture, une redevance de trois skillings par mille
rennes. Ils séjournent trois mois en Norwège et neuf mois
en Suède. Les *Laplœnders,* ou Lapons suédois, ont aussi
le droit de mener leurs troupeaux en Norwège moyennant la même redevance. Le renne, c'est toute la richesse du Lapon; sa fortune se calcule d'après le nombre
de rennes qui forment son troupeau. Les Lapons ne sont
pas tous pauvres : il en est qui possèdent jusqu'à deux
à trois mille rennes. On en cite un qui n'en a pas moins
de dix mille, ni moins de quarante chiens pour garder

ce bétail. Cet homme opulent ne se distingue point de ses frères et n'étale point son luxe comme font ailleurs les gens parvenus : il endure les mêmes fatigues, mène la même vie de travail, porte les mêmes habits sordides que les plus pauvres de sa race. L'existence du Lapon est si intimement liée à celle du renne que, le jour où le renne disparaîtrait, la race laponne serait condamnée à périr.

Les gouvernements norwégien et suédois ont compris depuis longtemps qu'ils ont tout intérêt à favoriser l'existence de ces animaux si éminemment utiles. C'est pourquoi ils abandonnent aux Lapons, moyennant une redevance presque illusoire, le droit de mener paître leurs troupeaux sur toutes les terres du territoire qui n'appartiennent pas à des particuliers. On a dit que la race laponne s'éteint : cela ne sera vrai que lorsque les rennes disparaîtront.

On a beaucoup discuté sur l'origine des Lapons. Les uns les considèrent comme une branche de la famille celtique. D'autres, au contraire, les rattachent aux Hongrois : cette opinion était celle de M. H***, le savant ethnologiste hongrois que nous eûmes pour compagnon de route ; son grand argument était l'analogie de l'idiome lapon avec la langue hongroise. Mais à cet argument on peut opposer l'opinion de certains savants qui ont prétendu découvrir une parenté entre l'idiome lapon et les dialectes des sauvages australiens. La conclusion qui me paraît se dégager de là, c'est que les Lapons, comme les Hongrois, et comme tant d'autres rameaux détachés du grand tronc de l'humanité, remontent tous à la race mongole. D'ailleurs la taille, le teint, les traits du visage, tout dénote chez les Lapons une origine semblable : pommettes saillantes, nez aquilin, yeux bruns, fort petits, obliquant

vers la tempe comme chez les Chinois, joues aplaties,
bouche large, menton proéminent, teint brun olivâtre,
cheveux foncés, taille petite, tels sont les traits caractéristiques de la race.

Vers huit heures du soir, nous quittâmes le campement lapon du Tromsdal et reprîmes le chemin solitaire
par lequel nous étions venus. Une heure après, nous
retrouvions à l'entrée de la vallée notre rameur endormi
dans sa barque : le brave homme nous attendait depuis
huit heures, et si nous n'étions pas venus, il aurait probablement passé toute la nuit à son poste.

IX

LE FINMARK SEPTENTRIONAL

Fâcheuse aventure de trois Anglais. — Le Lyngenfjord. — L'île de Loppen. — Une expédition anglaise revenant du Spitzberg. — Bergsfjord. — Une oasis.

Je ne quitterai point Tromsö sans parler d'un incident qui fit grand bruit non seulement dans la capitale du Finmark, mais dans toute la Norwège. Il s'agit de ces trois jeunes Anglais qui s'étaient déjà fait remarquer à bord du *Nordstjernen* en ne se faisant pas faute de tirer sur les eiders, que la loi défend de tuer. A peine débarqués à Tromsö, ils eurent la fantaisie d'aller à la chasse aux gelinottes. Comme l'île de Tromsö abonde en ce genre de gibier, ils se promettaient un beau carnage. Malheureusement le droit de chasse dans l'île de Tromsö est loué à un particulier. Nonobstant cette circonstance, ils n'en persistèrent pas moins dans leur dessein et prirent à leur service un jeune interprète : celui-ci eut beau leur faire remarquer qu'ils seraient mis à l'amende, ils répondirent qu'ils étaient à même de la payer. Ils firent si bonne chasse qu'en moins d'une heure ils ne tuèrent pas moins de cinquante gelinottes. Il va de soi qu'ils encoururent la peine prononcée par la loi et eurent à payer une amende de vingt-cinq spécies-dollars (142 francs 50 centimes). Chaque gelinotte leur coûta un demi-species (2 fr. 85 c.). Ils commencèrent par jurer leurs grands dieux qu'ils ne payeraient point; quand ils comparurent devant le juge, ils ne voulurent point décliner leurs noms : l'un se fit passer pour Anglais, l'autre pour Écossais, le troisième pour Irlandais ; mais le juge reconnut à leur accent qu'ils étaient tous les trois de Londres. Comme moyen de justification, ils alléguèrent que les touristes anglais apportent leur argent dans la « pauvre Norwège », qui sans eux mourrait de faim, et ils firent le serment qu'ils publieraient dans toute l'Angleterre le « misérable procédé » dont ils étaient victimes. Le juge dut les calmer en les menaçant de la prison. Bon gré, mal gré, il fallut acquitter l'amende, que le juge, par pure bienveillance, avait fixée au minimum. Les héros de cette aventure n'eurent rien de plus pressé que de quitter Tromsö au plus vite, honteux et confus comme l'oiseau de la fable. Le lendemain, le *Tromsöposten*[1] racontait à ses lecteurs tous les détails de cette curieuse affaire, et huit jours après son article était reproduit dans les journaux de Christiania et de toute la Norwège. Rude leçon pour ces fiers sportsmen !

A minuit, l'ancre dérapa, et le *Nordstjernen* quitta la rade de Tromsö. Nous allions voguer vers des latitudes encore plus septentrionales. Bien qu'il fût minuit, nous n'avions nulle envie de nous livrer au sommeil, tant la nuit était belle et lumineuse. Il faisait si clair que mon compagnon lisait un roman, couché au pied du grand

[1] Numéro du 20 août 1873.

mât et enveloppé dans sa couverture. Pour ma part, je ne me lassais pas d'admirer cette grandiose nature polaire. Les pics neigeux resplendissaient comme d'immenses flambeaux à la lueur du soleil de minuit qui se tenait un peu au-dessous de l'horizon. La présence de la lune ajoutait à l'étrangeté du spectacle : de ce côté le ciel était glacé d'argent, tandis que vers le couchant les nuées étaient d'un rouge incandescent. C'était un combat entre le roi du jour et la reine des nuits. L'âme pleine de ces douces et grandes émotions que laissent toutes les splendeurs de la nature, nous gagnâmes à regret notre triste cabine.

Le lendemain matin, nous dépassions l'entrée du Lyngenfjord ; nous y admirâmes deux magnifiques glaciers qui descendent, comme des fleuves gelés, jusqu'au niveau de la mer : les vagues baignent leur surface azurée. Le Lyngenfjord est un des parages les plus poissonneux de la Norwège : il abonde spécialement en seis. On nous a raconté que des pêcheurs y avaient pris tout récemment huit mille seis d'un coup de filet! En tout autre pays, ce serait là une pêche prodigieuse ; mais ici de pareilles captures ne sont pas rares : un coup de filet qui ne rapporte que cinq mille seis est considéré comme une pêche ordinaire. Les pêcheurs ont un moyen facile de reconnaître la présence de ces poissons : là où il y a beaucoup d'oiseaux de mer, on peut être sûr qu'il y a beaucoup de seis. On se sert, pour pêcher ces poissons, de filets qui n'ont pas moins de cent mètres de longueur sur dix mètres de largeur. Dans un endroit où le Lyngenfjord est fort étroit, on tend le filet d'une rive à l'autre. Ce dernier mode de pêche est le plus productif. Il y a dans le Lyngenfjord des paysans qui se font par la pêche un revenu annuel de cinq mille species-dollars (28,500 fr.).

On prétend que la Russie a des visées sur le Lyngenfjord. Elle voudrait avoir là un port sur l'océan Glacial,
qui ne gèle jamais sur ces côtes, grâce à l'influence du
gulf-stream. Il n'y a guère que sept à huit lieues de distance entre la frontière occidentale de la Russie et l'extrémité du Lyngenfjord. Si l'on jette un coup d'œil sur la
carte de ces régions, on peut voir que la Russie s'avance
en cet endroit, entre la Norwège et la Suède, comme une
patte de lion : or cette patte n'a plus qu'une petite enjam-
bée à faire pour atteindre le Lyngenfjord. De là aux
Loffoden il n'y a pas loin, et l'on sait que les Russes sont
les meilleurs pêcheurs du Nord.

A quelques milles du Lyngenfjord, nous saluâmes l'île
de Loppen, célèbre par ses myriades d'oiseaux de mer. Le
Nordstjernen y stoppa dans une petite baie au fond de
laquelle est situé un riant village, au pied d'une montagne
couverte de bouleaux nains. Nous vîmes, dans la baie de
Loppen, quelques bateaux au pavillon russe : tous ces bateaux russes sont peints en bleu.

C'est dans cette île de Loppen que se pratique la chasse
aux *lummes*, sorte de canards sauvages qui nichent dans
les anfractuosités des rochers : ils se blottissent là en
nombre très considérable, et si le chasseur parvient à en
saisir un, tous les autres tombent en son pouvoir ; dès
que le premier se sent pris, il mord la queue de l'autre ;
celui-ci en fait autant de son voisin, et le chasseur attire
ainsi à lui toute la chaîne. Mais si ces stupides animaux se
laissent prendre facilement, il n'est pas aussi aisé d'atteindre leurs nids : ils ont toujours soin de se nicher
sur les falaises les plus escarpées, et à une hauteur
très considérable. Les chasseurs attachent au sommet
de la falaise une longue corde par laquelle ils se font

19.

descendre jusqu'à ce qu'ils atteignent les fentes de rochers où sont blottis les lummes. Souvent le vertige leur
fait tourner la tête, et bien des malheureux ont ainsi trouvé
la mort.

Non loin de Loppen, le capitaine nous fit remarquer,
au sommet d'une falaise, une petite troupe de rennes
sauvages : ils nous regardaient passer, l'œil fixe et la
tête immobile, et leurs grands bois bruns, largement
palmés et dentelés, se découpaient nettement sur le ciel
bleu.

Vers midi le steamer fit escale à Bersfjord. Cette petite
localité est située à l'entrée du fjord d'Alten, au milieu
d'un des plus beaux sites que j'aie jamais vus. Le village
est posé, comme un nid, au fond d'une gracieuse vallée,
pleine de fraîcheur et de verdure, que domine un rocher
prodigieusement haut; sur son flanc s'étend un énorme
glacier bleuâtre, pareil à la mer de glace de Chamounix.
Le fjord, qui rappelle les lacs de la Suisse, est encaissé
entre des montagnes à pic dont les formes âpres et
abruptes ont un caractère de sauvagerie indescriptible.
Un soleil flamboyant rehaussait encore la beauté du
paysage; une température d'une douceur exceptionnelle
augmentait la somme des jouissances que fait naître la vue
de ces belles scènes alpestres. Nous n'aurions jamais osé
espérer trouver un si beau soleil, un ciel si bleu, une
atmosphère si pure à l'extrémité septentrionale du continent européen. Mais ce qui nous surprenait bien davantage, c'était de retrouver sur cette côte d'Alten, au sein de
la nature polaire, la végétation des climats doux et tem-
pérés : le pin, le sapin, le mélèze, le bouleau, le frêne, le
saule reparaissent ici comme par l'enchantement de quelque
fée invisible. Ce bizarre phénomène ne peut s'expliquer

que par l'heureuse exposition de la vallée, qui se trouve abritée contre les vents du nord et les froides émanations du Spitzberg par les hautes montagnes qui l'enveloppent de toutes parts : en sorte que le climat d'Alten ne diffère pas beaucoup de celui de certaines vallées de la Suisse ou de l'Écosse. Au milieu des neiges et des glaces de la Laponie, l'apparition inattendue de cette verte oasis nous causa un plaisir inexprimable.

A Bergsfjord descendirent quelques passagers qui se rendaient à Talwik, à Bosekop, et à Kaafjord, localité célèbre par ses mines de cuivre exploitées depuis 1833 par une compagnie anglaise. Le nombre des passagers diminuait à vue d'œil à mesure que nous avancions vers le nord. Le professeur hongrois avec lequel nous nous étions liés d'amitié était resté à Tromsö dans le but d'y faire une étude ethnographique des Lapons, sur lesquels il publiera un jour un livre. Presque tous nos autres compagnons de route étaient descendus dans la même ville. En revanche, une avalanche d'Anglais avait fait invasion dans la cabine à douze lits que nous occupions : c'étaient les passagers de l'*Hyacint*, le yacht de plaisance que nous avions vu en rade de Tromsö. Ils revenaient en droite ligne du Spitzberg, et se rendaient à Hammerfest pour faire l'ascension du cap Nord. Lord *** était parmi eux. Une jeune et intéressante lady était de l'expédition : elle ne paraissait sur le pont qu'en robe de soie bleue et en gants blancs d'une fraîcheur irréprochable. A Londres, va pour les gants blancs ; mais en Laponie ! Ce trait peint bien les Anglaises : elles font un voyage au Spitzberg exactement comme une promenade à Hyde-Park. L'heureux époux de cette intrépide enfant d'Albion me donna d'intéressants détails sur le Spitzberg, cette terre inhabitée, grande comme l'Angle-

terre, et dont l'extrémité septentrionale touche, pour ainsi
dire, au pôle Nord. C'est une erreur de croire qu'il y fait
froid en été : nos voyageurs y avaient joui d'une température aussi douce que celle de la Norwège. Le *shooting*
et le *fishing* étaient leur principal amusement. Ils tuèrent
deux ours, huit cachalots, et quantité de rennes sauvages.
Ils ramenaient avec eux, en guise de trophée, les quatre
pieds, la peau et la tête d'un ours, les cornes d'un renne,
et... huit saumons qui séchaient sur le pont! Ces saumons
du Spitzberg ne s'étaient sans doute jamais imaginé qu'ils
auraient été mangés à Londres !

Après avoir dépassé le large détroit compris entre l'île
Seiland et l'île Sorö, où se dresse une montagne qui n'a
pas moins de trois mille cinq cents pieds de hauteur, le
steamer jeta l'ancre, le 17 août, à six heures du soir, dans
la rade de Hammerfest.

X

HAMMERFEST

Aspect de cette ville au siècle dernier. — Son aspect actuel. — Expéditions du
Spitzberg. — L'île de la Baleine. — Un bain dans l'océan Glacial. — Disparition
de mon compagnon. — Seul au bout de l'Europe. — Lac d'eau douce. — Sur
la montagne. — Mystère. — Le pelletier Leo. — Les marchands d'Hammerfest.
— Un ours blanc du Spitzberg. — Un square. — Le cimetière. — Habitations
de pêcheurs. — Extrémité d'un arc de méridien. — L'hôtel d'Hammerfest.

Hammerfest, située par le 70° 40' de latitude nord, à
trente lieues du cap Nord, est la ville la plus septentrionale
de la Norwège et *du monde entier*. De même que Tromsö,
cette ville n'était au commencement de ce siècle qu'un
groupe de cabanes. L'Italien Acerbi, qui la visita le 19
juillet 1799, la décrit en deux mots : « Hammerfest est un
endroit où sont deux ou trois marchands, un ministre et
quelques familles[1]. » Léopold von Buch, qui la visita deux
ans plus tard, en a tracé le tableau suivant : « Toute la
ville, dit-il, y compris la demeure du prêtre, se compose
de neuf habitations, quatre marchands, une maison de
douane, une école et un cordonnier. Sa population ne

[1] *Voyage au cap Nord.*

s'élève pas à plus de quarante personnes. On n'y trouve aucune subsistance, pas même du bois pour se chauffer[1]. » Depuis cette époque, Hammerfest a pris un développement considérable. Je m'attendais à trouver ici une misérable bourgade, et j'y ai trouvé une véritable petite ville, qui compte déjà deux mille âmes, et qui continue à grandir et à prospérer de jour en jour.

Hammerfest est devenu l'entrepôt du Finmark. Son port est sûr et commode : chaque année il y entre plus de deux cents navires venant de Hambourg, de la Hollande, du Danemark, de l'Angleterre et de la Russie. En échange du blé, des légumes, des étoffes qu'ils apportent, ils prennent du poisson séché, des fourrures, de l'huile de foie de morue et de baleine, et de l'édredon. Ce sont spécialement les navires d'Arkhangel qui affluent ici durant les trois mois que dure l'été. La Russie a accaparé presque à elle seule tout le commerce du Finmark. Presque tous les bâtiments que nous vîmes dans le port portaient le pavillon de cette nation : nous en comptâmes une vingtaine. Nous y vîmes aussi quelques *jœgts* norwégiens.

Les expéditions du Spitzberg forment une des principales branches du commerce de Hammerfest. Chaque année, à partir du mois de mai, de hardis marins entreprennent ce voyage périlleux pour le compte de quelques marchands : là ils se livrent à la chasse aux *valros* (morses), aux ours blancs et aux rennes sauvages, dont la fourrure est plus estimée que celle des rennes de Laponie. Les bâtiments qui servent à ces expéditions ne jaugent guère plus de trente à quarante tonnes, et sont montés par un capitaine et cinq ou six matelots.

---

[1] *Reise nach Norwegen,* von Leopold von Buch ; II° th.

Hammerfest est située au fond d'une baie, sur une île appelée *Kvalo* (île de la baleine). Non loin de la ville on trouve une petite rivière appelée *Kemi*. Les eiders et les autres oiseaux de mer abondent dans l'île Kvalö. On prétend que cette île, qui est très montagneuse, était boisée autrefois ; mais les habitants l'ont défrichée pour se procurer du bois de chauffage, et les arbres n'y ont point repoussé. Mais la nature, cette bonne mère toujours prévoyante, fournit aux pêcheurs du Finmark un autre genre de bois de chauffage : le gulf-stream leur apporte les arbres séculaires que les ouragans arrachent chaque jour aux forêts vierges qui croissent sur les bords des fleuves du nouveau monde.

Lorsque nous débarquâmes à Hammerfest, mon compagnon conçut une idée vraiment folle : il me proposa très sérieusement d'aller prendre un bain dans la mer Glaciale. Comme je m'étais baigné dans beaucoup de mers, il ne m'était guère permis de refuser cette faveur à la mer Glaciale : elle se fût peut-être vengée de cet oubli, car nous avions encore à compter avec elle jusqu'à Vadsö, et il fallait nous la rendre propice. Nous sortîmes donc de la ville, grimpâmes à travers des blocs géants qui ont roulé un jour du sommet de la montagne jusque dans le sein d'Amphitrite, et nous finîmes par trouver un lieu convenable pour nos ablutions. Ce n'est pas que nous eussions à craindre les regards indiscrets de la foule comme sur nos côtes ; mais il s'agissait de trouver une plage propice. Nos ablutions ne durèrent que quelques secondes. Brrr ! j'en frissonne encore. La température de l'eau, excellente pour les cabillauds et les baleines, n'était guère tenable pour nous. N'importe, un bain dans l'océan Glacial arctique a tout au moins l'avantage de l'originalité... et de la fraîcheur, et j'ai

tout lieu de croire que l'occasion de renouveler l'expérience ne se représentera pas de longtemps.

Sortis de l'eau, nous nous mîmes à gravir une falaise
qui se dressait devant nous. Mon compagnon grimpa d'un
pas plus leste, et je le perdis bientôt de vue. Je comptais
bien le retrouver au sommet ; mais, lorsque j'y arrivai, je
fus fort surpris de m'y trouver aussi seul que Robinson
dans son île.

Par quel enchantement mon camarade avait-il disparu,
c'est ce qu'il m'était impossible de m'expliquer : la montagne était absolument nue, pas un arbre ne barrait la
vue ; et cependant j'eus beau épier les quatre coins de l'horizon, et je ne parvins point à découvrir celui que je cher-
chais. Pendant quelque temps je me trouvai très perplexe.
Le vent, — un vent glacé, — soufflait avec rage. Je m'assis
sur une pierre, au pied d'un tumulus. Le site étrange qui
se déroulait à mes yeux chassa un instant mes préoccupations. Perdu, seul, absolument seul, à l'extrémité de l'Europe, au bord de la mer *polufloisboio*, — comme dit le vieil
Homère, — je me laissai aller à une rêverie toute naturelle
et pleine d'émotion. Mille pensées traversaient mon esprit.
Tantôt je promenais mes regards vers l'Europe, vers la
patrie absente, dont j'étais à plus de six cents lieues ;
tantôt, l'œil tourné vers le nord, je regardais cette mer qui
m'avait porté jusqu'ici. Derrière moi, tout un monde, dont
je croyais parfois saisir les rumeurs lointaines ; devant
moi, le désert, l'inconnu, l'Océan sans bornes, sans
limites, *boundless, endless!* Et ma pensée, franchissant
l'immensité de cette mer Glaciale, allait jusqu'au Spitzberg,
jusqu'à l'infranchissable banquise au delà de laquelle est
le pôle nord. Je ne voyais pas Hammerfest, cachée au pied
de la falaise que j'avais gravie ; nulle trace de l'homme,

nul indice de vie, pas un chant d'oiseau. Les rafales rugis-
saient autour de moi avec un épouvantable acharnement.
Il était huit heures du soir. Au couchant, les montagnes
brillaient d'une couleur rouge de sang. Le fjord d'Hammerfest était calme, et sa nappe tranquille brillait au soleil
d'un éclat mat, comme une immense dalle de tombeau.
Au milieu du fjord, sortait du sein des eaux un gigantesque
rocher noir, taillé à pic. Vers l'est, les montagnes de l'île
Sorö, coiffées d'énormes glaciers, se pourpraient aux
derniers rayons de l'astre, dont l'orbe descendait lentement dans le ciel. Vers le sud, se profilaient mille cimes
d'un violet foncé.

Ce spectacle était sublime. L'œuvre de Dieu écrase véritablement l'homme qui le contemple, et rien ne fait deviner l'infini, l'éternel, comme ces grandes scènes de la
solitaire nature.

Je me croyais seul et je me trompais. Comme je venais
de quitter mon observatoire, j'aperçus, à quelque cent
mètres de distance, au fond d'un ravin, une forme humaine : je ne doutai pas un instant que ce ne fût mon
compagnon ; mais en m'approchant je reconnus, à mon
grand désappointement, qu'il y avait en réalité deux personnages qui n'étaient ni l'un ni l'autre celui que je cher-
chais : immobiles comme des statues, ils semblaient
m'observer avec une scrupuleuse attention et épier tous
mes mouvements. En un pareil endroit, et par un si grand
vent, cette rencontre me parut étrange : ayant oublié de
me munir de mon revolver, je crus prudent de ne pas
m'approcher davantage de ces inconnus.

Tout en m'éloignant, je cueillis quelques plantes chétives
et souffreteuses qui croissent timidement dans les anfractuosités de ces rochers : j'y trouvai, entre autres, la renon-

cule glaciale. Puis j'errai un peu à l'aventure, à la grâce de
Dieu. Je rencontrai en chemin un petit lac de montagne :
j'y trempai mes mains dans l'onde glacée qui reflétait
comme un miroir le paysage sombre et morose qui lui servait de cadre. Non, il n'y a pas dans toute la Norwège, ni
peut-être dans toute l'Europe, un site d'une grandeur plus
sauvage, une solitude plus désolée. J'étais subjugué, saisi
d'effroi et de stupeur en face de ce tableau que je me sens
incapable de décrire.

En descendant la montagne, je rejoignis bientôt une
route qui contourne un lac de trois à quatre hectares de
superficie. Ce lac dort dans une vallée solitaire et silencieuse. Son eau est douce, et il est au même niveau que la
mer Glaciale, dont il n'est séparé que par une étroite langue de terre. Il gèle en hiver, tandis que la mer ne gèle
jamais, grâce à l'influence du gulf-stream. Aussi ce lac
est-il le rendez-vous habituel des patineurs de Hammerfest.

J'en fis le tour, et, bien qu'il fût neuf heures du soir,
j'entrepris l'ascension d'une montagne beaucoup plus élevée que celle que je venais de quitter : elle s'élève à l'ouest
de Hammerfest. L'ascension fut assez rude. J'attaquai le
colosse par son flanc le plus abrupt ; il fallut m'élever pendant plus de trois quarts d'heure à travers d'énormes blocs
de rochers éboulés. Je luttais de tout mon pouvoir contre
la force du vent : plus d'une fois je faillis être précipité
dans les abîmes, ce qui fût infailliblement arrivé si je
n'avais pris soin de me coucher par terre aux passages
dangereux, afin de donner moins de prise aux rafales.
J'étais forcé de marcher tête nue, pour ne pas voir mon
couvre-chef emporté au plus haut des airs. J'en fus quitte
pour un rhume des plus soignés. J'atteignis la cime vers
dix heures du soir. J'y trouvai un de ces antiques tumulus

érigés par les anciens Scandinaves aux divinités païennes, et que les Norwégiens désignent sous le nom de *vaarder*.

Du haut de cette cime, qui peut avoir mille pieds de hauteur, la vue est fort étendue. C'est de là qu'on découvre le mieux le panorama de la ville, dont les maisons de bois peintes en blanc se déploient en croissant autour de la petite baie qui lui sert de port. L'église, avec sa flèche en bois, s'élève sur une éminence, à l'extrémité de la ville, et se voit de la mer comme un phare ; les montagnes de l'île Sorö, couvertes de neiges éternelles, bornent l'horizon du côté du golfe. Vers le nord, on aperçoit le cap *Fugle-naes*, qui protège la baie contre les lames de l'Océan. Partout ailleurs, l'œil se heurte contre un chaos de montagnes frappées d'une éternelle stérilité. On se sent bien ici au bout de l'Europe ! les lueurs étranges du soleil nocturne jetaient sur cette scène de désolation une teinte d'une tristesse infinie.

Je dus quitter mon belvédère au bout de deux minutes, tant le vent était violent. Je descendis en ligne droite sur Hammerfest par des rochers où des chèvres auraient hésité à poser le pied. A onze heures du soir, je me trouvais attablé avec le capitaine Roland dans le salon du *Nordst-jernen* : j'étais mort de soif et de fatigue. Personne ne put me donner des nouvelles de mon compagnon : j'éprouvai de mortelles angoisses. Ce ne fut que vers minuit qu'il revint à bord ; son retour fut salué par de joyeux hourras. Il avait erré comme moi à l'aventure ; au moment où il s'était vu séparé de moi, il avait déchargé son revolver ; mais le mugissement du vent m'avait empêché d'entendre le bruit de l'arme. Nous ne pûmes jamais comprendre comment nous nous perdîmes de vue, alors que nous étions tous deux sur une même montagne.

Le lendemain, notre premier soin fut de faire des acqui-
sitions. Quand on va si loin que Hammerfest, c'est bien le
moins qu'on rapporte des fourrures. Nous entrâmes donc
chez le pelletier Leo et lui achetâmes ses plus beaux articles. Ce brave homme nous raconta qu'il avait demeuré
pendant seize ans à Cadix avant de venir s'établir à Hammerfest : certes, voilà un amateur de contrastes, s'il en
fut ! Il n'y a que l'amour du lucre qui puisse ainsi inspirer à
un homme l'idée de renoncer au ciel de l'Espagne pour
aller s'ensevelir au fin fond de la Laponie. Chez un autre
marchand nous achetâmes des peaux d'ours blanc; chez
un troisième, de magnifiques défenses de morses : on sait
que cet ivoire est plus estimé que l'ivoire d'éléphant.

Ces marchands de Hammerfest, comme tous ceux que
nous avons rencontrés en Norwège, ont reçu une éduca-
tion soignée : ils sont particulièrement aimables à l'égard
des étrangers ; les langues allemande et anglaise leur sont
familières. Les affaires ne se traitent ici que pendant la
courte saison de l'été, qui ne dure guère que trois mois.
Dès qu'arrive l'hiver, avec son interminable nuit [1], les
navires étrangers s'en vont, le port se vide, les magasins se
ferment, et cette petite ville de Hammerfest, si animée en
été, est morte et silencieuse. Les plus riches s'en vont alors
en voyage et visitent les contrées méridionales : Rome est
leur séjour de prédilection. Au printemps, ils reviennent
dans leur froide patrie, et mettent toujours leur *Gamle
Norge* au-dessus de tous les pays du monde.

D'autres, moins favorisés de la fortune, passent la rude
saison à Hammerfest. Ils se créent des distractions, ils ont
une société de lecture, ils boivent du tody, ils fument, ils

---

[1] En hiver, le soleil ne paraît pas à l'horizon pendant trois mois.

jouent aux cartes. Pendant cette longue nuit d'hiver, la lampe est toujours allumée, et comme il est impossible de lire longtemps à la lumière, on chausse les grands patins de bois [1], et l'on court les montagnes sur la neige, durcie par une température de 30 à 35 degrés au-dessous de zéro, à la faible lueur des aurores boréales, qui sont alors presque permanentes. Le soir, on organise des dîners, des parties dansantes, et ainsi l'hiver se passe sans que l'on ait le temps de s'ennuyer.

Le marchand qui nous avait vendu les peaux d'ours nous offrit de nous montrer un ours vivant arrivé la veille du Spitzberg. Il nous pria de prendre place dans un de ses canots, et nous mena à bord d'un petit *joegt* si vieux, si usé, qu'on frémit à l'idée seule d'entreprendre un voyage au Spitzberg dans une pareille bicoque. Et c'est sur ces frêles esquifs, vraies coquilles de noix, que les intrépides marins de Hammerfest affrontent les tempêtes de l'océan Glacial !

A l'intérieur nous vîmes une petite salle basse et puante où gisaient par terre quatre ou cinq matelas : c'était la chambre des matelots. Le capitaine, qui voyage pour le compte de notre marchand, était à son bord : c'était un homme court et trapu, à la physionomie mâle et énergique, ce qu'on appelle un loup de mer. Il nous montra sur le pont une affreuse cage en bois, raffermie par des chaînes de fer : c'était là qu'était emprisonné notre ours blanc, et si étroitement emprisonné qu'il se trouvait dans l'impossibilité de faire un mouvement. La pauvre bête avait été prise au lazo. Elle était âgée de deux ans à peine. A en

---

[1] Il ne faut pas confondre ces patins avec nos patins d'acier ; ce sont de simples planchettes plates au moyen desquelles les Lapons et les Norwégiens franchissent de grandes distances sur la neige.

juger par ses gémissements plaintifs, elle semblait regretter sincèrement les icebergs du Spitzberg. On la nourrissait de morue fraîche, qu'elle dévorait avec avidité. Nous demandâmes le prix de cet intéressant individu : on nous l'offrit pour cinquante species-dollars (285 fr.). C'était vraiment pour rien, et n'eût été la difficulté de le transporter et de le nourrir, nous n'aurions pas hésité à en faire notre compagnon de voyage.

Hammerfest n'est pas une bien grande ville. De même que Tromsö, elle n'a qu'une rue, resserrée entre la mer et les hautes falaises qui s'élèvent à pic à quelques mètres du rivage. Tout autour du port sont les magasins, qui se penchent au-dessus de l'eau pour recevoir la cargaison : de sorte qu'il est impossible de se promener le long du port, comme à Naples. Les maisons sont toutes construites en bois : la pierre ne résisterait pas à un pareil climat ; les terribles gelées d'hiver ne tarderaient pas à la désagréger et à la fendiller. Du côté de l'église se trouve une jolie petite place triangulaire : c'est là que se trouvent les hôtels des plus gros marchands de l'endroit. Et voyez donc où le luxe va se nicher : la place est ornée d'un petit jet d'eau et... d'un square ! Voilà qui est prodigieux dans un pays où la moyenne de la température pour toute l'année est d'un degré au-dessous de zéro ! Il est vrai que le square n'existait que depuis trois semaines : Hammerfest venait de recevoir la visite du roi Oscar, et, à cette occasion, l'édilité locale n'avait cru pouvoir faire de plus grand plaisir à Sa Majesté qu'en lui offrant un square dans la ville la plus septentrionale de ses États. Ce square, qu'on ne s'y trompe point, n'était pas un jardin d'Armide : c'était tout uniment une petite pelouse de gazon transporté à grands frais de bien loin. Mais les gens du pays font plus de cas d'un

carré de gazon que nous n'en faisons d'une forêt de palmiers ou de lauriers-roses. Pour eux, une fleur a autant de
valeur qu'un diamant.

Au bout de la ville se trouve le cimetière. Je n'en ai jamais
vu de plus triste. Pas la moindre verdure n'égaye ce lugubre
carré de terrain, aussi désert que les noirs rochers qui le
surplombent. On n'y voit point de tombes de pierres, mais
de simples tertres de tourbe, nus comme le néant. Ce séjour de la mort pourrait s'appeler la Vallée du désespoir.
Pas une fleur, pas une feuille, pas un brin d'herbe; rien
qui puisse modérer l'affliction, rien qui parle à l'âme le
langage doux et consolant des emblèmes.

En sortant de là, nous fîmes une promenade aux environs de la ville, en suivant une route qui côtoie le fjord.
Le long de cette route, on rencontre de distance en distance des huttes construites en tourbe : elles ne diffèrent
de celles des Lapons que par leur forme carrée, elles ont
de plus une cheminée. C'est dans ces affreux trous que les
familles les plus pauvres de Hammerfest affrontent les terribles froids de l'hiver. Le cœur se serre à la vue d'une si
grande misère. Que sont les souffrances des indigents dans
nos zones tempérées en comparaison de celles que ces
malheureux doivent endurer ici pendant neuf mois d'hiver,
et quel hiver! Presque tous les pêcheurs de Hammerfest
dépendent de quelques marchands, qui ont en quelque
sorte le monopole de la pêche : en été, on leur paye de
fortes journées ; mais dans leur imprévoyance ils dissipent
tout leur gain, et quand vient la saison morte, ils vivent
pour la plupart dans le plus complet dénuement.

Nous atteignîmes bientôt l'extrémité de l'île Qvalö : là se
dresse, au sommet d'une éminence qui domine la mer
Glaciale, une petite colonne en granit de Finlande : son

chapiteau est en bronze et porte un globe terrestre du même métal. Le corps de la colonne est poli ; la base est en granit brut. Ce monument a été érigé, il y a quelques années, pour marquer l'extrémité septentrionale de l'arc du méridien qui s'étend de Hammerfest jusqu'au Danube, à travers la Norwège, la Suède et la Russie. Cette triangulation, la plus longue qui ait été faite sur le globe terrestre, a nécessité la coopération d'un grand nombre de géomètres, et un travail incessant de trente-six années, comprises entre 1816 et 1852.

Le monument porte deux inscriptions, l'une en latin, l'autre en norwégien. Voici l'inscription latine :

TERMINUS SEPTENTRIONALIS

ARCUS MERIDIANI 25-20

QUEM

INDE AB OCEANO ARCTICO

AD FLUVIUM DANUBIUM USQUE

PER

NORVEGIAM, SUECIAM ET ROSSIAM

JUSSU ET AUSPICIIS

REGIS AUGUSTISSIMI

OSCARI I

ET IMPERATORUM AUGUSTISSIMORUM

ALEXANDRI I

ATQUE

NICOLAI I

ANNIS MDCCCXVI AD MDCCCLII

CONTINUO LABORE EMENSI SUNT

TRIUM GENTIUM GEOMETRÆ

—

LATITUDO 70. 40. 11. 3 [1].

1 Extrémité septentrionale de l'arc du méridien 25-20, s'étendant de l'océan Arctique jusqu'au fleuve Danube, à travers la Norwège, la Suède et la Russie.

Hammerfest possède une auberge qui se décerne le titre d'hôtel, et où l'on trouve un piano qui n'a pas été accordé depuis dix ans. Nous y dînâmes d'une *ölsupe*, horrible mélange de bière et de lait, d'une tranche de saumon cru et salé, et d'un morceau de viande salée que je n'ai pu définir. De délicieuses *pannekaken* (crêpes) nous furent servies en guise de dessert. En Norwège, les pannekaken sont la seule ressource du voyageur : en général, les autres plats ne sont pas mangeables. En cette circonstance, nous eûmes l'occasion de parler français avec un jeune missionnaire de France établi à Hammerfest depuis une année. Il n'avait pas encore réussi à faire des prosélytes, car à cette époque on ne comptait pas un seul catholique à Hammerfest. Il nous conduisit à sa demeure, où il a installé une petite chapelle, qu'il entretient avec un pieux amour et qu'il nous montra avec une douce satisfaction : il y prêche le dimanche en norwégien pour un public composé de protestants et de Lapons. Il nous montra une bible écrite en langue laponne et une autre en langue finnoise, et nous donna des numéros du *Finmarksposten*, petite feuille hebdomadaire qui s'imprime à Hammerfest.

Par ordre et sous les auspices du roi très auguste Oscar Ier et des empereurs très augustes Alexandre Ier et Nicolas Ier, de 1816 à 1852, les géomètres des trois nations mesurèrent cet arc de méridien par un travail incessant. Latitude 70-40-11-3.

XI

LE CAP NORD

Le jour éternel. — Souvenir de Louis-Philippe. — L'île Maigre. — Latitude du
pôle magnétique. — Le cap Nord. — Son aspect par un soleil d'été.

Le 18 août, le *Nordstjernen* leva l'ancre à minuit ; — il
faut lire *en plein jour*. — Un quart d'heure après avoir
quitté la rade de Hammerfest, nous aperçûmes des Lapons
campés au sommet d'un rocher qui surplombe le fjord : ils
nous saluèrent au passage par des cris prolongés qui semblaient sortir de gosiers d'enfants.

Quand il fait jour, on n'a nulle envie d'aller au lit. Aussi,
depuis que nous avions dépassé le cercle polaire, depuis
que nous naviguions dans les contrées où règne le jour
éternel pendant cette partie de l'année, nous ne dormions
presque plus. Nous passions la plus grande partie de la
nuit sur le pont, enveloppés dans nos couvertures, lisant
ou contemplant les splendeurs de ces nuits polaires qui
nous semblaient si merveilleuses, si extraordinaires, à
nous qui n'avions jamais été si loin dans le Nord. Lorsque
la pluie ou le froid nous obligeait à rentrer à la maison

(un navire n'est-il pas une maison ?), le capitaine, un homme d'une exquise courtoisie, nous invitait le plus souvent à passer la soirée dans sa cabine : là nous savourions le punch, le tody, le havane. Le capitaine, qui parlait fort bien l'anglais, nous initiait avec une bonhomie charmante à tous les détails de sa vie de marin et de chasseur, nous racontait ses voyages dans l'Amérique du Sud, ses chasses à l'ours dans le canton de Bergen ; et ses intéressantes causeries se prolongeaient souvent jusqu'à une et deux heures du matin.

Nous saluâmes bientôt Havosund et Maasö, où Louis-Philippe passa la nuit chez le sacristain lors de son voyage au cap Nord. Aujourd'hui, ce sacristain est mort, l'église n'existe plus, les pêcheurs ont émigré, et l'île est déserte.

Au delà de Maasö, les îles disparaissent vers le nord, et nous entrons en pleine mer. Nous contournons la dernière île de l'Europe, la sombre Magerö (île Maigre), qu'on aurait pu nommer la Terre de désolation. Partout des rochers nus et stériles, dans les anfractuosités desquels croît à peine une maigre mousse de renne. Leurs cimes se découpent en tours, en pointes aiguës, en dents de scie, et se perdent dans les nuages qui les enlacent comme un linceul glacé. Cette île, perdue comme un point sur la carte de l'immense Norwège, est grande comme une de nos provinces : le navire met plusieurs heures à la contourner. Exposée à tous les vents du nord, à tous les ouragans qui se déchaînent sur l'océan Glacial, l'île Maigre ne produit pas un seul arbre, pas même le bouleau nain. Et cependant ce pays déshérité est habité : nous y avons vu, au fond d'une anse abritée contre les vents du nord, un village affreusement pauvre qu'on nomme *Kjelvik* : ce village, qui compte une trentaine d'habitants, se compose

de sept ou huit maisons et d'une chapelle. Grâce à leur
exposition, les montagnes situées au fond de l'anse portent une maigre verdure ; nous remarquâmes sur leurs pentes
quatre hommes occupés à couper cette herbe si précieuse.
Sur d'autres points de la côte, des Finnois demeurent dans
des huttes couvertes de terre. Ces malheureux vivent de la
pêche. Ils se chauffent avec le bois que leur apportent les
courants de l'Océan. Les poissons et les oiseaux sauvages,
qui abondent dans l'île, leur fournissent leur principale
nourriture : cette nourriture leur est disputée par l'aigle et
le faucon. On trouve encore dans l'île Maigre quelques
rennes qui errent en liberté dans les campagnes, des
lièvres, des hermines, qui parviennent, on ne sait comment, à subsister sur ce sol terrible. Les animaux malfai-
sants y sont inconnus.

Vers neuf heures du matin nous vîmes se dresser devant
nous un immense rocher, dont la masse imposante s'a-
vance au loin dans la mer. Debout sur son énorme base, il
semble défier les flots de l'Océan. Ce rocher, c'était le
promontoire du monde, c'était le *cap Nord*. Nous touchions
enfin au but de notre voyage. Nous étions parvenus plus
haut que le septante et unième parallèle, nous avions
atteint une latitude qui est celle de la Nouvelle-Zemble,
des îles Liverpool et Jean Mayen, de la grande banquise,
et du pôle magnétique. Notre ambition de voyageurs était
satisfaite, et nous pouvions redire avec Regnard cette
gasconnade restée célèbre : *Sistimus hic tandem, nobis ubi
defuit orbis* [1].

---

[1] « Nous nous sommes enfin arrêtés ici, où la terre nous a manqué. » On sait
que Regnard n'a pas atteint le cap Nord. Il s'arrêta à Jukkasiervi, localité située
en Laponie, à deux cents lieues au sud du cap. Le poète comique aurait donc pu
parcourir encore une jolie étendue de pays avant que la terre lui manquât!

Le petit nombre de voyageurs qui ont vu le cap Nord l'ont dépeint comme un roc sans cesse battu par la tempête : nous ne l'avons pas vu sous cet aspect. L'océan Glacial était calme comme un lac, et sa nappe limpide réfléchissant un ciel d'azur me rappelait la Méditerranée par un beau jour d'été. Rien de voilé, rien que l'astre radieux n'éclairât de sa lumière la plus vive. Le cap Nord, au milieu de ces célestes clartés, dessinait sa large silhouette sur un fond bleu et sans nuages. Cette scène, si paisible qu'elle fût, ne laissait pas d'être grandiose et de nous impressionner vivement. Que doit donc être l'aspect du cap Nord en hiver, quand les montagnes de glace s'accumulent sur l'Océan, quand le rauque vent du nord se déchaîne sur cette formidable citadelle, sur laquelle les siècles passent d'un pas plus léger que les années sur le reste du monde ! Que doit être ce cap Nord, quand les immenses lames venues du pôle, du Groënland, du Spitzberg, de tous les points à la fois, viennent expirer contre ce grand arc-boutant que Dieu a placé au bout du globe, quand une nuit de quatre mois s'étend sur l'immensité des flots soulevés, quand les pâles clartés de l'aurore boréale éclairent cette scène sublime et sans témoins !

Le cap Nord, pointe la plus septentrionale de l'île Maigre, est une muraille à pic d'environ mille pieds de haut : son sommet est une plaine unie comme une table. Le rocher, long d'un quart de lieue, s'avance en promontoire ; sa façade du côté de la mer peut avoir cinq cents mètres d'étendue. Du large, on dirait d'une immense tour flanquée d'épais bastions. Le cap ne forme qu'un bloc, inaccessible, inexpugnable. Ses assises massives sont assurées d'une stabilité inébranlable. Là finit l'Europe. Der-

rière cette barrière éternelle, opposée aux flots de l'Océan,
le monde peut dormir en paix.

Même par un brillant jour d'été, le cap Nord est sombre
et austère. Le soleil a beau tomber de toute sa force sur
ce mur de granit, il ne parvient pas à le faire chatoyer : le
roc garde son aspect grisâtre et mat, sa froideur impassible, son immuable sécheresse. Pas la moindre végétation
ne pare ses parois nues et pelées, et pendant que la mer
scintille et resplendit, de grandes ombres humides rampent
au pied de l'immense muraille.

Nous eussions voulu vider la coupe de champagne traditionnelle au sommet du cap Nord; mais il fallut nous
borner à le contempler du large, car l'ascension prend
ordinairement quatre heures, et le steamer, dont les heures
étaient comptées, ne pouvait subir un pareil retard. Ce fut
d'ailleurs grâce à l'obligeance du capitaine que nous pûmes
doubler le cap : les bateaux à vapeur, au lieu de gagner la
haute mer, vont toujours par le détroit compris entre l'île
Magerö et le continent, route moins périlleuse et beaucoup
plus courte.

Nous restâmes en vue du cap pendant plus de deux
heures. Quand on a dépassé le cap Nord, le paysage perd
tout à coup de sa majesté. Plus de rochers escarpés, taillés
en clochetons et en forteresses, plus d'aiguilles élancées,
mais des collines nues, aux formes arrondies, sans grandeur et sans caractère.

XII

LE PAYS DES BALEINES

Le Porsangerfjord. — Coucher du soleil. — Une baleine en vue. — Le cap Svœrholt.
— A minuit. — Finkirken. — Le Laxefjord. — Le cap Nordkyn. — Dangers de la
navigation. — Climat. — Jour de vingt-trois heures et demie. — Le Tanafjord.
— Brouillards. — Phénomène météorologique. — Une pêche au hameçon.

Bientôt nous quittons la haute mer pour nous engager
dans le Porsangerfjord, golfe large et profond, qui pénètre
à plus de trente lieues dans l'intérieur du Finmark. Ce
fjord est, dit-on, le séjour de prédilection des baleines :
ces cétacés affectionnent les eaux tranquilles et profondes.
Le *Nordstjernen*, en sa qualité de bateau-poste, et par
conséquent d'*omnibus* du Finmark, est obligé de faire
escale à Kistrand, pauvre station située au bout du fjord,
et doit ensuite revenir sur ses pas. Il fait ainsi un détour
d'une cinquantaine de lieues, et perd presque un jour entier à porter des lettres et des marchandises à un malheureux village de cinq ou six maisons. On conçoit par là
combien ces côtes septentrionales de l'Europe sont désertes
et inhabitées ! Ce n'est que depuis quelque temps que ces

contrées reculées sont visitées par les bateaux à vapeur norwégiens. Autrefois les steamers n'allaient pas plus loin que Hammerfest. Aujourd'hui ils ne s'arrêtent qu'à Vadsö, la ville la plus lointaine de la Norwège, et leur parcours est allongé de plus de deux cents lieues. Depuis quelques années, le gouvernement russe avait établi également une ligne de steamers entre Vadsö et Arkhangel sur la mer Blanche. Croyant que cette ligne existait encore, nous avions formé le projet d'aller à Arkhangel et d'effectuer notre retour par la Russie ; mais la ligne venait d'être supprimée parce qu'elle ne faisait pas ses frais, et cette circonstance renversa nos projets.

Après une navigation de douze heures dans le monotone Porsangerfjord, nous débouchâmes de nouveau en pleine mer Glaciale. Le soleil était près de se coucher. L'air était d'une limpidité parfaite ; le vent, qui s'était levé pendant le jour, était complètement tombé, et le cri aigu des goélands qui fendaient l'air à tire-d'aile troublait seul de temps à autre le formidable silence qui planait sur l'Océan. Le soleil descendait à l'horizon dans un ciel d'une couleur sulfate de cuivre, où semblaient dormir immobiles de petits nuages roses et floconneux. Les falaises prenaient à leur base des teintes violettes, tandis que leurs cimes brillaient d'un rouge vif. La mer incandescente semblait une immense nappe de métal en fusion : elle avait tour à tour des reflets de rubis, d'émeraude, d'opale ; et quand le disque de l'astre plongea dans son sein, il y dessina une tremblante colonne de feu. Cette scène, prodigieuse dans sa solennité, dans sa tristesse, me fit tomber en extase. C'est dans de pareils moments qu'on croit saisir et palper l'infini ; mais, hélas ! ces sensations sont fugitives, on retombe bientôt dans le monde réel, on courbe la tête dans sa faiblesse, et l'on s'humilie devant le Dieu caché qui révèle aussi sa puissance.

Un incident vint me tirer de ma rêverie. Mon compagnon me signala, à dix mètres du steamer, une masse noire et allongée qu'il prit à première vue pour un écueil. Mais tout à coup cette masse disparut, puis reparut, et nous reconnûmes le dos d'une énorme baleine : elle n'avait guère moins de trente mètres de longueur. Le monstre plongea dès qu'il nous eut aperçus. Au bout d'une minute, la mer se souleva en bouillonnant à cent mètres plus loin, et le dos prodigieux du cétacé émergea une troisième fois au-dessus des flots. Pendant quelques instants nous vîmes des gerbes d'eau s'élever dans l'air et retomber en pluie : la baleine *soufflait*. Bientôt elle fit un dernier plongeon, et nous ne la revîmes plus.

Un quart d'heure après cette apparition nous doublions le cap *Svœrholt*, qui s'avance en promontoire allongé entre le Porsangerfjord et le Laxefjord. Ce qu'il y a ici d'oiseaux de mer dépasse l'imagination. Les goélands se comptent par milliards. Tantôt ils rasent la mer par troupes immenses, tantôt ils se laissent tomber sur l'eau : grâce à leur plumage blanc, on les prendrait alors pour des îlots de craie flottant sur l'élément liquide. A l'approche des steamers, ces îlots s'élèvent en l'air, et la gent ailée s'enfuit vers les falaises. Parfois de grands cormorans, au plumage noir, au long cou, aux larges ailes, planent solitairement au-dessus d'eux. Parfois aussi un grave pélican se montre sur le rivage, sans que le passage du steamer le tire de la méditation profonde où il semble plongé.

Sur l'ordre du capitaine, les matelots saluèrent le cap Svœrholt à coups de canon. Un écho prolongé, semblable à un roulement d'orage, répondit au bruit formidable de la décharge, et tous les oiseaux s'enfuirent effarés. Rien de solennel comme ce tonnerre inattendu au milieu du silence de la nuit.

A minuit, le ciel paraissait tout en feu. Les nuits de la Méditerranée n'ont pas cette splendeur, cette limpidité. Pas un brouillard, pas un léger voile de vapeur ne troublait l'atmosphère. Les objets les plus éloignés étaient nets et distincts. A seize lieues de distance nous apercevions encore la silhouette allongée du cap Nord, devant lequel nous avions passé le matin : l'île Maigre, avec ses falaises taillées en ligne droite, se profilait tout entière dans la pure atmosphère.

Les rochers granitiques affectent ici les formes les plus variées, les plus bizarres. A quelque distance du cap Svœrholt le capitaine nous fit remarquer un promontoire droit comme une muraille basaltique : à son extrémité se dresse un roc taillé en forme d'église gothique, avec ses deux flèches carrées et son toit aigu. Les marins l'ont appelé *Finkirken* (église du Finmark). Non loin de là, nous vîmes un rocher monstrueux connu sous le nom d'*Éléphant*, parce qu'il représente la tête de cet animal.

Après quelques heures de sommeil, nous nous réveillâmes dans les eaux du Laxefjord. La pluie fouettait, une pluie glacée. Le ciel était sombre, et il faisait froid comme par une matinée d'hiver. A deux heures du matin nous nous étions couchés par une de ces nuits d'été qui font époque, et à huit heures toute cette brillante fantasmagorie s'était dissipée comme un beau rêve. Voilà la zone glaciale ! La température varie d'un instant à l'autre, et en moins d'une nuit une saison succède à une autre.

Le Laxefjord, malgré les brouillards, ne manquait pas

de caractère : il ressemble à un immense fleuve, deux fois large comme le Saint-Laurent. Sur chaque rive court une chaîne de montagnes couvertes de neige. Les nuages rampaient à mi-côte, et leurs formes fantastiques variaient à chaque instant. Après avoir déposé quelques marchandises à Lebesby, la seule localité qu'on trouve dans ce golfe, qui n'a pas moins de vingt lieues de longueur, le steamer remonta vers le nord. A la sortie du golfe nous touchâmes à *Kjöllefjord*, village affreusement pauvre, situé dans une anse de la presqu'île *Kjorgosj-Njarg,* qui ne tient au conti-nent que par un isthme étroit. C'est, je crois, le village le plus septentrional de la péninsule scandinave : on n'y trouve que six maisons et une vingtaine d'habitants. L'arrivée du steamer est, pour ces malheureux, le seul événement qui vienne les distraire chaque semaine. La presqu'île Kjorgosj-Njarg se termine par le promontoire appelé *Nordkyn.* Situé à une vingtaine de lieues du cap Nord, Nordkyn est la pointe la plus septentrionale du continent européen. (On sait que le cap Nord n'appartient pas au continent.) Le cap Nordkyn est aussi imposant que le cap Nord : c'est une forteresse de granit contre laquelle se brisent en volutes blanches les flots de l'océan Glacial.

Lorsque nous eûmes doublé Nordkyn, nous commençâmes à naviguer franchement vers l'est. D'ici à Vadsö nous n'allions plus quitter la pleine mer ; car cette partie des côtes n'est plus protégée par une ceinture d'îles comme les côtes occidentales. Ces parages passent pour les plus dangereux du monde ; en cas de mauvais temps, les vaisseaux, complètement à découvert, sont exposés à être jetés contre les rochers : nulle baie, nul détroit, où ils puissent trouver un refuge pendant la tempête. Cette route d'ailleurs n'est guère fréquentée que par les rares vaisseaux qui vont à Arkhangel. Nous naviguions des journées entières sans apercevoir une voile à l'horizon. Un trois-mâts naviguant sous le pavillon russe fut le seul bâtiment que nous croisâmes de Hammerfest à Vadsö, sur un parcours de plus de deux cents lieues. Malheur aux vaisseaux qui se trouvent en détresse dans ces parages ! Ils n'ont guère de chance d'être secourus.

Le climat de cette partie du Finmark est sensiblement plus froid que celui du Finmark occidental. Ces côtes ne sont plus sous l'influence des eaux tièdes du gulf-stream : à partir du cap Nord, ce courant cesse de longer le continent et se perd dans l'océan Polaire. Aussi la température de ces contrées ne diffère-t-elle pas de celle de la Russie septentrionale. En hiver, l'Océan y gèle de même que la mer Blanche[1]. Nous ne tardâmes pas à éprouver cette différence de température.

Au point où nous étions parvenus, les méridiens sont fort rapprochés les uns des autres, à cause de la proximité du pôle où ils convergent tous. Aussi étions-nous complètement désorientés quant à la question du temps. Comme nous naviguions de l'ouest à l'est, et que nous faisions chaque jour un trajet de soixante à quatre-vingts lieues, il en résultait que l'heure indiquée par le soleil avançait chaque jour d'environ trente minutes sur celle indiquée par nos montres. De là cette conséquence bizarre que les jours n'étaient plus pour nous de vingt-quatre heures, mais bien de vingt-trois heures et demie !

Nous dépassâmes bientôt le Tanafjord, dont les montagnes fuyaient dans un ciel nuageux comme des décors de

---

1 On sait que l'eau de mer, contenant du sel en dissolution, est plus dense et plus difficile à congeler que l'eau douce.

théâtre. Ce fjord emprunte son nom à la rivière Tana-Elv, qui s'y jette. C'est une des plus grandes rivières de la Laponie : elle forme la limite naturelle entre la Laponie russe et la Laponie norwégienne. Le Tana-Elv est très poissonneux et charrie des sables aurifères. M. Dahl, savant géologue de l'université de Christiania, que nous eûmes l'occasion de rencontrer à notre retour, venait d'être envoyé dans ces contrées par le gouvernement norwégien, chargé d'une mission scientifique. Ses travaux d'exploration avaient éveillé l'attention des Russes ; ceux-ci se mirent également au travail, et découvrirent sur leur territoire d'importants gisements aurifères. Les recherches faites par M. Dahl sur le territoire norwégien ont été à peu près stériles.

Vers trois heures nous eûmes du roulis. Nous nous trouvâmes enveloppés tout à coup par d'épais brouillards : nous ne pouvions plus apercevoir les côtes, qui n'étaient pas à trois cents mètres de distance. Le voile de vapeurs devint si opaque que le capitaine donna l'ordre d'arrêter la machine et de jeter l'ancre ; car continuer à naviguer dans ces conditions devenait périlleux, sinon impossible. Nous n'eussions pu découvrir un navire à dix mètres de distance ; nous ne pouvions même distinguer que vaguement les matelots postés à l'avant du *Nordstjernen*. Cette situation, en plein océan Glacial, n'avait rien de bien séduisant, et nul d'entre nous ne pouvait prévoir quand elle finirait. Dans ces parages, les brouillards sont fréquents, et persistent parfois pendant plusieurs jours. Pour comble d'infortune, il faisait froid, excessivement froid : on se serait cru en plein mois de décembre. La veille on se promenait sur le pont en léger costume d'été ; maintenant on ne pouvait plus s'y aventurer sans un triple vêtement de laine, si l'on ne voulait s'exposer à geler tout vif. Dans la salle commune même le froid nous glaçait, et c'était à peine si nous pouvions écrire. Cette fois la mer Glaciale justifiait son nom.

Au plus fort de la brume, nous fûmes témoins d'un curieux phénomène météorologique. Vers le nord se dessinait dans le brouillard un immense demi-cercle lumineux : sa lumière, blanche et vive comme celle des étoiles, se répandait de haut en bas du sommet de l'arc jusque dans la mer, par des dégradations insensibles, à peu près comme on le voit dans les halos et les aurores polaires. Le phénomène dura environ une demi-heure.

Pendant notre stationnement forcé, nous réchauffâmes nos membres engourdis en nous livrant avec le capitaine et ses officiers aux plaisirs émouvants de la pêche. Pour donner une idée de l'incroyable abondance poissonneuse de la mer Glaciale, il me suffira de dire que nous nous servions d'un grand hameçon double, sur lequel était grossièrement figurée, en plomb, la forme d'un hareng : nous le laissions descendre à une quarantaine de mètres de profondeur, puis nous lui imprimions de vives secousses en élevant le bras de seconde en seconde, et, au bout d'un certain nombre de secousses, nous ne manquions jamais d'accrocher un poisson par quelque partie du corps, tantôt par la bouche, tantôt par la queue. En terme de pêche, c'est ce qu'on appelle *meie* (faucher). Si grossier que soit ce mode de pêche, nous n'en prîmes pas moins, en deux heures, trente-deux *torsk* (cabillaud), trente-six *seis* (morue noire), vingt-cinq *hyse* (poisson inconnu dans nos mers), et deux *helleflynder* (flétan), soit quatre-vingt-quinze poissons, dont la plupart mesuraient environ un mètre. Les flétans mesuraient près de deux mètres. Moi qui n'avais jamais eu un hameçon en main, je fus assez heureux pour prendre trois seis et cinq cabillauds : l'un d'eux, qui n'avait guère moins de deux mètres et demi de longueur, parvint à s'échapper au moment où je le soulevais hors de l'eau et où j'appelais à mon aide un matelot. Un flétan, en tombant sur le tillac, faillit me renverser d'un coup de queue.

La pêche terminée, tous les poissons furent massacrés : on leur ouvrit le ventre, et c'était un spectacle horrible à voir. Trois ou quatre matelots étaient à la besogne. Bientôt le tillac ne fut plus qu'une mare de sang. Les pauvres poissons furent mis à fond de cale, pour être salés. Il y avait là de quoi nourrir tout l'équipage pendant trois semaines. Ce jour-là nous pûmes dîner de poisson frais.

Les brouillards persistèrent pendant quatre heures. Vers sept heures du soir, il y eut une éclaircie qui nous permit de lever l'ancre et de nous remettre en route. Nous pouvions distinguer vaguement les côtes. Nous dépassâmes Makue et Havningsberg, nous vîmes quelques baleines, et à neuf heures du soir nous entrâmes en rade de Vardö.

XIII

VARDÖ

Aspect de cette ville. — Jardins et fleurs. — Un pharmacien. — Le fort de Var-. döhuus. — Tristesse de la campagne environnante.

Vardö est la ville la plus orientale de la Norwège, si l'on peut donner le nom de ville à une pauvre bourgade de cinq cents âmes. Les horloges de Vardö avancent d'environ deux heures sur celles des côtes occidentales de la Norwège.

Dès que les matelots eurent déroulé la chaîne de l'ancre, nous nous fîmes conduire en canot vers la terre ferme, que nous n'avions plus foulée depuis Hammerfest. Comme le *Nordstjernen* avait jeté l'ancre à une assez grande distance des quais, nous pensâmes geler vifs pendant le trajet. Notre rameur pouvait à peine conduire sa lourde barque, et cette promenade sur l'eau, par un froid d'un à deux degrés sous zéro, n'avait rien de très réjouissant. Au bout d'un quart d'heure nous abordâmes. Vardö n'a point de débarcadère, et il nous fallut escalader les quais au moyen d'une échelle raide et fort dangereuse. Les quais, formés de poutres juxtaposées, sont bâtis sur pilotis. A peine y eûmes-nous fait quelques pas, que nous faillîmes être suffoqués par les odeurs infectes qui s'exhalaient des magasins et des ateliers. Ici fermentait, dans d'immenses cuves de cinq pieds de profondeur, je ne sais quel horrible mélange de foie de morue dont on fait l'huile si recommandée par les disciples d'Hippocrate : quiconque a vu comment on prépare cette affreuse boisson n'y portera jamais les lèvres ! Plus loin étaient rangées des tonnes pleines d'une matière noire qui n'est autre que le guano des oiseaux de mer. Ailleurs c'étaient des échafaudages où séchaient, enfilées comme des chapelets, des myriades de têtes de morues. Ailleurs étaient entassés des peaux de phoques et de morses, d'énormes ossements de baleine, des cornes de renne. Toutes ces richesses, qui flattaient aussi peu la vue que l'odorat, étaient étalées sur la voie publique, à la portée de tous les passants, et, chose curieuse, jamais il ne se commet de vol.

Vardö a plutôt l'air d'une ville russe que d'une ville norwégienne. Les maisons sont construites dans le style des habitations qu'on rencontre dans le nord de la Russie. Elles ont d'ailleurs la plus pauvre apparence : leurs murs de planches ne sont pas même revêtus d'une couche de peinture. La plupart sont couvertes d'un toit de gazon. Tous les jours on hisse les chèvres, au moyen d'une échelle, sur ces prairies suspendues, les seules où les pauvres bêtes puissent trouver un peu de nourriture fraîche. Dans la principale rue nous rencontrâmes deux petits jardins : j'appelle ainsi deux morceaux de terre de dix mètres carrés d'étendue, où croissaient, à force de soins, de timides marguerites blanches et quelques légumes qui courbaient tristement la tête, comme pour demander grâce

au climat impitoyable qui les faisait tant souffrir. Ces deux
jardins, si misérables qu'ils soient, sont considérés par les
indigènes comme les merveilles de Vardö. Il n'y a peut-
être pas de ville au monde où l'on fasse plus de cas des
fleurs : à toutes les fenêtres se montrent des roses, des
géraniums, des fuchsias, qu'on entoure d'une tendre sollicitude comme des enfants chétifs que la moindre négli-
gence peut faire mourir.

A dix heures du soir, nous trouvâmes encore ouverte
la boutique d'un pharmacien : nous lui achetâmes des
cigarettes russes et des pastilles de menthe. Les phar-
maciens sont bien obligés ici de cumuler les profes-
sions, sans quoi ils feraient fort peu d'affaires. Le brave
homme nous montra ses vêtements d'hiver, entre autres
un magnifique paletot en peau d'ours. Ce vêtement de
fabrication russe coûtait, tout confectionné, quarante
species.

Bien qu'il fît parfaitement clair, toute la ville était
plongée dans un profond sommeil. Une rue silencieuse
et solitaire nous conduisit au fort de Vardöhuus. Oui,
dans ce pays désert perdu au bout de l'Europe, où tout
parle de paix, il y a un fort, très probablement le seul qui
existe à pareille latitude. Le fort de Vardöhuus fut construit, il y a plus de deux cents ans, par un roi de Danemark,
Christian IV[1], dans l'unique but de protéger les pêcheries
et de les garantir contre les empiétements des Russes dans
le Varangerfjord. D'après le droit des gens, les pêcheurs
russes doivent se tenir à une portée de canon des côtes de la
Norwège. Or il arrivait souvent, et il arrive encore que les
Russes franchissent cette limite fictive, et pénètrent même

---

[1] A cette époque, la Norwège était sous la domination du Danemark.

dans les fjords qui sont plus poissonneux que l'Océan. Le gouvernement norwégien laisse faire, parce qu'il sait trop bien que le premier coup de canon parti du fort de Var-döhuus fournirait à la Russie un excellent prétexte pour enlever à la Norwège quelque portion de son territoire, et notamment le Lyngenfjord, qu'elle convoite depuis long-temps. Aussi le fort de Vardöhuus a-t-il toujours été par-faitement inoffensif.

Nous n'y avons pas rencontré un seul soldat; mais nous y avons compté dix-huit magnifiques pièces de canon, la plupart dirigées vers la mer. Du haut de ce fort désert on domine toute la campagne environnante. On ne saurait rien imaginer de plus désolé, de plus sombre et de plus triste que l'horizon qui se déroulait là devant nos yeux. Il est difficile de concevoir comment des hommes peuvent vivre dans un pays aussi laid, aussi déshérité de la nature, dans un pays auprès duquel la Sibérie doit être un paradis terrestre. Accoudé contre un mortier, j'observais l'immense étendue de cet océan Glacial qui ne finit qu'au pôle, et je me sentais si loin de mon pays, dans cet affreux désert situé aux limites du monde, qu'une profonde mélancolie s'empara de tout mon être. Ce ciel brumeux et sombre, si différent de ce qu'il était la veille, ce froid glacial au cœur de l'été, cette solitude, ce silence formidable qui pesait sur nos têtes, tout cela me jetait dans une sorte d'abattement. Je me demandais avec épouvante ce que doit être ici l'hiver. J'éprouvais un secret désir de fuir ce pays que je voyais et que je ne devais probablement plus jamais revoir.

C'est ici que l'on comprend tout ce qu'il y a de touchant dans ces paroles d'un poète allemand :

« Mon sein palpite; mon cœur est lourd dans ces lieux solitaires, sur cette route inconnue. Où vais-je, et que vais-je trouver? Est-ce la joie? est-ce la douleur?

« Petites étoiles d'or, vous êtes si loin, si loin, et j'aime-
rais tant à me fier à vous. »

Longtemps je fus sous la pénible étreinte d'une émotion
que je n'avais pas encore éprouvée dans ma vie de voyageur, et il fallut, pour que je sentisse renaître mon courage,
que mon œil s'arrêtât sur le *Nordstjernen*, dont les grands
mâts me faisaient songer à la patrie absente et semblaient
me murmurer ces douces paroles :

« O homme, tu es loin et près de nous, et tu n'es pas
seul. Aie confiance, tourne tes regards vers notre lumière.
Les petites étoiles d'or ne seront pas éternellement à une
longue distance de toi; les petites étoiles d'or pensent
à toi [1]. »

Il pouvait être onze heures du soir lorsque nous revînmes
à bord du *Nordstjernen*. Je me retirai dans ma cabine, et
m'endormis en songeant à mon poète Tieck et à son chant
rêveur.

[1] Louis Tieck.

XIV

VADSÖ

Le lendemain, à sept heures du matin, nous nous éveil-
lâmes devant Vadsö, la dernière ville de la Norwège.
C'est une misérable bourgade peuplée d'environ huit cents
âmes. Elle est située sur le Varangerfjord, dans la presqu'île Vargak-Njarg. L'été y dure six semaines, et l'hiver dix mois. L'été venait de finir. Le ciel était serein,
l'atmosphère pure, mais il faisait froid comme la veille.
La bise soufflait, la froide bise du nord, venue en droite
ligne du Spitzberg, piquante et glacée comme au cœur de
l'hiver dans nos régions tempérées. Vadsö touche à la
frontière russe et n'est pas loin de la mer Blanche. Ses
environs sont presque absolument infertiles : on compte
les années extraordinaires où l'on peut récolter quelques
pommes de terre.

Vadsö offre à peu près la même physionomie que **Vardö**. La ville est laide et triste, quoiqu'un peu moins pauvre. Elle se compose d'une rue unique, longeant la mer, et bornée de baraques en planches. Les plus riches habitent des maisons plus élégantes, dont les toits en saillie et les fenêtres encadrées de sculptures en bois rappellent les isbas russes. Comme à Vardö, les fleurs apparaissent à toutes les fenêtres. Les Russes forment la majeure partie de la population : on les reconnaît immédiatement à leur frac long et boutonné, à leur casquette plate et à leur physionomie particulière. Ils sont plus forts, plus grands, plus barbus que les Norwégiens, et paraissent supporter mieux qu'eux les rigueurs du climat. Nous rencontrions aussi des Lapons, vêtus déjà du costume en peau de renne qu'ils portent en hiver. Les Norwégiens portent ici des coiffures d'astrakan ou de peau de chien. Nous fîmes l'acquisition de semblables bonnets. Ces articles russes, qui coûtent à Paris 20 à 30 francs, se vendent ici un species. Nous achetâmes aussi, à des prix dérisoires, des peaux d'ours blanc du Spitzberg, de loup blanc, de renne, etc.

A l'extrémité de la ville se trouve une assez vaste construction de bois qui s'annonce de loin comme une fabrique. C'est là, en effet, que l'on prépare le *fiskeguano* (guano de poisson). Des millions de têtes de morues séchées y sont moulues par de grandes meules mues par l'eau et la vapeur, et se transforment en une sorte de farine blanche qui offre à peu près la même apparence que la farine de grain moulu. On la renferme dans des sacs, et on l'expédie principalement en Danemark et en Belgique. Ce guano est excellent pour la culture, et vaut, dit-on, le guano du Pérou. On nous dit que la fabrique de Vadsö produit

chaque année dix mille quintaux de fiskeguano, ce qui
représente plus de 142,000 francs. Le quintal se vend
deux species et demi (14 fr. 25 c.). A Vadsö, les têtes de
morues servent de nourriture aux bestiaux, à défaut de
pâturages.

Comme nous sortions de là, mon compagnon fit la
proposition d'aller dîner. Il y avait si longtemps que nous
vivions à bord de poissons séchés et de viandes conservées,
que le moindre morceau de viande fraîche eût bien fait
notre affaire. Mais nous eûmes beau arpenter la ville, nous
ne découvrîmes rien qui ressemblât à un restaurant. En
désespoir de cause, nous eûmes recours à l'obligeance d'un
monsieur charitable qui se mit en devoir de nous conduire
dans une petite maison sans enseigne où nous expédiâmes,
d'une façon qui dut scandaliser l'hôtesse, un succulent
gigot de renne aux pommes de terre russes.

Celui qui nous avait fait faire l'heureuse trouvaille de ce
restaurant n'était ni plus ni moins que M. J. W***, qui
exerce à Vadsö les fonctions de *overretssagförer*, ce qui se
traduit par « avocat de haute justice ». C'est une sorte de
procureur du roi, avec cette différence que l'overretssagförer n'a dans ses attributions que les affaires crimi-
nelles. Dans le canton de Vadsö, qui est grand comme la
Suisse, le nombre des causes est, en moyenne, de quarante
par an. Ce n'en sont pas moins de rudes fonctions que
celles de procureur du roi à Vadsö. De même que les juges
ambulants en Angleterre, les magistrats, en Norwège, doivent, à certaines époques, parcourir leur district pour y
rendre la justice.

Chaque année, au fort de l'hiver, M. J. W*** doit entreprendre un voyage à *Karasjok*, village situé au cœur de
la Laponie, à 27 milles de Vadsö (63 lieues). C'est un

voyage pénible, qui se fait tout entier en traîneau, par un froid dont il est impossible de se faire une idée. L'hiver dernier, le thermomètre descendit à Karasjok jusqu'à 41° centigrades. M. J. W*** nous conduisit chez lui, et nous montra l'attirail qu'il se jette sur le corps pour faire cette terrible tournée. C'est d'abord un frac en peau de mouton, puis une tunique en peau de renne, puis un· manteau en peau d'ours muni d'une capuche qui se rabat sur la tête de manière à ne laisser apercevoir que les yeux et le nez. Les pieds sont chaussés de bottes en peau de renne bourrées de foin, et les jambes s'engagent dans des jambières de la même peau fabriquées par les Samoïèdes de la Nouvelle-Zemble. Avec un pareil costume on peut dormir impunément dans la neige par les froids les plus intenses.

M. J. W*** n'était que depuis deux ans à Vadsö ; il fut avocat pendant six ans à Hammerfest. Natif de Christiania, il n'avait plus revu depuis huit ans sa ville natale. Bien qu'étant d'une robuste constitution, il avait peine à supporter les rigueurs du climat : depuis quelques mois il souffrait de la poitrine. Aussi aspirait-il au jour où, délivré de son affreux exil, il pourrait aller dans le sud. Le sud, c'était pour lui Throndjhem, ville située à quelque cent lieues plus au nord que Saint-Pétersbourg ! Tout est relatif : il ne s'agit que de s'entendre.

Nos fonctionnaires se plaignent parfois d'être relégués bien loin de la capitale, dans une petite ville de province. Qu'ils songent donc à ces malheureux magistrats norwégiens, qui doivent subir là-bas, au fond de la Laponie, à six cents lieues de Christiania, les rigueurs d'un climat bien autrement cruel que celui de Tobolsk en Sibérie !

La principale industrie de Vadsö est la fabrication de l'huile de baleine. Elle occupe environ une centaine d'ouvriers. La fabrique, vaste ensemble de bâtiments en bois dominés par une haute cheminée, d'où s'échappent incessamment d'épaisses fumées noires, est située au milieu d'une île à cinq cents mètres de la ville. On l'a sans doute installée en cet endroit pour préserver la ville des émanations dangereuses que répandent autour d'eux les immenses cadavres dépecés des baleines.

Nous passâmes le fjord. Débarqués sur l'autre rive, nous franchîmes une porte d'un genre aussi nouveau qu'original : elle était formée de deux énormes mâchoires de baleine se rejoignant par le haut et formant ogive. Les ossements de baleine servent ici aux usages les plus divers : on en fait des meubles de toute espèce. Les ouvriers s'assoient sur les vertèbres en guise de chaises. Nous jetâmes un coup d'œil sur les différents ateliers. Ici l'on prépare la peau, espèce de caoutchouc gris foncé, mou et flexible, où le couteau pénètre aussi facilement que dans un fromage de Hollande : nous en voulûmes rapporter des échantillons, mais ils se gâtèrent au bout de quelques jours.

Ailleurs on travaille les fanons, sortes de lames minces, dures et flexibles, formées d'une corne fibreuse, effilées à leurs bords et garnies d'un poil long et noir semblable au crin de cheval : ce sont ces fanons qui sont si connus dans le commerce sous le nom de baleines.

Dans un autre bâtiment, on prépare l'huile. Les procédés employés sont si grossiers qu'il s'en perd une grande partie. On jette la graisse dans d'immenses fourneaux d'où s'échappe une fumée fétide et nauséabonde; sous l'influence d'un feu ardent, la graisse fond lentement et s'écoule, au moyen de rigoles inclinées, dans de grandes cuves ; des ouvriers enlèvent, avec des pelles de bois, les matières qui surnagent ; après avoir subi cette grossière purification, l'huile est mise dans des tonneaux pour être livrée au commerce. Ces tonneaux sont rangés par milliers dans de vastes magasins. De tous ces bâtiments s'exhalait une odeur si infecte, si insupportable, que nous en sortîmes au plus tôt. Je ne saurais mieux comparer cette odeur qu'à celle du crin brûlé. Je crois qu'il n'y a pas dans toute la création de bête aussi puante que la baleine.

Cela n'empêche pas que tout le personnel attaché à la fabrique, y compris le directeur lui-même, font de la chair de ce cétacé leur principale subsistance : ils prétendent même que cette chair, quand elle est cuite à point, ressemble beaucoup à la viande de bœuf. Nourriture saine et abondante s'il en fut; car, outre que les ouvriers se trouvent fort bien de ce genre d'alimentation, il n'est guère probable qu'ils puissent jamais être mis à la demi-ration, quand on considère qu'un filet de baleine suffirait à nourrir cent hommes pendant trois jours.

Le produit annuel de la fabrique de Vadsö, seulement en huile guano, est de deux mille species-dollars (11,400 fr.). Une baleine ordinaire fournit en moyenne cent vingt tonneaux d'huile. La construction et l'aménagement de la fabrique ont coûté à M. Föien, le propriétaire actuel, une somme de cent mille species (570,000 fr.). Ce n'est que tout récemment qu'une machine à vapeur y a été installée. A l'aide de cette machine on prépare aujourd'hui une baleine en deux jours; autrefois le même travail n'exigeait pas moins de dix jours. On ne trouve pas un seul ouvrier à Vadsö : M. Föien est obligé de faire

Pêche de la baleine.

venir des hommes de Tönsberg, sa ville natale, près de Christiania.

Il leur paye leur voyage. Ils travaillent à Vadsö pendant trois à quatre mois ; l'été fini, tout le monde s'en retourne à Tönsberg et la fabrique chôme pendant tout l'hiver. Vadsö ressemble alors à une ville abandonnée.

M. Föien est le seul qui se livre à la pêche de la baleine en Norwège. Il envoie, chaque année, quatre baleiniers au Spitzberg, deux au Groënland, deux à Jean-Mayen, et deux aux environs de Vadsö.

Nous avons vu à Vadsö un de ces baleiniers : ce sont de petits bâtiments à vapeur jaugeant cinquante à soixante tonnes. Le lendemain de notre départ, une expédition devait partir de Vadsö, et nous regrettâmes vivement de ne pouvoir y prendre part. On nous raconta que le roi de Suède, qui avait passé à Vadsö quelques jours avant nous, assista à une de ces expéditions, commandée par M. Föien en personne. Le temps était couvert, et il faisait froid : or on sait que les baleines aiment à se chauffer le dos et ne se montrent à la surface de l'eau que lorsque le soleil luit. Au départ, M. Föien témoigna au roi les craintes qu'il éprouvait quant au succès de l'expédition. Mais on n'eut pas sitôt quitté le port, que seize baleines vinrent lancer au-devant de Sa Majesté leurs gerbes étincelantes, ce qui était une façon à elles de lui rendre hommage. On harponna la plus grosse, et on rentra triomphalement à Vadsö.

On nous dit aussi que M. Föien avait pris trente-six baleines en 1873 et trente-neuf en 1872. La pêche dure quatre mois : elle a lieu en mai, juin, juillet et août. C'est vers la mi-juillet que les cétacés se montrent en plus grand nombre sur les côtes septentrionales de la Norwège.

En Norwège, les meilleurs parages sont ceux du **Porsan-gerfjord**.

Il y a différentes sortes de baleines. Celles du cap Nord, que les Norwégiens appellent *Nord-koper*, ont une valeur de cinq cents species-dollars (2,850 fr.). On estime à 75,000 kilogrammes le poids de celles de moyenne grandeur : elles mesurent quarante à cinquante mètres de long. Celles du Groënland ont une valeur encore beaucoup plus considérable : elles atteignent parfois cent mètres de long; leur langue fournit vingt tonnes de lard, ce qui équivaut à vingt et un quintaux ou deux cent dix livres. Les baleines de Norwège sont très difficiles à prendre ; celles du Groënland sout lourdes et peu agiles, et se laissent aisément approcher du harponneur.

M. Föien a monopolisé la pêche de la baleine et rendu toute concurrence impossible par les procédés dont il a le secret. Il a inventé un harpon explosible qui tue la baleine instantanément. C'est une sorte de dard en fer, gros comme le bras, enchâssé dans un manche en bois qui sert à le lancer : on le pose sur l'épaule, on vise, et à peine l'arme terrible a-t-elle pénétré dans les chairs de l'animal, qu'elle fait explosion. Les produits chimiques qui entrent dans la composition de cet engin doivent être combinés de telle sorte que l'explosion, au moment où elle se produit, ne soit ni trop violente ni trop faible : car il faut éviter que la baleine n'éclate en morceaux, ou, ce qui est pis, que l'animal blessé ne se mette à fuir, entraînant à sa suite la pirogue du harponneur. Dans le système de M. Föien, ce double écueil n'est plus à craindre. La baleine meurt sans souffrances, et le harponneur ne court aucun danger.

.. Dès qu'on est parvenu à se rendre maître d'une baleine,

au lieu de la dépouiller sur place de ses parties les plus utiles, comme cela se pratique encore dans les mers du Sud, on remorque le monstre jusqu'à Vadsö. Là on l'amarre au moyen d'une forte chaîne sur une rive en pente douce. L'endroit est choisi à marée haute, à un niveau assez élevé pour qu'il soit mis à sec à marée basse.

Il s'agit maintenant de dépecer, de délarder l'animal. Des hommes chaussés de longues bottes, souillés de sang, armés de bâtons dont le bout est muni d'un coutelas, grimpent sur l'énorme cadavre, et y font des entailles parallèles à des intervalles d'un pied et demi environ. Quand l'animal est ainsi déchiqueté, divisé en longues tranches de chair, on attache successivement à chaque bande un crochet fixé par une solide chaîne à un cabestan qui se trouve sur le rivage.

Quatre hommes manœuvrent ce cabestan, pendant que les travailleurs, debout sur la baleine, détachent la partie inférieure des tranches qui s'écorcent lentement et peu à peu sont attirées sur la rive. En moins d'une journée, toute la baleine est délardée. Plus le travail avance, plus horrible est l'aspect du monstre marin. Bientôt ce n'est plus qu'une immense masse rouge et informe, quelque chose de hideux qui n'a plus de nom : le sang y coule à flots si abondants que l'eau de la mer en devient rougeâtre et que les travailleurs nagent littéralement dans un fleuve de sang. Le voilà, ce roi des mers polaires ! En quel état est-il maintenant ! L'homme l'a vaincu, le pygmée a triomphé du géant. .

En sortant du vaste laboratoire de M. Föien, nous parcourûmes la campagne environnante. L'horrible odeur de baleine nous y poursuivait partout.

Le sol que nous foulons est jonché d'innombrables débris. Voyez ces entassements de membres, d'ossements, de mâchoires dont l'effroyable grandeur frappe d'étonnement ; voyez ces énormes monceaux de lard, ces colossales masses de chair, ces immenses paquets d'entrailles en putréfaction : tout cela est consumé par le feu, et l'air est infecté de fumées pestilentielles. Voici une montagne de chair qui n'est autre qu'un estomac de baleine : dix hommes ne suffiraient pas à le soulever, et trois hommes pourraient aisément s'y loger s'il prenait envie au cétacé d'en faire son dîner.

Nous errâmes jusqu'au soir au bord de la mer Glaciale, ramassant parmi les galets des coquillages, des ossements, des plumes d'eiders, de mouettes, de cormorans. Nous y vîmes des oursins en nombre prodigieux. Des légions d'oiseaux de mer volaient au-dessus de nos têtes. Nous rencontrâmes en route un renne apprivoisé qui se laissa caresser : son bois n'avait guère moins d'un mètre de hauteur. Bientôt le ciel se couvrit de nuages menaçants, orageux. Pendant une heure, nous attendîmes, au pied de la carcasse d'une baleine, l'arrivée d'un rameur. Nous fîmes force signaux : deux matelots russes nous aperçurent enfin et nous ramenèrent à bord du *Nordstjernen*.

Le 21 août, à minuit, le steamer lança son sifflet d'adieu. Nous quittâmes Vadsö sans regrets, contents de l'avoir vu, mais nous promettant bien de n'y retourner jamais et de n'engager personne à aller lui rendre visite. C'est certainement la ville la plus infecte, la plus laide et la plus triste de l'univers. Ses environs sont si désolés, si affreux, que j'en ai encore le spleen rien que d'y songer.

D'ailleurs j'éprouvais un sentiment de joie intime à

la pensée que nous allions enfin nous rapprocher de notre patrie, que nous avions laissée à plus de huit cents lieues derrière nous. Et je m'écriais avec le poète anglais :

> Where' er I roam, whatever realms to see,
> My heart, untravell'd, still returns to thee[1]!

[1] « J'ai parcouru le monde, j'ai visité maints royaumes ; mais mon cœur n'a point voyagé, et revient toujours à toi, ô ma patrie ! »

CONCLUSION

En publiant ces pages, mon désir était de faire connaître les beautés d'un pays trop ignoré. Heureux si j'ai pu communiquer au lecteur une part de l'enthousiasme que j'ai éprouvé en face des grandes scènes de la nature du Nord, et lui inspirer l'idée d'aller voir à son tour les merveilles que je n'ai pu lui faire entrevoir que par de pâles descriptions !

De toutes les régions de notre vieille Europe, la Norwège est probablement la moins visitée. La raison en est peut-être qu'on s'exagère à tort les difficultés de ce voyage, comme s'il s'agissait d'une contrée lointaine.

Heureusement, nous ne sommes plus au temps du bon Regnard, où il suffisait d'avoir été en Laponie pour passer aux yeux du public pour un héros. Aujourd'hui il y aurait un certain ridicule à vouloir tirer vanité d'une pareille excursion.

La Norwège, bien que située à l'extrémité de l'Europe et

séparée d'elle par la mer du Nord, est devenue aussi accessible que les autres contrées du continent. Grâce aux bateaux à vapeur et aux lignes de chemin de fer, le voyage
peut se faire en un très court espace de temps.

On peut donc s'étonner que ce pays curieux à tous égards
soit relégué en quelque sorte dans le même oubli que les
régions voisines du pôle. Les pays du Midi nous intéres-
sent à différents points de vue. Pourquoi le Nord ne méri-
terait-il pas aussi notre attention?

La vieille terre scandinave n'est-elle pas le berceau de
nos ancêtres? Son histoire est pleine de grandeur, et son
isolement a eu pour conséquence heureuse de lui conserver
ses mœurs simples et ses vertus antiques.

La Norwège n'a pas encore subi le contact de cette civilisation matérialiste qui rend si fastidieux, si uniformes, les
voyages en d'autres pays. Nulle autre contrée d'Europe n'a
su, comme celle-ci, garder son caractère propre, ses vieux
usages et jusqu'à ses anciens costumes [1].

Nulle part ailleurs je n'ai rencontré cette hospitalité
naïve, ces prévenances sans affectation auxquelles l'étranger n'est guère habitué en ce siècle de raffinements. L'honnêteté des Norwégiens est proverbiale : le voyageur n'a
jamais à se préoccuper du soin de fermer sa porte ou de
dissimuler sa montre.

Qu'on ne se soucie pas non plus de la langue : avec
un dictionnaire de poche et une carte du pays, on ne sera
jamais embarrassé de se faire comprendre ou de trouver

---

[1] Il va de soi qu'il n'est pas question ici des villes, où les modes modernes ont
fait invasion comme partout.

son chemin, car il n'est pas de si humble paysan qui ne sache lire et écrire et qui ne connaisse par cœur la géographie de son pays. Quant au climat, c'est un des plus sains de l'Europe, quoiqu'il ne convienne pas aux poitrines faibles : l'air est vif et fortifiant.

Salubrité du pays, sécurité, sites grandioses, communications faciles, populations hospitalières, honnêtes et instruites, que faut-il de plus pour appeler ici ceux qui aiment à voir le monde, à retremper leur corps et leur âme par cette agréable et salutaire diversion qu'on appelle voyager !

Voyager ! Tout ce que ce mot renferme de jouissances est exprimé dans ces charmants vers du poète Béranger :

Voir c'est avoir ; allons courir.
Vie errante
Est chose enivrante.

On aime les voyages aujourd'hui, et j'en suis fier pour notre siècle. On comprend de nos jours que Dieu n'a pas fait la terre si grande pour condamner les hommes qui l'habitent à l'immobilité perpétuelle.

C'est un des mérites de la civilisation moderne d'avoir si bien facilité les voyages qu'il n'est plus permis d'invoquer comme excuses les dangers, les fatigues, les obstacles dont nos pères pouvaient se prévaloir. Si les voyages sont devenus moins poétiques, moins riches en incidents et aventures, ils sont encore une source de plaisirs nobles et élevés, d'impressions saines et pures. J'ai connu des personnes qui avouaient n'y avoir trouvé que des décep-

tions et des ennuis : ne pourrait-on pas leur répondre,
avec Töpffer, qu'en voyage le plaisir n'appartient qu'à
ceux qui savent le conquérir, et point à ceux qui ne savent
que le payer!

Je ne saurais mieux terminer ces réflexions qu'en citant
ici une page spirituelle due à la plume d'un illustre voyageur, membre de l'Académie française [1]. Voici son opinion
sur les voyages.

« Certainement, l'amour des voyages n'a pas encore
été classé par les philosophes et les physiologistes comme
il doit l'être. En général, on ne le considère, dans le
monde, que comme une fantaisie plus ou moins vive qui
peut exciter quelque intérêt, qui, en tous cas, mérite quelque indulgence. S'il arrive à un certain degré d'intensité,
beaucoup de gens sensés l'envisagent comme une maladie
qui a ses périodes d'effervescence et de calme, et qu'ils
s'estiment fort heureux de ne pas éprouver. Fantaisie, soit!
C'est ainsi que l'amour des voyages se manifeste le plus
souvent. Maladie, soit! C'est ainsi, nous le concevons aisément, qu'il doit apparaître aux bons et estimables esprits
pour qui le monde entier est dans l'enceinte des fortifica-
tions, la ligne équatoriale à la Seine, le tropique du
Cancer à la Bourse et le tropique du Capricorne au palais
Bourbon. Mais l'amour des voyages peut être une passion,
une noble, ardente, sublime passion. L'histoire est là pour
le dire. On lui doit les actes les plus admirables de courage, les épisodes les plus dramatiques et les plus grandes
découvertes.

1 M. Xavier Marmier, reçu à l'Académie le 7 décembre 1871.

« On lui doit, depuis les Phéniciens jusqu'aux *Vikings*
scandinaves, depuis les découvertes des îles boréales
jusqu'à celles des Antilles, depuis Christophe Colomb jusqu'aux explorations de nos derniers navigateurs, la connaissance, la géographie du globe, des mers les plus lointaines, et des steppes les plus sauvages. A présent qu'elle
ne peut plus être exaltée comme autrefois par une fabu-
leuse perspective, glorifiée par la découverte d'un nouveau
monde ; à présent, hélas ! que, sur cette pauvre petite
boule de terre, tant de sillons ou de sillages ont été tracés
de tous côtés, qu'on ne peut guère aspirer à l'honneur d'y
marquer une trace nouvelle, la passion des voyages est
seulement plus désintéressée de toute idée de gloire, de
poésie, de fortune. Mais elle ne s'en éveille pas moins
au fond de bien des âmes inquiètes ; comme l'amour,
comme l'ambition, comme toutes les passions qui s'empa-
rent fortement de l'esprit de l'homme, elle s'élance avec
impétuosité vers le but qu'elle s'est choisi, et, pour l'atteindre, on la verra braver tous les périls, mépriser toutes
les difficultés, s'abstenir de toutes les préoccupations ordinaires, fouler aux pieds les intérêts positifs, et surmonter
même les affections de famille. « *Till sjön ! Till sjön !* A la
mer ! à la mer ! » s'écrie le jeune Viking, dont le poète
suédois Geüer nous a dit le chant enthousiaste : « A la
mer ! à la mer ! » s'écrient aussi les fils de la civilisation
moderne qu'un ardent désir d'exploration appelle dans les
contrées lointaines. »

« C'est une des plus nobles jouissances de l'âme, »
s'écrie ailleurs notre enthousiaste voyageur, « que d'admirer dans son immense ensemble, dans ses diverses beau-

tés, cette création providentielle : plaines et montagnes, mers et torrents, forêts vierges et buissons de fleurs, tout, depuis les riches plaines embaumées de l'Inde jusqu'aux steppes silencieuses de la Russie et aux sombres cimes désertes du Spitzberg. Heureux ceux qui peuvent, au gré de leur fantaisie, s'en aller d'une région à l'autre dérouler à la lueur d'un soleil perpétuel, ou aux clartés mobiles de l'aurore boréale, quelques pages de ce grand livre ! »

FIN

TABLE

———※———

TABLE 347

EXCURSION DANS LE SUD-OUEST DE LA NORWÈGE

1873

(SUITE DE LA PREMIÈRE PARTIE)

TABLE 349

DEUXIÈME PARTIE

UNE PROMENADE DANS LA MER GLACIALE

1873

I

A BORD DU NORDSTJERNEN

TABLE   351

VII

TROMSÖ

VIII

CHEZ LES LAPONS

IX

LE FINMARK SEPTENTRIONAL

X

HAMMERFEST

XI

LE CAP NORD

XII

LE PAYS DES BALEINES

XIII

VARDÖ

XIV

VADSÖ